高铁旅游
经济学导论

李学伟　孙　琼◎编著

本书得到国家铁路集团、国家铁路局项目"高铁旅游经济学研究"、北京联合大学校级科研项目"高铁网络影响下中国城市群协同创新发展演化研究"（SK10202201）的资助。

经济管理出版社
ECONOMY & MANAGEMENT PUBLISHING HOUSE

图书在版编目（CIP）数据

高铁旅游经济学导论/李学伟，孙琼编著 . —北京：经济管理出版社，2022. 8
ISBN 978-7-5096-8647-8

Ⅰ.①高…　Ⅱ.①李…　②孙…　Ⅲ.①高速铁路—铁路运输发展—影响—旅游业发展—研
究—中国　Ⅳ.①F532. 3　②F592

中国版本图书馆 CIP 数据核字（2022）第 136977 号

组稿编辑：魏晨红
责任编辑：魏晨红
责任印制：黄章平
责任校对：董杉珊

出版发行：经济管理出版社
　　　　　（北京市海淀区北蜂窝 8 号中雅大厦 A 座 11 层　100038）
网　　　址：www. E-mp. com. cn
电　　　话：（010）51915602
印　　　刷：北京市海淀区唐家岭福利印刷厂
经　　　销：新华书店
开　　　本：720mm×1000mm/16
印　　　张：14
字　　　数：267 千字
版　　　次：2022 年 10 月第 1 版　　2022 年 10 月第 1 次印刷
书　　　号：ISBN 978-7-5096-8647-8
定　　　价：78. 00 元

前　言

在我国，旅游业已发展成为国民经济战略性支柱产业，旅游成为人民群众日常生活的重要组成部分，旅游需求向品质化和中高端化发展的趋势日益明显。各国普遍将发展旅游业作为参与国际市场分工、提升国际竞争力的重要手段，来推动旅游市场全球化、旅游竞争国际化的发展。

高铁作为新兴的交通运输方式，在时效性、准点率、频率等运输属性特征方面具有较突出的优势，受到了越来越多城际出行旅客的青睐，对沿线旅游经济发展产生了深远的影响。高铁产生的要素集聚效应、节点—场所效应、非均衡时空收敛效应，增强了城市间要素流动与资源集聚，为区域旅游发展提供了有利条件。

为了适应现代高铁旅游发展和铁路管理人才培养的需要，我们在国家铁路局的支持下，编写了《高铁旅游经济学导论》一书。本书以交通经济学、产业经济学、管理学、旅游学、新经济地理等学科为支撑，注重高铁旅游经济理论体系的构建与旅游产业的发展实践相结合。

本书内容共分九章，由北京联合大学李学伟教授及其团队编写。参加编写的主要人员及其负责编写的章节如下：孙琼、刘伟光编写第一、第二、第五、第九章；王丽编写第三、第四、第六章；廖斌编写第七、第八章。全书基础资料的收集和整理由中国铁路投资有限公司董事长黄桂章和北京交通大学 TOD 研究院副院长张伟负责，他们同时参与了各章的编写研讨；全书的内容设计、编写组织由李学伟教授负责，统稿和修订工作由孙琼副教授、刘伟光老师负责。

本书在编写过程中参考并借鉴了一些学术著作、教材，得到了国家铁路局、国家铁路集团总公司的支持，中国铁道科学院对我们提供了很多帮助，在此一并表示感谢！

高铁旅游经济学是一门发展中的新兴学科，有许多理论和实践问题尚在探索之中，我们希望本书能够抛砖引玉，推动高铁建设与旅游经济的理论与实践融合。由于笔者学术水平和实践经验有限，书中不足或不当之处在所难免，恳请同仁与读者予以批评指正！

编者

2022 年 4 月

目　录

第一章 高铁旅游经济学导论

改革开放以来，中国公路、铁路和航空等交通运输网络不断完善，极大地增强了各地之间的经济联系，成为区域经济发展的重要驱动力。作为新兴的交通工具，高速铁路（以下简称高铁）由于具有快速、便捷、准时、低能耗、受天气影响小等优点，因此不仅受到了人们的青睐，还极大地促进了沿线城市之间的经济联系和区域一体化进程。[①] 但高铁建设由于投资巨大所带来的债务问题，以及开通后所引起的区域经济发展不平衡问题等，也在社会和经济研究中引起了巨大的争议和讨论。随着中国经济进入新常态，经济增长质量开始成为衡量一个地区经济发展的重要因素和衡量国家政策实施效果的重要指标。因此，研究高铁开通是否能够促进一个地区的经济增长，在短期和长期内是否存在差异，以及高铁的不断开通对一个地区经济效率的影响是否会越来越大等问题，对实现中国现阶段产业结构的转型升级和高质量经济增长具有重要的意义。

第一节 高铁旅游经济学基本概念与发展沿革

铁路凭借其高速、高效和安全舒适的优点迅速成为大区域和全国尺度上交通运输体系的核心。2003 年，秦沈客运专线的开通运营标志着中国开始进入高铁时代。高铁作为新兴的交通运输方式，集中反映了一个国家铁路线路结构、列车牵引动力、高速运行控制、高速运输组织和经营管理等方面的技术进步，也体现了一个国家的科技和工业水平[②]。不可否认，高铁推进了城镇化进程，对经济发

---

① 孙广召，黄凯南. 高铁开通对全要素生产率增长率的异质性影响分析［J］. 财经研究，2019，45（5）：84-98.

② 中国铁路总公司. 高速铁路客流组织［M］. 北京：中国铁道出版社，2014.

达、人口密集地区的旅游经济效益和社会效益的贡献尤为突出。

一、高速铁路的概念及其建设历程

（一）高速铁路的概念

高速是一个相对的概念，目前尚缺乏针对高速铁路中"高速"的国际标准。欧盟、联合国欧洲经济委员会和国际铁路联盟等机构分别对高铁进行了界定，但同时也提出"高速铁路"并非统一的概念界定，各国可自行确定高铁概念。综观国外有关高铁的相关定义，主要有以下三类标准：一是 1970 年日本政府第 71 号法令中的界定，即列车在主要区间能以 200 千米/小时以上速度运行的干线铁路；二是 1985 年欧洲委员会将高速铁路的最高速度规定为客运专线 300 千米/小时及以上，客货混运线 250 千米/小时及以上；三是国际铁路联盟（International Union of Railways，UIC）的定义，即新建线路设计速度达到 250 千米/小时及以上，或既有线经升级改造（直线化、轨距标准化）后的设计速度达到或超过 200 千米/小时的铁路，该定义得到了普遍的认可。

目前，我国关于高速铁路的定义出自中华人民共和国原铁道部令第 34 号《铁路主要技术政策》，高速铁路为新建设计开行 250 千米/小时（含预留）及以上动车组列车，初期运营速度不小于 200 千米/小时的客运专线铁路。[①] 高铁吸纳了现代科技成果，并在此基础上进行了技术创新，是交通运输现代化的重要标志，也是社会进步和交通运输向现代化发展的产物。

交通决定了社会经济各要素间相互作用的强度与广度，是改变社会经济活动的重要因素之一。正如 Banister 和 Hall（1993）所言："20 世纪高速铁路的到来，引领着第二次铁路革命，并促使时间和空间上的收缩。"地区间的经济联系将变得更加紧密，因而有可能对当地的经济发展产生重要的影响。鉴于此，充分把握交通技术变革对社会经济活动的影响，对理解与认识旅游经济的发展和规律意义重大。

（二）世界高铁的发展历程

高速铁路诞生于 20 世纪 60 年代的日本，并迅速传播到欧洲及其他地区，至 20 世纪末，欧洲大陆（包括法国、西班牙、德国等）已经建成较完善的高铁网络。1964 年 10 月，全球第一条高铁日本东海道新干线正式开通运营，标志着世

---

① 中国铁路总公司编. 中国高速铁路工务技术（上）[M]. 北京：中国铁道出版社，2014.

界铁路建设进入了新的历史阶段。在东海道新干线开通之后，日本又相继修建了山阳、东北和上越新干线，直接带动了当地旅游产业发展。日本山阳新干线通车后，到冈山观光的人数每年均有一定幅度的增长；长野新干线通车后，极大地增加了轻井泽站的旅游观光客流量，通车后第一年的旅游流量就比前一年增加了50%[①]。法国、意大利、德国纷纷开始投入资金修建高铁，如法国的东南线、大西洋线，意大利罗马至佛罗伦萨的高铁线。欧洲佩皮尼昂和巴塞罗那段高铁线的开通大幅度缩短了旅行时间，加快了两地短途游客互游。[②] 这些高铁的建成，大大推动了沿线地区经济的均衡发展，促进了旅游、房地产、工业机械、钢铁等相关产业的发展，降低了交通运输对环境的破坏程度。铁路市场份额开始大幅度回升，铁路企业经济效益明显好转。

（三）中国高铁的发展历程

总体来看，中国高铁经历了线路数量由少到多、结构由单一到逐渐成网、规模由小到大、空间分布由东到西和由南到北拓展的过程，且开通运营的时间差异较大。相较于国外，中国主要以重要高铁事件为时间节点，根据高铁线路通车时间，结合相关高铁规划对中国高铁的发展历程进行阶段划分，本书沿用钟业喜和郭卫东对中国高铁发展阶段的划分方法[③]对中国高铁的发展历程进行划分（见图1-1）。

1. 萌芽阶段（1978~2002 年）

中国高铁萌芽于对国外高铁技术的跟踪。1978 年，邓小平访问日本时乘坐了新干线，引发了国内对高铁概念的大普及。1990 年，中国铁路总公司（原铁道部）完成了《京沪高速铁路线路方案构想报告》，勾画了中国高铁建设的最初构想，随后兴起了关于中国高铁建设标准方案和建造时间的讨论。1998 年，广深铁路实现电气化改造，率先提速成为准高铁。但该时期，中国未出现真正意义上的高铁，高铁建造技术依然存在诸多不足，总体来看，交通网络仍处于普通铁路的主导时代。

① 陈才. 新干线对日本旅游业的影响 [N]. 中国旅游报，2011-03-04.

② Sophie Masson, Romain Petiot. Can the High Speed Rail Reinforce Tourism Attractiveness? The Case of The High Speed Rail between Perpignan（France）and Barcelona（Spain）[J]. Technovation, 2009（29）：611-617.

③ 钟业喜，郭卫东. 中国高铁网络结构特征及其组织模式 [J]. 地理科学，2020，40（1）：79-88.

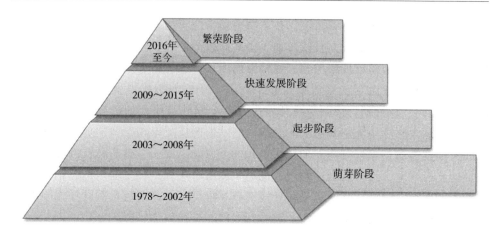

图 1-1 中国高铁的发展历程

2. 起步阶段（2003~2008 年）

2003 年，秦沈客运专线全线双线电气化实现了时速 250 千米的突破，标志着中国进入高铁时代，国内高铁城市开始出现并依托高铁线路逐步向网络化拓展。2004 年，经国务院批准实施的《中长期铁路网规划》提出了建设"四纵四横"铁路网络，实现客运专线 1.2 万千米的目标；2008 年国务院修编并调整了规划，提出了扩大线路建设规模、扩建客运专线的目标。同年，京津城际全线通车，作为中国自主研发具有完全知识技术产权的高铁，标志着中国真正掌握了高铁建造的核心技术，高铁实现了从引进到消化吸收进而实现自主创新的飞跃，为高铁建设打下了坚实的基础。

3. 快速发展阶段（2009~2015 年）

随着高铁和新技术的掌握，中国进入了史无前例的高铁建设热潮。2009 年，铁路基本建设投资达 6000 亿元，2011 年已经开通具有一定规模的线路共计 16 条，高铁城市发展至 85 个，中国进入高铁建设的快速发展阶段。同时，甬温高铁重大事故给高铁发展带来了一定的消极影响，导致了高铁运营速度下调、建设标准降低、建设资金枯竭等问题。这一时期，高铁建设发展过程曲折但并未停滞，2013 年，中国高铁运营里程突破 1 万千米，高铁通车城市年增长在 10% 以上，"四纵四横"高铁网络初步形成，高铁建设总体处于快速发展阶段。

4. 繁荣阶段（2016 年至今）

2016 年，沪昆、京沪、京广和哈大等重要高铁运输通道均全线通车，"四纵四横"高铁网络基本形成，通车地级市达 184 个，基本覆盖了中国大部分地区的主要地级城市。同时，又提出构建"八纵八横"高铁网络格局的规划，实现大中城市 1~4 小时交通圈、城市群 0.5~2.0 小时交通圈的目标，力争 2025 年高铁里程实现 3.8 万千米的目标。此时期，高铁建设重心逐渐由中部地区向西部地区转移，中国高铁由区域性网络向全国性网络转变，高铁进入全面繁荣阶段。

我国自 2008 年正式开通首条高铁线路后，高铁建设进入了加速期。目前，我国已建成世界上最现代化的铁路网和最发达的高铁网络，截至 2020 年底，全国高铁营业里程达 3.8 万千米，"四纵四横"高铁网络全面建成，"八纵八横"高铁网络正在加密形成。

二、旅游经济概念与旅游产业发展历程

（一）旅游与旅游经济的含义

1. 旅游的含义

什么是旅游？对旅游这一概念的理解和把握，是研究旅游经济及其相关问题的逻辑起点。

世界旅游组织（World Tourism Organization，WTO）是联合国系统的政府间国际组织，其宗旨是促进和发展旅游事业，使之有利于经济发展、国际间相互了解、和平与繁荣。其主要负责收集和分析旅游数据，定期向成员国提供统计资料、研究报告，制定国际性旅游公约、宣言、规则、范本，研究全球旅游政策。

1991 年，世界旅游组织在加拿大渥太华召开了旅游统计工作国际会议，对旅游统计的口径作了修正和拓宽，就旅游活动、旅行者、旅游者的定义提出了一些重要的建议。1993 年，联合国统计委员会采纳了联合国世界旅游组织提交的关于规范旅游统计的各项建议。联合国世界旅游组织正式采用的旅游的定义是："旅游活动是由人们前往外地的旅行及在该地的逗留活动所组成，是人们出于休闲、商务或其他目的，离开自己的惯常环境（Usual Environment），前往某地旅行，并在该地连续停留不超过一年的访问活动。"旅行者（Traveler）的定义是："任何在两个或多个国家之间或是在其惯常居住国境内的两地或多地之间开展旅游活动的人员。"在旅游统计中，将所有旅行者统称为游客（visitor）。① 旅游活动分为四种类型：①国际旅游（International Tourism）。包括：入境旅游（Inbound Tourism），是指非该国居民来访该国的旅游活动；出境旅游（Outbound Tourism），是指某一国居民前往另一国访问的旅游活动。②境内旅游（Interal Tourism），是指该国居民以及非该国居民在该国境内开展的旅游活动。③国内旅

---

① 程瑞芳. 旅游经济学［M］. 重庆：重庆大学出版社，2018.

游（Domestic Tourism），是指一个国家的居民在本国境内开展的旅游活动。④国民旅游（National Tourism），是指该国居民的国内旅游和出境旅游的合称。

2. 旅游经济的含义

旅游经济是在旅游活动有了一定的发展，并具备了一定物质条件的前提下才产生的各种社会经济活动。旅游活动发展成为旅游经济活动，并成为整个社会经济活动的一个重要组成部分，是近代商品生产和商品交换长期发展的结果。从经济学角度考察，旅游经济就是旅游需求和旅游供给之间的经济联系，以及由这种联系引起并采用商品交换形式所形成的，旅游者、旅游产品和旅游服务提供者、旅游地政府、旅游地社区（居民）等利益相关者之间的经济联系和经济关系的总和。简言之，旅游经济就是随着旅游活动的开展而产生的各种经济现象和经济关系的总和。

（二）中国旅游产业的发展历程

作为第三产业重要组成部分的旅游业，素有朝阳产业、先导产业和前导产业之称。改革开放40多年来，中国旅游业取得了举世瞩目的成就，实现了从跟随者到领跑者的变迁，成长为世界重要的旅游目的地和客源国。中国旅游业经历了1978~1991年的对外开放和初步改革阶段、1992~2011年的对内开放和加快改革阶段、2012年至今的双向开放和深化改革阶段，如图1-2所示。当前，已进入双向开放和深化改革阶段，这标志着中国旅游业改革开放进入了新纪元。中国旅游业的发展成就包括市场格局均衡发展、大众旅游时代来临、产业定位不断提升、旅游功能日渐丰富、供给体系逐步健全、出游品质显著提升、管理体制逐渐完善，旅游治理取得突破、旅游竞争力快速提高、国际影响显著增强等。

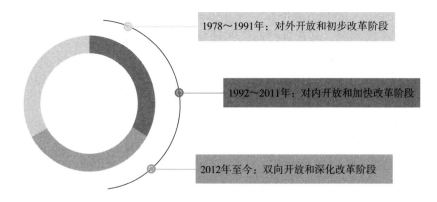

图1-2 中国旅游产业改革开放四十年发展历程

1. 对外开放和初步改革阶段（1978~1991年）

1978~1991年，中国旅游业处于对外开放和初步改革阶段。一方面，制定了优先入境旅游的发展方针，将其作为获得外汇的主要手段；另一方面，旅游业的定位从外交事业转变为经济性产业，改变了对旅游业产业属性的认识。1991年，我国旅游业接待入境旅游人数达到3334.98万人次，旅游创汇28.45亿美元，分别比1978年增长了18.4倍和10.8倍。

2. 对内开放和加快改革阶段（1992~2011年）

此阶段旅游业围绕着释放旅游市场活力和从单一发展入境旅游到发展国内旅游和出境旅游并举进行。在旅游市场化改革方面，1993年，国家技术监督局明确了国家旅游局归口管理综合类、旅游设施类、旅游服务类的行业标准；1995年，国家旅游局发了相关文件建立了旅行社质量保证金制度；1996年10月，国务院发布了《旅行社管理条例》，取消了旅行社按一、二类划分的标准，按国际旅游市场通行的做法，划分为国际旅游和国内旅游两种旅行社；1998年，中国国际旅行社总社、国际饭店等国家旅游局直属企业与国家旅游局实施政企脱钩。在推动国内旅游和出境旅游的发展方面，主要是对假日制度和旅游发展方针进行了改革。例如，1993年，国务院办公厅转发了国家旅游局《关于积极发展国内旅游业的意见》，对国内旅游工作提出了"搞活市场、正确领导、加强管理、提高质量"的指导方针，极大地促进了国内旅游的发展；2000年开始的"黄金周"，使国内旅游在假日期间出现了"井喷"现象，与入境旅游共同成为驱动中国旅游业发展的两个车轮；2011年，国务院将每年的5月19日确定为"中国旅游日"，推动着旅游业迈入大众化旅游时代，极大地推动了国内旅游与出境旅游的发展。

3. 双向开放和深化改革阶段（2012年至今）

旅游消费是重要的服务消费，是稳定经济增长的重要手段，为了发挥旅游消费在稳增长中的作用，应对全球经济低迷带来的压力，国务院连续出台了一系列措施，推动旅游消费实现了快速增长。例如：在《关于积极发挥新消费引领作用加快培育形成新供给新动力的指导意见》（国发〔2015〕66号文）中旅游作为服务消费的重要组成部分，被定为消费升级的重点领域；《关于进一步扩大旅游文化体育健康养老教育培训等领域消费的意见》（国办发〔2016〕85号文），将旅游产业视为幸福产业之首。我国经济进入新常态的重要论断和供给侧结构性改革的提出，推动着旅游业供给侧结构性改革，以着力解决制约旅游业发展的制度难题，提升旅游产品供给质量，促进旅游新业态发展。例如，2015年国土资源部、住房和城乡建设部、国家旅游局联合出台了《关于支持旅游业发展用地政策的意见》，以进一步推动旅游新业态发展，满足居民日益品质化的旅游消费需求等。

在经济和社会迅速发展以及国家各级部门的高度关注和大力支持下，我国旅游业得到了飞速发展。2016 年，国务院印发的《"十三五"旅游业发展规划》指出，改革开放以来，我国实现了从旅游短缺型国家到旅游大国的历史性跨越。联合国世界旅游组织多年来对中国旅游发展的测算显示，中国旅游产业对国民经济的综合贡献和对社会就业的综合贡献均超过了 10%，高于世界平均水平。国家旅游局数据中心的数据显示，2015~2018 年，我国旅游综合最终消费占同期国民经济最终消费总额的比重超过了 14%，旅游综合资本形成占同期国民经济资本形成总额的比重约为 6%，旅游综合出口占国民经济出口总额的比重约为 6%。① "十二五"期间，旅游业全面融入国家战略体系，走向国民经济建设的前沿，成为国民经济战略性支柱产业。2015 年，我国旅游业对国民经济的综合贡献度达到 10.8%。国内旅游、入境旅游、出境旅游全面繁荣发展，我国已成为世界第一大出境旅游客源国和全球第四大入境旅游接待国。旅游业成为社会投资热点和综合性大产业。

从旅游基础设施和接待设施来看，旅游交通、信息和城市公共设施建设水平都实现了质的飞跃，逐渐健全。截至 2017 年底，我国高铁已覆盖 65% 以上的百万人口城市，高速公路已覆盖 97% 的 20 万人口城市及地级行政中心，二级及以上公路通达 96.7% 的县；民航运输机场达 229 个，服务覆盖全国 88.5% 的地市、76.5% 的县。2006 年以来，各类飞行起降架次持续增长，2017 年达到了 928 万架次，年均增长率约为 9.7%；总航班量达到 532 万架次，月均 443572 班，日均 14583 班。信息基础设施建设也已具有相当规模，截至 2017 年底，全国移动电话用户普及率上升至 102.5 部/百人，互联网普及率达到 55.8%。城市基础设施中，2017 年全国公厕达到 12.6 万座，三类以上标准的公共厕所有 9.5 万座，截至 2017 年底，全国共完成建设旅游厕所 7 万座。②

三、高铁旅游经济概念及其发展历程

党中央、国务院高度重视旅游业发展。党的十八大以来，我国旅游经济快速增长，产业格局日趋完善，市场规模品质同步提升，扶贫富民成效显著，国民休闲生活更加精彩，旅游业已成为国民经济的战略性支柱产业和与人民群众息息相

---

① 李金早. 以习近平新时代中国特色社会主义思想为指导　奋力迈向我国优质旅游发展新时代——2018 年全国旅游工作报告［R］. 厦门：国家旅游局，2018.
② 夏杰长，徐金海. 中国旅游业改革开放 40 年：回顾与展望［J］. 经济与管理研究，2018，39（6）：3-14.

关的幸福产业。高铁作为国民经济大动脉、关键基础设施和重大民生工程，是综合交通运输体系的骨干和主要运输方式之一，在我国旅游经济社会发展中的地位和作用至关重要。

（一）高铁旅游经济的概念

高铁建设产生的要素集聚效应、节点—场所效应、非均衡时空收敛效应等，会对沿线区域的可达性和空间格局产生影响，重构区域旅游经济地理格局，进而对沿线区域旅游产业发展产生影响，并引发社会旅游方式的变迁。大量人流、资金流、信息流向高铁沿线地区聚集，为沿线旅游目的地产业结构优化升级提供了丰富的生产要素，并衍生出一种新型的经济形态和研究方向——高铁旅游经济。

目前，国内外学术界针对高铁旅游及其相关内容展开了多角度的研究，但对于高铁旅游概念本身还未深入探究，尚无关于高铁旅游经济的统一定义。本书在充分借鉴前人相关研究成果的基础上，将高铁旅游经济定义为：人们出于休闲、商务或其他目的，乘坐高铁离开自己的惯常环境，前往某地旅行，由此产生的旅游者、高铁旅游产品和高铁旅游服务提供者、高铁运营管理者、旅游地政府、旅游地社区（居民）等利益相关者之间的经济联系和经济关系的总和。

（二）高铁旅游经济的主要特征

现代高铁旅游经济作为交通运输与旅游经济的重要组成部分，具有以下三个主要特征（见图1-3）。

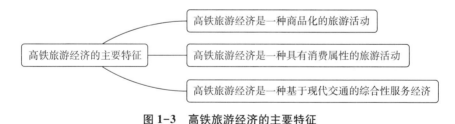

图1-3　高铁旅游经济的主要特征

1. 高铁旅游经济是一种商品化的旅游活动

在自然经济条件下，旅游活动主要表现为旅行者依靠自己的力量而满足自我需要的活动，不涉及旅游产品的生产与交换。而现代高铁旅游经济是建立在商品经济基础之上的，以高铁旅游产品的生产和交换为主要特征的以高铁作为交通工具前往目的地的旅游活动，必然要产生高铁旅游经济活动中的供求关系和高铁旅游产品的市场交换。一方面，随着现代社会经济的发展，特别是交通运输业的发展和人们闲暇时间的增多，既有旅游消费需求又有旅游消费能力的大众旅游活动，产生了巨大的高铁旅游市场需求。高铁旅游需求的规模数量、消费水平、高铁旅游目的、游览内容、出行方式等对高铁旅游经济的发展规模和水平具有决定性的影响和作用。另一方面，高铁旅游经济活动的市场供给主体——高铁运营管理部门与高铁旅游企业，为高铁旅游者提供各种高铁旅游产品和服务，通过满足高铁旅游市场需求获得利润。高铁运营管理者和高铁旅游企业既是高铁旅游产品的生产者，又是高铁旅游产品的经营者，是促进高铁旅游产品价值得以实现并产生高铁旅游经济效益的市场主体和重要基础。

2. 高铁旅游经济是一种具有消费属性的旅游活动

经济活动可分为两个基本领域：生产领域和消费领域。生产领域的生产活动表现为要把投入的生产要素转换成产出，向顾客提供有价值的产品或服务，满足市场需求并获得利润；消费领域的消费活动是出于维持个体生存、保证劳动能力的再生产以及实现个人和社会发展等目的而对物质生活资料和精神生活资料的消费，即人们通过消费产品或服务满足自身欲望的一种经济行为。在高铁旅游活动中，从供给角度来看，高铁运营管理者和高铁旅游企业向市场提供高铁产品和旅游服务，其目的是满足游客的高铁旅游需求；从需求角度来看，高铁旅游者在高铁旅游过程中需要购买并消费各种高铁旅游产品和高铁旅游服务，以满足其观光游览、休闲度假、文化娱乐、探亲访友、医疗健康商务或其他目的的需求。由此可知，游客的高铁旅游活动是一个以高铁为交通工具的消费过程，具有显著的消费属性特征。

3. 高铁旅游经济是一种基于现代交通的综合性服务经济

高铁旅游活动虽然不是以经济活动为目的，但其整个活动过程是以经济活动为基础的，涉及高铁、住宿、餐饮、购物、文化娱乐、金融保险、通信、医疗等各种经济关系和综合服务。这些经济关系和综合服务构成现代高铁旅游活动得以开展的支持体系，具体可分为四个层次：

（1）公共政策支持体系，包括政策、法规等，如公民休假制度等。

（2）基础设施支持体系，包括高铁、通信、信息、开通高铁旅游专列等。

（3）高铁旅游业经营系统，包括铁路局、高铁站点、旅行社、酒店、旅游景区等。

（4）高铁旅游管理及环境系统，包括高铁运营行政管理、高铁旅游行业管理、市场环境等。从高铁旅游活动的支持系统来看，高铁旅游经济是一种由多行业、多部门分工与协作而形成的以现代交通技术为基础的综合性服务经济。

（三）高铁旅游经济的发展历程

作为区域经济与社会活动的联系纽带，每一次交通技术突破和交通方式革新均深刻地影响着生产要素区域间流动，是区域空间经济格局演变的重要影响因素。中国高铁旅游的发展历程与中国高铁发展同步而行。

旅游交通是旅游经济健康发展的重要基础条件之一，对区域旅游业的可进入性及景区的开发决策等有重要影响。高铁作为现代化综合科学技术基础上的新型客运铁路系统，在大大缩短旅游者和目的地时空距离的同时，也节约了旅游者的旅行时间，促使中国省域中心城市成为联系紧密的网络，产生了明显的"时空压缩"效应，对区域旅游业发展及旅游空间格局演变都起着重要的影响作用。① 在时间距离不变的情况下，空间距离逐渐增大，游客出游半径会逐渐增大，进而促进旅游地的客流量增长。大量人流、资金流、信息流向高铁沿线地区聚集，为沿线旅游目的地产业结构优化升级提供了丰富的生产要素。本书认为，中国高铁旅游发展可划分为以下三个阶段：

1. 萌芽阶段（2003～2007 年）

2003 年，秦沈客运专线全线双线电气化实现了时速的突破，标志着中国开始进入高铁时代，国内高铁城市开始出现高铁旅游的萌芽。2008 年，京津城际全线通车。由于高铁具有快捷、安全、准时、稳定的优点，极大地压缩了旅游者的旅游时间成本，拓展了旅游空间范围，开始成为国内游客出行的最优选择，为高铁旅游发展打下了坚实的基础。

2. 发展阶段（2008～2015 年）

中国进入史无前例的高铁建设热潮，国内旅游市场出现"井喷"，高铁旅游进入快速发展阶段。京沪高铁和武广高铁开通后，济南和武汉等城市旅游客源市场半径 AR 值拓展率达 50% 以上，郑西高铁的开通使西安的旅游市场规模进一步扩大，市场结构得到优化。高铁"时空压缩"效应对提高旅游地客源市场吸引力具有明显的促进作用，促使旅游市场需求显著增长，进而产生高铁客流的集聚效应。不仅如此，高铁在强化核心区域客流极化效应的同时，也增强了核心区域向边缘区域客流扩散效应，即"溢出效应"，有助于区域协调发展②。武广高铁提高了湖北省核心城市武汉的中心地位，进而强化了核心城市的扩散作用，增强了核心城市与边缘城市的联系。大量高铁客流从核心城市武汉扩散到宜昌和十堰等边缘城市，缩小了边缘区域内部旅游发展的差异③。

① 汪德根. 高铁条件下区域旅游空间格局变化特征及影响机理研究 [D]. 中国科学院地理科学与资源研究所, 2012.

② 王欣, 邹统钎. 高速铁路网对我国区域旅游产业发展与布局的影响 [J]. 经济地理, 2010, 30 (7): 1189-1194.

③ 汪德根. 武广高速铁路对湖北省区域旅游空间格局的影响 [J]. 地理研究, 2013, 32 (8): 1555-1564.

3. 高速发展阶段（2016 年至今）

2016 年，沪昆、京沪、京广和哈大等重要高铁运输通道均全线通车，"四纵四横"高铁网络基本形成。2020 年，中国高铁运营里程达到世界第二，仅次于欧盟，基本实现了所有省会和 50 万人口城市的互联互通，覆盖全国 90% 的人口，中国将进入高铁时代。

当前，中国特色社会主义进入了新时代，我国经济发展也迈入新时期。新时代我国经济发展的特征，是由高速增长阶段向高质量发展阶段转变。高铁和旅游业作为国民经济战略性支柱产业，无论是从国家宏观发展的需求出发，还是从自身实际发展的需要出发，都到了由"高速增长"向"优质发展"转向的关键节点。对高铁旅游及其影响要素展开研究，构建高铁旅游经济研究新领域，开辟高铁旅游经济学科新方向，推动我国高铁建设和旅游业优质发展，是应有之义、首要之任、必然之举。

第二节　高铁旅游经济学的研究对象与理论体系

高铁的开通使沿线地区获得了区位优势，从而大幅提升了旅游吸引力。区位优势转移导致旅游市场的再分配和转型、更大规模的市场竞争和城市旅游中心的重新分配，旅游企业为适应市场需求逐渐采取新的发展策略，旅游经济出现沿高铁线路的空间集聚现象，区域旅游业面临新的调整。

一、高铁旅游经济学的研究对象及特点

学科的研究对象决定着学科的研究范式，对学科研究涉及的内容和学科研究方法起着重要的指导作用。

1. 高铁旅游经济学的研究对象

在现实生活中，人们经常会遇到企业生产、个人消费、市场竞争等经济现象，涉及生产成本、企业利润、产品价格、市场需求、生产要素等经济变量，这些问题属于微观经济学的研究范畴；经济增长速度、经济周期波动、通货膨胀、社会就业、宏观调控等经济现象，涉及国民生产总值、经济增长率、国民收入、财政支出、总需求、总供给、货币发行量、失业率等经济变量，这些问题属于宏观经济学的研究范畴；产业发展、产业组织、产业结构、区域经济等经济现象，涉及市场结构、企业竞争、产业关联、产业结构调整、技术创新、产品创新等经

济变量，这些问题属于产业经济学的研究范畴。

高铁旅游产业活动是一种复杂的经济社会现象，既具有提供高铁旅游产品和高铁旅游服务的经济功能，也具有文化传承、环境教育、社会调节的社会功能，同时还具有社区景观改善、自然环境保护的生态功能。高铁旅游产业是一个具有较强外部性的产业，发展高铁旅游产业应遵循经济效益、社会效益和生态效益相统一的原则。因此，高铁旅游经济学是研究高铁旅游产业活动现象及其经济关系和经济规律的学科。具体来讲，主要包括以下三个层面的问题，如图1-4所示。

图1-4 高铁旅游经济学的研究对象

（1）基于高铁旅游市场微观层面的研究。主要包括高铁旅游产品、高铁旅游需求、高铁旅游供给、高铁旅游消费等高铁旅游经济现象及其发展规律问题。

（2）基于高铁旅游产业中观层面的研究。主要包括高铁旅游产业内部各部门、各企业之间相互作用的关系，高铁旅游产业自身的发展演进规律，高铁旅游产业与其他产业之间的关联互动关系，以及高铁旅游产业的区域空间分布等高铁旅游经济现象及其发展规律问题。

（3）基于高铁旅游经济宏观层面的研究。主要包括高铁旅游经济投融资、高铁旅游经济收入与效益、旅游经济结构、高铁旅游经济发展战略与发展模式等高铁旅游经济现象及其发展规律问题。

2. 高铁旅游经济学的学科特点

高铁旅游经济学具有应用性和边缘性两大学科特点：

（1）高铁旅游经济学是一门应用性学科。高铁旅游经济学是以经济学的一般理论为指导，运用产业经济学的理论框架和研究方法，研究高铁旅游市场和高铁旅游产业的经济现象、经济关系及其经济规律的学科，是专门研究高铁旅游市场和高铁旅游产业特有的经济活动，并揭示其发展的条件、范围、表现形式及运动规律，从而指导高铁旅游市场和高铁旅游产业可持续发展，创造高铁旅游经济效益，具有较强的应用性，属于应用经济学的范畴。

（2）高铁旅游经济学是一门新兴的边缘学科。由于高铁旅游活动是一种复杂的社会现象，在高铁旅游活动基础上产生的高铁旅游经济活动更具有综合性、交叉性的特点。因此，高铁旅游经济学在研究旅游经济问题时，不仅要以经济学、高铁旅游学的理论为指导，还必须借助多种学科的理论及研究成果来支持并丰富高铁旅游经济学的研究内容。例如，运用心理学、地理学、资源学、统计学、市场学等学科的理论和方法，综合考察和研究高铁旅游消费行为、高铁旅游经济地理、高铁旅游资源开发、高铁旅游统计分析、高铁旅游市场营销等高铁旅游经济现象和高铁旅游经济问题，进一步加深对高铁旅游经济内在规律及其运行机制的认识，以便更好地指导高铁旅游市场和高铁旅游产业的发展。与其他学科相比，高铁旅游经济学是一门新兴的边缘性学科。

二、高铁旅游经济学的学科领域

高铁旅游活动是高铁旅游经济学研究的逻辑起点，高铁旅游产品是旅游经济学研究的核心要素。高铁旅游产品是旅游经济三大构成要素旅游者、高铁旅游经营者和旅游地的连接纽带，高铁旅游经济运行是围绕旅游活动这一事件，以高铁旅游产品的市场需求与市场供给这一关系为主线展开的。高铁旅游经济活动涉及多行业、多领域。基于此，本书以经济学、旅游学和管理学的学科理论为理论基础，充分运用心理学、社会学、地理学、资源学、市场学、文化学等多学科知识，从高铁旅游市场、旅游产业和高铁旅游经济发展三个层面构建高铁旅游经济学的理论框架和学科体系。其学科领域主要包括以下四个部分的内容：

第一，高铁旅游市场理论。包括高铁旅游产品理论、高铁旅游供求理论、高铁旅游产品价格理论、高铁旅游消费理论。

第二，高铁旅游产业理论。包括高铁旅游产业关联理论、高铁旅游产业融合理论。

第三，旅游经济发展理论。包括高铁旅游经济效益理论、高铁旅游经济发展理论。

第四，旅游产业政策。包括高铁旅游产业组织政策、高铁旅游产业结构政策、高铁旅游产业技术政策、高铁旅游产业区域政策。

以经济学基本理论为指导，运用多学科交叉思维方式，深入研究高铁旅游经济活动及其发展规律的旅游经济学的学科体系有待进一步研究与探索。本书在学习借鉴国内外旅游经济学研究成果的基础上，通过构建高铁旅游经济学的学科领域，试图探讨性地提出高铁旅游经济学的学科体系框架（见图1-5）。

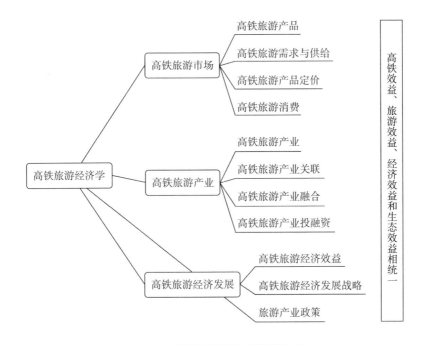

图1-5 高铁旅游经济学学科体系

第三节 高铁旅游经济学研究的意义与框架

随着高铁网由"四纵四横"向"八纵八横"拓展，其产生的旅游经济效应必将重塑中国城市的旅游空间格局，对旅客出行方式与休闲活动带来深刻的影响。以"八纵八横"为主干和城际铁路相补充的高铁网强化了城市间旅游资源的联系，对旅游通达程度、沿线旅游资源要素流动、中心城市层级和辐射范围以及旅游经济增长产生了巨大影响。

一、高铁旅游经济学研究的意义

（一）高铁旅游经济学研究的理论意义

高铁旅游经济学研究有利于促进高铁旅游经济学学科理论体系的建立。高铁旅游经济学研究的出发点是高铁旅游产品，它是旅游者、为旅游者提供高铁旅游产品和服务的企业、旅游目的地国家或地区政府发生经济关系的纽带。高铁旅游活动是围绕高铁旅游产品的需求与供给这一主要矛盾展开的。从经济学的视角来看，运用经济学的基本理论解释高铁旅游活动中的经济现象、经济关系以及高铁旅游产业的经济活动规律和经济影响，有利于建立高铁旅游经济研究的范式和学科领域，形成高铁旅游经济学学科理论体系，促进交通运输学与经济学的沟通与融合。

（二）高铁旅游经济学研究的实践意义

高铁旅游经济学研究缘于高铁旅游活动和旅游产业发展实践的需要。研究高铁旅游经济学的目的在于揭示高铁旅游经济活动和旅游产业的本质特征及其发展规律，以指导高铁旅游产业政策的制定和旅游实践活动的开展，促进高铁和旅游经济的有效发展。高铁旅游经济学研究的实践意义如下：

1. 有利于促进资源的保护与开发

高铁旅游资源是旅游经济活动得以开展的基础，是激发高铁旅游动机的吸引物，是高铁旅游供给的重要内容。旅游资源只有通过开发才能被利用，形成旅游产品，满足旅游需求，产生旅游经济效益和社会效益。而高铁旅游资源的价值直接受到开发是否合理、利用是否充分的影响。高铁旅游资源开发是充分利用高铁沿线旅游资源的经济价值，开发旅游产品，并使旅游活动得以实现的技术经济活动。因此，高铁旅游经济学研究有利于高铁投资效益的提升，促进旅游资源的保护、开发与利用。

2. 有利于建立有效的旅游产业组织

产业的组织结构不仅影响到产业内企业规模经济优势的发挥和市场竞争活力，还会影响到整个产业的市场绩效和产业发展。高铁旅游产业同样如此。目前，高铁旅游产业普遍存在企业规模整体偏小、市场集中度较低、价格竞争激烈、进入壁垒低等现象，在一定程度上影响了高铁旅游产业的发展，导致产业的有效竞争不足，市场秩序混乱。通过高铁旅游经济学研究，深入分析产业的规模经济问题，通过产业政策引导，调整市场结构，规范市场行为，形成有效竞争的市场态势，有利于提高市场绩效，促进高铁旅游产业的发展，实现高铁旅游经济效益。

3. 有利于促进高铁旅游经济的发展

在"经济增速放缓，扩张性政策刺激增长的效应可能下降，劳动年龄人口增长逐步放缓，有效供给不足"的背景下，高铁建设成为拓展区域发展空间、促进效率和公平的重大举措。高铁建设重塑了中国的经济空间格局，内生地促进了经济增长方式的转变。高铁建设一方面实现了客货分运，提高了原有铁路的货运能力，增强了战略性要素、资源性要素的流动；另一方面降低了城市间的时间距离，促使战略性要素资源向高铁沿线城市集聚，加速了以人为核心的就业和商务活动变化，进而重构了城市间产业和商务风格，这将改变中国原有的城市群布局模式，逐渐形成带状城市群。根据新经济地理理论，旅游经济活动空间集聚会形成以中间投入品的分享、专业化的劳动力市场、信息和知识溢出为特征的本地市场效应和价格指数效应，从而提升集聚地区的空间效率，内生地促进地区旅游经济增长，这种效应在东部大规模的高铁城市已初步显现。因此，以高铁站点城市为基点，整合周边旅游产业，形成以高铁为纽带的旅游城市群，对促进经济转型升级、实现地区经济增长方式的转变具有重要的意义。

4. 有利于推动中国国际旅游合作

目前，世界共有 16 个国家建设了高速铁路，2018 年，中国高铁营业里程达到 2.9 万千米，已成为世界上高铁系统集成能力最强、技术最全面、运营里程最长、在建规模最大、成网运营场景最复杂的国家。高铁已成为中国铁路旅客运输的主渠道，其安全可靠性和运输效率世界领先。随着经济全球化深入发展进入新阶段，"一带一路"倡议是我国提出与国际区域经济合作的新模式。随着高铁走出国门，我国的高铁业务已经覆盖亚洲、欧洲、非洲及南北美洲各大洲。中国高铁技术已具备了较强的国际竞争力，引起了世界范围内的关注。近年来，有多个国家到中国考察高铁技术，来自美国、英国、俄罗斯、澳大利亚、印度等多个国家的政要和国际组织领导人等曾多批次乘坐中国的动车组，实地考察"京津"城际高铁，对中国高铁的发展速度和质量给予了肯定。目前，我国政府或高铁企业在欧美地区主要是同有关国家的政府或商铁企业签署了高铁建设合作备忘录，预期会有更多的高铁项目展开；其中，在土耳其已经进行高铁项目的实质性建设，并遵循了欧盟标准，这将在极大程度上证明我国高铁建设的技术能力以及在海外建设项目的能力。在亚洲，规划的高铁项目的建设主要集中在东南亚，并且很多都是泛亚铁路计划的一部分；在部分国家已经实现了从基础设施建设到铁路装备，从铁路培训到我国高铁标准输出的深化过程，创新了以资源换项目的合作方式，在积累实践经验后有推广的价值。在非洲，我国高铁项目的建设主要是对非洲旧有的铁路线路进行升级改造的现代化建设，并实现了中国标准的输出。①

中国"高铁外交"加强了国际区域合作，成为实现"一带一路"倡议的重要保障。国际高铁是中国高铁"走出去"战略的重要举措，将促使中国与欧洲及东南亚等国家开展区域旅游合作。国际高铁对国际区域旅游空间格局将产生深远影响，国际区域旅游资源分布格局、国际区域出入境旅游市场格局、国际区域旅游产业结构等方面将会重新"洗牌"。② 高铁旅游经济学从多角度对我国高铁旅游经济发展的历史沿革和现状展开综合分析与系统介绍，对比研究了世界主要国家高铁旅游发展特点与模式，提炼了我国高铁发展综合竞争优势。高铁旅游经济学研究有利于彰显中国高铁的国际竞争力，加强铁路对外交流合作，在世界舞台上真正唱响中国声音，切实增强国际话语权和规则制定权，为世界各国特别是为发展中国家提供中国高铁方案、中国高铁样本、中国高铁经验、中国高铁智慧，以更好地发挥中国高铁在世界高铁发展中的引领作用。

5. 有助于科学规划旅游产业发展

当前，我国经济下行压力加大，而旅游却出现逆势上扬，并呈现出强劲增长之势，已经成为我国经济中的战略性支柱产业。2018 年，中国国内游客、出境游客、入境游客人数分别为 55.4 亿人次、1.497 亿人次、1.412 亿人次；国内旅游收入、出境旅游花费、入境旅游收入分别为 5.13 万亿元、2773 亿美元、1271 亿美元。从 2017~2020 年的数据来看，我国出境旅游人次呈快速增长态势，年均增长率为 9.1%，入境旅游人次自 2014 年起持续回暖，年均增长率为 1.8%，而国内旅游人次增长率相对走低，年均增长率为 11.5%。与之相应，出境旅游消费也实现了高速增长，从 1998 年的 92 亿美元提高到 2016 年的 1098 亿美元，年均增长率达到了 13.94%，据联合国世界旅游组织统计，中国游客消费水平连续 5 年居世界第一位。③

与国际游客数量增长同步的是国际旅游收入。1978 年，我国国际旅游收入为 26 亿美元，仅占全球份额的 0.038%，居世界第 47 位。1990 年，我国国际旅游收入为 22 亿美元，世界排名第 25 位；1998 年，我国国际旅游收入达到 126 亿美元，跃升至世界排名第 7 位；2015 年，我国国际旅游收入为 1141 亿美元，世界排名第 2 位，仅次于美国，远远超出了西班牙、法国、英国等老牌旅游强国。1990~2015 年，我国国际旅游收入增长了 50 多倍，占世界国际旅游收入的比例

---

① 崔峰. 中国高铁产业国际竞争力评价研究［D］. 东南大学，2016.

② 汪德根，钱佳，牛玉. 高铁网络化下中国城市旅游场强空间格局及演化［J］. 地理学报，2016，71（10）：1784-1800.

③ 李金早. 当代旅游学［M］. 北京：中国旅游出版社，2018.

上升至 9.06%。

新时期的旅游业又正处在转型升级的关键时期，研究高铁网对中国城市旅游空间格局演变的影响并提出全国城市旅游空间结构优化方案，一方面有助于在国家宏观层面更客观地预测和评价高铁网络化时代区域旅游空间格局变化的特征，从而为国家城市旅游发展规划的空间布局和时序安排提供科学依据；另一方面有助于更大程度地发挥高铁的旅游效应，从而广泛深入地发挥旅游业综合功能，促进全国旅游经济协调和可持续发展，实现把旅游业建设成为国民经济的战略性支柱产业和人民群众更加满意的现代服务业的战略目标。

6. 有助于提升高铁服务水平

深受欢迎的旅游商品往往能反映旅游目的地特有的自然及人文景观风貌，集浓郁的地域性、贴切的实用性及装饰性等于一身，让游客爱不释手。同时，旅游商品在传播旅游目的地形象、文化特色等方面发挥着其他媒介难以替代的作用。此外，开发旅游商品可以丰富旅游产业链，带动相关行业的发展。因此，对旅游商品进行策划就显得尤为重要。

目前，学术界关于旅游商品的定义有很多种，有广义和狭义之分。广义的旅游商品就是旅游产品，即供给者为游客提供的具有使用价值和价值的有形劳动产品和无形的服务的综合。狭义的旅游商品是指游客在旅游过程中购买的各种物质性的产品。世界旅游组织给出了"旅游购物支出"的定义。在中国《旅游资源分类、调查与评价》（CB/T 18972—2003）的标准分类系统中，"旅游商品"主类下的"地方旅游商品"亚类主要是"地方特色商品"，包括菜品饮食、农林畜产品与制品、水产品与制品、中草药材与制品、传统手工产品与工艺品、日用工业品、其他物品 7 个基本类型，多数是农业和手工业产品，因为只有农业和手工业产品的地域特色和民族传统比较明显，以至于克服了地域自然条件限制，形成了现代标准化工业产品，特别是形成了地方品牌的商品，如法国的香水、意大利的服装、德国的汽车、日本的电子产品、中国广东的玩具等。

高铁旅游经济研究有助于高铁系统在旅游商品开发上获得突破，丰富高铁旅游服务体系，提升高铁收入。[①] 在高铁旅游纪念品开发方面，日本在这方面的发展由来已久，各种围绕着铁道电车的商品也很多，如每条线路都有详细介绍沿线城市旅游资源的书籍，来详细介绍铁路的发展史以及围绕这条线路周边的风景名地。

我国高铁建设无论是从供给规模、产业规模来看，还是从市场规模来看，都已进入世界高铁大国行列。但也要看到，我国高铁发展方式还较为粗放，资源利

---

① 厉新建. 旅游经济发展研究——转型中的新思考［M］. 北京：旅游教育出版社，2012.

用效率不高，市场主体发育不充分，传统的高铁发展模式难以为继，原有的依靠要素投入、投资拉动、规模扩张的速度增长模式，受到了越来越明显的制约。交通经济带理论表明，工业化的演进始终伴随人口、产业、城镇、信息等要素在空间上沿交通干线集聚和扩散，并最终形成带状的区域经济空间结构形态。[①] 高铁作为链接不同区域的交通干线，会引起沿线区域旅游经济活动诸要素的集聚与扩散，形成高铁旅游经济带。[②] 在此背景下，开辟高铁旅游经济学这一新领域，通过引入旅游商品规划的理论，丰富高铁旅游产品开发，探讨不同高铁旅游产品开发方案对高铁收入的影响，不仅丰富了高铁经济学的研究内容，而且对我国铁路运输业的中观、宏观政策制定和管理，也具有实践参考价值，如图 1-6 所示。

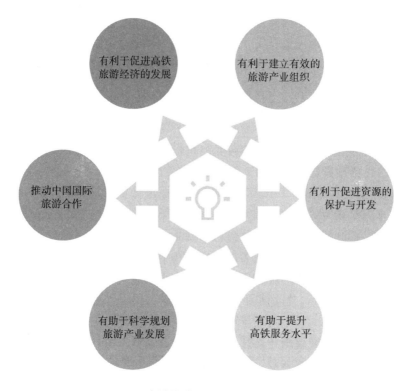

图 1-6　高铁旅游经济学研究的实际意义

---

① 王磊，翟博文．长江经济带交通基础设施对经济增长的影响［J］．长江流域资源与环境，2018（1）：6-12.

② 侯志强．推动高铁旅游经济带发展［N］．中国社会科学报，2017.

二、高铁旅游经济研究的主体框架

(一) 主要研究内容

高铁是科技、社会与经济发展的产物，是信息技术等高科技在交通运输领域应用与创新的重要形式，对区域发展具有影响。本书认为高铁旅游经济学主要研究内容包括：以高铁吸引范围内旅游重点城市之间的最短旅行时间和运营频次及近年来国内旅游收入、国内旅游人数为基础数据，依托交通经济学、微宏观经济学、旅游经济学、新经济地理学等相关理论，结合高速铁路的特点与发展，运用空间技术分析手段，深入分析高铁吸引范围内旅游重点城市旅游空间格局的演变特征，并以此对重点城市旅游空间格局进行重构和优化。在此基础上，通过建立高速铁路对区域经济影响的供给分析模型，系统分析高速铁路对旅游经济的影响作用与评估研究。

(二) 关键科学问题

高铁经济学在研究中广泛借鉴旅游地理学、交通地理学、行为地理学等相关理论，运用空间分析、社会网络分析、统计分析以及空间处理等相关技术，对高铁开通区域旅游空间格局变化特征及其对旅游经济发展的影响进行深入研究。旅游产业是高铁线路开通后较先受益的产业之一。目前，已经有一些研究关注高铁与旅游市场之间的相互作用。高铁对旅游发展的影响如何？对游客时空行为影响如何？对旅游目的地决策影响如何？对旅游市场和旅游业态影响如何？对旅游业发展格局影响如何？这些都是高铁时代面临和需要思考的问题，具体从以下三个方面来认识：[①]

1. 高铁/高铁网络的空间效应对旅游城市格局影响

高铁时代，旅游城市群空间格局将产生"时空压缩"效应，区域可达性空间格局发生了渐变与重塑。随着可达性重心逐渐由发达向欠发达、由大城市向中小城市迁移，边缘区可达性将得到拓展优化，区内外可达性差距将不断缩小。这种也正在影响城市群中的旅游产业。在高铁带动的区域交通网络化、经济发展一体化以及区域旅游一体化发展的现实背景下，城市群旅游经济联系进一步增强，以城市群内旅游中心城市为核心节点的旅游经济带动和影响进一步显现，城市群内城市旅游发展呈现出典型的旅游经济发展圈层结构。由此，城市群旅游经济发

---

① 李学伟，杨鹏，王丽，孙琼，廖斌. 高铁对旅游经济的影响［N］. 中国旅游报，2018-08-28.

展呈现出典型的位序规模分布，城市旅游发展态势呈现稳定型、波动型、上升型、衰退型等多种形态，资源禀赋、经济发展水平、区位条件、政策等是影响城市群旅游规模位序差异化的主要因素，在这些因素的共同作用下，城市群内部、城市群之间的旅游规模具有非均衡性差异特征（刘军胜和马耀峰，2012；曾鹏和罗艳，2012）。

随着国家"八纵八横"高铁网规划出台和相继建设，高铁作为重要的基础设施之一，对城市群空间网络结构带来了新的冲击。高速铁路能够提高城市群中沿线城市旅游的可达性、降低旅行成本并促进旅游产业要素流动，从而形成商务旅游中心带动特色旅游城市共同发展的旅游发展格局（殷平，2012）。由于高铁的开通带来交通可达性的改变，使城市群旅游空间格局发生了全新的改变，催生了"旅游客源地—区际交通连接—旅游集散地—区内网络交通连接—多个旅游目的地"网状空间格局（崔保健等，2014）。事实上，在城市群旅游空间网络结构的演化过程中，不同类型的城市吸引物直接影响着城市群旅游的分布格局，例如，自然观光型与人文观光型、娱乐休闲型城市的分布格局不同，因为前者受经济发展水平的影响小，而后两者受经济发展水平的影响较大（杨君和陈宣霖，2016）。因此，高铁给城市群旅游经济的影响也是不相同的。

2. 高铁/高铁网络对游客行为的影响

高铁带来的"时空压缩"效应，首先影响游客的目的地选择，其次影响游客的旅游模式选择、旅行距离、每次旅游逗留时间、年度旅游频率和单次旅游总天数等方面。

（1）高铁对目的地决策的影响。

1）高铁与旅游目的地品牌形象。高铁作为一个符号特征对高铁辐射区域的利益相关者和旅游业都有积极的影响。高铁可以通过促进目的地形象的提升，来增强城市的吸引力，就像知名品牌为服装增值一样，高铁同样为高铁开通城市和辐射区域带来了好处（Delaplace，2014）。然而，由于高铁路线和城市的交通网络越来越密集，高铁带来的影响将逐渐减弱。这种形象效应与城市之间的区域合作政策相关。这种目的地形象提升效果虽然较难测量，但这一趋势是显而易见的。越来越多的游客在选择目的地时，将是否开通高铁作为衡量该目的地价值的重要指标之一。

2）高铁与中小型城市游客决策。研究表明，高铁开通已给我国一些中小城市带来了旅游客流的增加（Wang et al.，2012）。在我国开通高铁的省份可能比没开通高铁的省份增加约20%的外国游客数量和25%的旅游收入（Chen & Haynes，2012），而这些增长将很大可能发生在中小城市。国外的研究（Bazin，2013）显示，在北欧、大西洋和东欧的一些中小城市，尽管旅游遗产城市的可达性有所改善，但由于高铁的影响而增加的游客人数很少。对于中等规模的城市而言，只要他们在旅游商品的数量、质量和多样性方面拥有更多的选择，就能显示出高铁的积极影响。西班牙的影响与法国的影响类似，Ureña（2009）认为开通高铁的大型中点城市在商务旅游方面会有增长，如里尔、萨拉戈萨甚至科尔多瓦。同样，Todorovich（2011）报告称2003~2009年莱里达由于高铁服务，游客量增加了约15%，商务旅游需求增加了20%，然而受地理位置和旅游资源等方面的影响，不同城市游客量的增加不均衡。

（2）高铁对游客时空行为影响。交通是旅游的核心要素，高铁作为一种新的旅游交通方式，也极大地营销了游客的时空行为。具体包括以下几个方面：

高铁改变出游半径。由于时间距离缩短，高铁对游客选择中程和远程旅游有显著的影响。高铁开通前的中程旅游主要选择小长假，但高铁开通后，选择双休日进行中程旅游的比重大幅度上升；对于远程旅游，高铁开通前主要选择"黄金周"和寒暑假两个时间段，高铁开通后，选择小长假和双休日出游占有较大的比重，且比高铁开通前明显上升。

高铁影响逗留时间。高铁带来的"时空压缩"效应引起了"同城效应"和"过道效应"，使游客在较近目的地的逗留时间有减少倾向。这是需要目的地注意的问题之一。

高铁改变出游频次。高铁带来的舒适性和便捷性，使游客旅游出行的季节性减弱，而年度出游频次会逐渐增加。高铁实现了部分旅游流分流，达到了"削峰填谷"目标。

高铁改变旅游模式。高铁首先对游客交通工具的选择产生影响，从而改变旅游模式，越来越多的自助游、"高铁+自驾"游成为可能。高铁正在促进商务旅游、老年旅游、乡村旅游、体育旅游、医疗旅游等旅游产品的发展。

（3）对旅游市场影响。高铁压缩了时空距离，促进了旅游方式变革，将改善沿线城市的交通可达性，进而改变城市的市场邻近条件，改变传统的旅游市场格局，促使旅游市场需求显著增长，为高铁沿线旅游区域带来了旅游市场新机遇。

1）国内游市场。高铁网络的迅速扩张，改变了沿线城市的旅游市场格局。高铁带动下的旅游市场空间结构逐渐形成以高铁为轴，以中心城市为核心，向周边依次扩展的"圈层+轴心"带状分布。高铁提升了沿线城市的旅游吸引力并扩大了吸引力范围，旅游客源市场规模也不断扩大。高铁改变旅游市场群体，其舒适性、便捷性和时间可掌控性，使得越来越多的商务游、亲子游和老年游群体选择高铁出行。

2）入境游市场。高铁已成为我国旅游对外宣传的"新名片"，越来越多的入境游客愿意将高铁作为在城市间移动的首选交通工具。马德里开展了一项关于游客目的地的调查（Pagliara，2015）表明，高铁对外国游客具有极大的吸引力，入境游客通常重视舒适度和旅行时间减少等方面。针对入境游客需求提供针对性的旅游产品和服务，可以提高旅游目的地的竞争力。因此，西班牙的旅游促进机构和参与区域发展战略的公共机构意识到这一点后，采取了一些方法来促进入境游客更多地使用高铁，如推行西班牙高铁通行证。

（4）高铁对旅游业态的影响。高铁交通网络的建设，旅游业更多地和城市化、区域竞合、社会分层、需求升级等重大命题结合在一起，催生出了一批高铁旅游新业态、高铁旅游产品新体系。高铁旅游新产品正引领旅游发展新趋势。

第一，一批高铁旅游线路相继诞生。随着各条高铁线路的开通，各地相继推出了多条"高铁风景线"，如合福客运专线、京沪高铁、沪昆宁高铁、杭深高铁、京广高铁以及最新开通的西成高铁等，正迅速成为游客青睐的旅游线路。

第二，一批"高铁+"旅游业态产生。随着高铁与旅游的融合，产生出了一批将"快旅"与"慢游"融合的新产品，如"高铁+旅游景区"的融合、"高铁+租车"旅游的融合、"高铁+酒店"的融合、"高铁+旅游综合体"的融合等。这些以高铁为载体，满足旅游者旅游价值需要的各项要素和效用的组合，促进了旅游业的升级调整。

第三，一批高铁旅游专列兴起。越来越多的高铁旅游专列被相继推出，如北京、上海、福建、浙江、山西等地相继开设了若干次高铁旅游专列，高铁旅游专列正在全国范围内逐渐兴起。

第四，一批高铁旅游产品受到了市场欢迎。全国各大旅行社等均推出了新的高铁旅游产品，如携程旅游平台上线了100多条"西成高铁动车"相关的跟团游、自由行、当地游产品。

三、高铁旅游经济学现代研究方法

研究方法是抵达研究目的的手段，方法正确，就能保证研究路径与方向的一致性。因此，在解释高铁旅游经济发展现实的时候，不仅需要理论观点，而且需要恰当的方法。方法论主要体现在"范式"上，即在学科内被研究者共同接受、使用并作为交流思想的共同工具的一套概念体系和分析方法。高铁旅游经济研究在方法上表现出跨学科研究特色明显，与新地理经济学联系紧密。

研究内容和基本分析框架显示，学者首先非常注重对特定高铁线路沿线区域进行观察，如特定区域的产业分布不均衡、产业集聚；随后为了解释此类现象便进行了实地调查。调查包括：

一是宏观层面的调查，主要用来描述区域层面的社会、经济、文化和制度等因素，如地方化的社会文化特性、制度厚度、产业氛围等。

二是微观层面的调查，在宏观层面调查的背景下，具体分析区域层面的社会、经济、文化和制度是如何影响微观主体（如企业）行为并导致区域发展的差异和不同的经济景观存在。

三是在对基础资料的分析基础上，从自然环境、社会、经济和文化的角度进行解释，解释一般包括三个层次：低层次的自然环境本底；中间层次的经济、社会和人文等互动；高层次的制度、文化等。

从现有文献来看，关于高铁与旅游经济发展的研究方法大致可分为以下四类：

一是对比分析法。对比分析法的基本假设是除了要研究的属性以外，对照组与实验组的其他属性相同或相似。现有研究大多将高铁建设作为一项准自然实验，分别研究高铁开通前与开通后、高铁站点城市与非站点城市、高铁沿线城市与非沿线城市的旅游经济指标的差别，以此估计高铁开通对不同区域或城市经济发展的影响。

二是计量模型分析法。通过构建不同类型的计量模型，分析高铁对旅游经济的影响极其机制，或者通过模型进行相关数据的预测。

三是地理信息分析法。运用地理信息系统（GIS）绘制时空距离地图，分析、模拟或预测高铁对旅游经济的影响。由于具有空间分析和结果可视化的优势，该方法在分析高铁对旅游经济影响的空间特点及过程方面较为有效。

四是网络分析法。网络分析法包括社会网络分析方法和复杂网络分析方法。主要是借用这两种网络分析的工具，分析高铁网络的形态、特性与结构，研究高铁站点区域或城市在高铁网络中的位置变化，以及它们之间的连接关系，进而分析高铁网络对旅游经济发展的影响。随着中国高铁网络的进一步扩大与完善，网络分析方法将得到更充分的应用。

第二章 高铁旅游经济学学术史梳理及研究进展

交通基础设施及其经济效应一直是经济地理和交通地理研究的重点领域，凭借高速、高效和安全舒适的优点，铁路迅速成为大区域乃至全国交通运输体系的核心。2020 年，中国高铁运营里程达到了世界第二，仅次于欧盟，基本实现了所有省会和 50 万人口以上城市的互联互通，覆盖了全国 90% 的人口，中国进入高铁时代。研究高铁对旅游经济发展的影响，揭示高铁作用下的城市旅游经济联系变化特征，对指导城市旅游发展以及城市间的互动与合作具有重要的意义。学术界对中国高铁与旅游经济发展的关系给予了高度关注，并开展了多方面的研究，产出了一大批相关研究成果。

第一节 交通基础设施与旅游业发展

20 世纪 20 年代，美国就将旅游交通融入了交通调查项目，人们开始关注旅游交通的发展，并将旅游交通规划概念融入交通建设规划概念中。20 世纪 80 年代，随着近代交通和旅游业发展，西方发达国家学者率先从旅游交通规划、旅游需求、旅游者行为等方面出发，围绕交通对旅游业发展影响展开了相关研究，内容相对广泛。90 年代，美国交通规划中将旅游交通规划置于重要的地位。此外，德国、法国和日本等国家在旅游交通规划、旅游道路设计、旅游交通调查分析等方面做了大量的实际工作，并取得了许多有效的研究成果。在交通对旅游业发展影响的有关研究中，国外学者主要关注交通发展对旅游目的地、旅游空间结构以及旅游业发展等方面的影响。

国外学者在研究过程中普遍肯定了交通作为一个重要因素在旅游者目的地选择中的重要作用。1956 年，区域科学的创始人艾萨德在《区位与空间经济》一书中指出，"在经济生活的一切创造性革新中，运输工具在促进经济活动和改变工业布局方面，具有最普遍的影响力"①，从 Leiper（1990）的旅游系统论来看，旅游交通是旅游系统的重要组成部分，是连接旅游客源地与旅游目的地的桥梁和纽带，如图 2-1 所示。

自然、社会、文化、政治、经济、技术环境

图 2-1　旅游交通在旅游系统中的功能

交通运输作为区位影响因素始终与区域经济空间紧密相连，是区域经济发展和空间扩展的主要力量之一。Gilbert（1939）和 Butler（1980）研究发现交通是影响旅游目的地发展的因素之一。之后的研究逐渐证明了交通体系的发展和完善对旅游目的地建设有着重要的促进作用。汪丽等（2021）在研究土耳其旅游开发时发现，旅游地的交通设施是旅游者决定是否出游的关键因素之一。Chew（1987）认为，航空交通的大发展是实现远距离旅游（如欧美旅游者前往亚太地区旅游）的重要推动力。Raguraman（1998）从航空可进入性角度研究了旅游地发展与旅游交通可达性之间的关系，指出旅游业发展相对比较缓慢的一个原因在于航空交通的可进入性差，验证了交通是旅游业发展的一个重要前提。此后，交通基础设施一直被学术界普遍认为是区域旅游业发展的主要促进或抑制因素；旅游地的交通发达程度不仅决定了旅游者的出游动机，同时对其满意度也产生直接影响，如果某旅游地交通设施不够完善，起初倾向于前往该旅游地的旅游者则会转向其他替代目的地；所以，交通基础设施是促进区域旅游发展的基础性要素，早已形成了基本共识。L. J. Crampon（1978）在研究"推—拉模型"时引入了行为学和心理学的研究方法，发现旅游交通通道的便利程度和旅游目的地资源共同决定了旅游目的地的吸引力。Kaul（1985）对处于不同生命周期的旅游目的地交

---

① 方轮. 区域交通运输一体化构建及珠三角案例分析［J］. 中国流通经济，2012（8）：41-46.

通系统进行了研究，发现交通在旅游目的地的各个阶段均有很强的作用，促进作用突出表现在旅游目的地探查、参与、发展、巩固四个阶段，认为交通不仅在新旅游地开发中有重要作用，而且在已有旅游地的健康发展中也扮演着重要的角色，良好、恰当的交通系统能够使处于停滞或衰退阶段的目的地焕发生机。Bruce（2012）通过构建旅游地发展频谱模型论证了旅游地、交通系统和其他基础设施间的关系，旅游交通系统在不断地影响着旅游景点。此外，Hompson（2016）研究发现，交通舒适度甚至比效率和安全更重要，质量感知影响了旅游目的地的整体体验，是旅游目的地的整体满意度的重要因子。

国内有关交通对旅游的影响研究起步略晚，随着交通运输业和旅游业的快速发展逐渐引起了国内学者的关注，研究成果主要包括基本概念、基础理论以及定性关系、规划定位研究，少数学者从运输经济学和旅游业关联性等方面进行了定量研究。缪婧晶（2003）运用成本分析模型研究了旅游交通成本变动对旅游业影响。杜晓凯（2012）和魏杰（2014）从交通运输业与旅游产业发展关联入手，借助主成分分析法、灰色关联法和 SWOT 分析等对交通系统与区域旅游发展的适应性进行了评估。张涛（2013）通过对旅游业产业结构分析提出，旅游交通是旅游业发展的生命线，是现代旅游业的重要组成部分。牟华（2013）基于山东旅游业的研究认为，旅游和交通是密不可分的，需要协调发展、彼此兼顾。在发展交通业时要考虑旅游的发展，在旅游本身的规划设计上，要给交通业留出发展的空间，二者不可偏废。汪宇明（2017）通过对区域公共交通的旅游效应进行研究发现，我国公共交通的旅游效应表现出较大的区域差异和不平衡性，公共交通的旅游职能正在逐步提升。

交通和旅游关联性研究的另一个重要方向是旅游流和旅行者出游行为的研究。保继刚、楚义芳（2003）[1] 根据旅游交通系统空间大小将其分为外部交通、内部交通及中继交通并指出交通系统质量对旅游目的地竞争力的形成起着关键作用。赵明龙（2000）[2] 以广西旅游交通为例、张红贤（2006）[3] 以杭州湾跨海大桥和宁波旅游业为例、张勇（2007）[4] 以大武汉旅游圈为例，分别分析了交通格局的变化对旅游业产生的影响，并提出了相应的应对策略。张建春和陆林（2002）运用相关分析法分析了近 20 年旅游经济发展数据，发现我国旅游业发展

① 保继刚，楚义芳. 旅游地理学（修订版）［M］. 北京：高等教育出版社，2003.

② 赵明龙. 浅论广西旅游交通对旅游业的制约及其对策［J］. 桂林旅游高等专科学校学报，2000，11（2）：30-33.

③ 张红贤. 旅游交通对区域旅游发展的影响及其对策研究——以杭州湾跨海大桥和宁波旅游业为例［J］. 商场现代化，2006（1）：273-274.

④ 张勇. 旅游交通发展对大武汉旅游圈的影响分析［D］. 华中师范大学，2007.

与航空运输、铁路以及公路的发展有着强关联，交通运输成本的降低有助于增加旅游地的吸引力，特别是远距离游客。卞显红（2012）以上海市为例，研究了城市轨道交通建设对城市旅游核心与边缘空间结构形成及协同发展的影响机制。从核心区和边缘区的各方面具体分析：发展水平、发展关系、旅游可达性差异、旅游产品价格差异、乡村旅游、城市用地、轨道交通旅游带、旅游需求。[①] 吴国清（2009）认为，旅游交通的便捷度显著影响了游客对旅游目的地的满意度，便捷性的提升能够激发游客休闲需求，有效形成旅游目的地的市场竞争力。[②] 杨仲元（2013）以皖南旅游区为例，运用交通优势度分析方法探讨旅游区交通格局演化特征，利用旅游经营业绩评价方法分析区域旅游地空间结构演变，在此基础上从旅游资源空间分布、旅游地发展水平及空间竞合态势、旅游交通空间覆盖以及旅游客流空间范围等方面探索了交通改善对区域旅游空间结构演变的影响，揭示了交通在旅游地发展中的作用，为皖南地区旅游产业布局和交通设施规划提供了科学依据，以促进皖南旅游可持续发展和游客体验提升。

国内外已有研究展现出交通对旅游目的地发展的重要影响，旅游目的地的发展离不开旅游交通体系的建立和完善。作为旅游目的地成功发展的重要条件之一，交通在旅游目的地演进的各个阶段均会对旅游业产生重要影响[③]（见表2-1）。

表2-1　交通在旅游发展中的作用

项目	内容
交通在旅游业中的功能	（1）交通系统促进目的地旅游健康成长的关键是在总体交通政策框架下精密构思和设计符合当前与未来技术与需求的交通网络 （2）旅游既是一种大众现象，又是一种个体活动。因此，交通设施需要满足和适合旅游市场中每一种类别旅游者的需要
交通对旅游业的影响	（1）不同交通方式之间多样化的竞争有利于交通价格的降低与质量的改进，并给旅游业带来利益 （2）交通是一种最基本的旅游需求，它的运行既是旅游流的扩展因素，也是旅游流的限制性因素，所提供的交通设施的质量也影响旅游流的类型 （3）令人满意的交通始终点站、交通基础设施的改进与发展、新技术的吸收与采用都将对未来全球旅游的可持续增长有积极且深远的影响 （4）国内与国际交通系统的一体化及与其他国家的交通系统的合作将大大促进旅游流的合理流动及国内与国际旅游业的发展

① 卞显红．城市旅游核心—边缘空间结构协同发展形成机制研究：基于上海城市轨道交通建设视角 [J]．商业经济与管理，2012，37（10）：67-74.
② 吴国清．都市旅游圈空间结构的生成与网络化发展 [J]．中国软科学，2009（3）：100-108.
③ 钱佳．基于高铁网络化的中国城市旅游空间格局演变及优化研究 [D]．苏州大学，2015.

续表

项目	内容
交通对旅游目的地的影响	（1）旅游目的地的演进在很大程度上受交通方式的发展影响，也是交通方式发展的必然结果 （2）交通技术发展会给交通方式带来深刻的影响，并导致交通系统更加有效、快捷与安全，这也将大大促进旅游目的地的出现、演进、增长与扩张

资料来源：Kaul（1985）。

第二节　高铁开通与旅游业发展

在旅游经济活动中，交通对新兴旅游地开发和现有旅游地健康发展都起着至关重要的作用，因此，交通成为旅游系统不可或缺的组成部分，是连接客源地与旅游地的桥梁和纽带。每一次交通技术突破和交通方式革新，均深刻地影响着区域旅游发展和旅游空间格局演变。旅游业一直被誉为"朝阳经济""无烟工业"，作为一个具有巨大发展潜力的产业，在国民经济中的地位日益重要，其经济影响越来越受到各国政府的重视，成为推动经济社会发展的重要因素。国内外学术界也越来越关注高铁与旅游业发展关系的研究。受到高铁建设时间的影响，欧美及日本、韩国各国家较早开展了相关研究，并取得了丰硕的成果。我国学术界有关高铁对旅游业发展的影响研究始于 1999 年，但在随后的几年中，并未引起学术界的足够重视。2010 年，随着国内高铁建设的发展，国内学术界才迎来了高铁和旅游业两个共轭领域成果的丰硕期。通过梳理国内外研究成果不难发现，研究内容主要以高铁对区域旅游空间结构、旅游目的地发展和旅游产业要素集聚等方面的影响为主。

一、高铁对旅游空间结构的影响

1964 年，日本修建开通东京到大阪时速 210 千米的新干线为世界高铁建设拉开了序幕，欧美国家开始了三次高铁建设高潮。从目前世界高铁的发展历程来看，高铁对沿线区域旅游业发展以及旅游空间结构演变产生了重要的影响。[①] 国

① 汪德根，陈田，李立，等．国外高速铁路对旅游影响研究及启示 [J]．地理科学，2012（3）：323-328.

外对高铁旅游的研究侧重定量分析和实证研究，关于高铁建设以及高铁网络化对旅游业发展和空间空间结构演变的研究取得了比较丰富的成果，为国内的相关研究提供了理论启示及方法借鉴。

Duoglasu（1999）对旅游空间结构的定义比较具有代表性，他指出旅游空间结构是旅游经济客体在空间中的相互作用和相互关系，以及反映这种关系的客体和现象所形成的空间聚集程度及聚集状态。高铁通过减少旅行时间改变区域的交通可达性，继而影响旅游客流变化以及旅游产业要素布局变化，最终在部分区域产生集聚效应，改变区域内各城市的竞争力。在旅游产业要素布局的影响方面，对旅游企业而言，高铁的建设运营促进旅游企业在空间上集聚。[1] 国外有关高速铁路对旅游空间结构影响研究可追溯到 20 世纪 90 年代，Bonnafous（1987）对法国高速铁路（TGV）进行了研究，指出在旅游产业的供给与需求上会随着高速铁路的开通而出现重大改变。其对公路、铁路和航空三个基础设施网络进行了分析，指出高速铁路网络的构建提升了区域平均可达性，对于区域之间经济活动的影响很大。[2] Javier 等（1996）通过数理统计分析，构建模型实证分析了高速铁路对区域旅游空间结构的影响，高铁的开通提高了欧洲整体的旅游通达性。Komeisasak（1997）从城市的微观层面出发构建区域旅游经济发展模型，论证高铁开通后对区域人口的引导而影响区域空间结构。

在接下来的研究里，Javier（2001）发现高铁交通网的形成促使欧洲区域可达性水平得到了很大的提升，高铁交通系统通过改变各城市之间的旅行时间来影响旅游空间结构。Albalate 以巴西为例，以 1998~2013 年为时间段，研究高铁对游客的影响，表明高铁开通改变了游客的出行方式，加强了游客在空间上的聚集程度。Prideaux（2000）基于核心—边缘理论对旅游企业空间竞争力展开研究，发现交通成本的改变影响了旅游企业空间竞争力，高铁开通使旅游企业在空间布局上出现了集聚效应。Banister（2001）指出，高速铁路开通后，推动了英国一些地区旅游业的发展，增加了游客出行的频率，扩大了旅游业市场，增加了就业率，促进了经济的蓬勃发展。[3] Pol（2003）分析了高铁对区域城镇体系的影响，认为根据增长极理论高铁的发展会引起体系内城市的两极分化，处于核心地位的城市各方面的优势会因高铁而得到进一步的提升，而位于高铁辐射范围边缘地区的城市则有可能会更加落后；而从水平层次来讲，高铁将会促使城市的影响范围

① 何赢 . 高铁影响下京津冀区域旅游空间结构演变研究［D］. 北京交通大学，2016.

② Bonnafous A. The Regional Impact of the TGV［J］. Transportation, 1987, 14（2）: 127-137.

③ Banister D, Berechman Y. Transport Investment and the Promotion of Economic Growth［J］. Journal of Transport Geography, 2001, 9（3）: 209-218.

不断地扩大，加剧相邻城市的空间竞争，也在一定程度上促使不同的城市发展自身不同的特色行业，使城市进入网络化时代。① Froidh（2008）指出，高铁带来的市场效应不可忽视，被压缩的旅行时间极大地提高了游客的出游效率，增加了出游意愿，对沿线区域旅游业发展带来了新的契机。②

与国外的研究相比，我国在区域旅游空间结构方面研究成果丰硕。卞显红（2003）侧重基础研究论述了城市旅游空间结构的六大基本要素，提出空间规划布局的单节点、多节点和链状节点的三种布局模式。③ 黄金火、吴必虎（2005）以西安为研究对象，重新构建了旅游系统空间结构模型，同时依据旅游开发的时间序列指出西安目前的旅游空间结构还在放射式阶段，未来将向扩展模式演变。④ 张楠楠和徐逸伦（2005）分析了高铁对于现代交通系统的影响和作用，然后对高铁建设对沿线区域经济发展的影响进行了解析，最后研究了在高铁影响下沿线区域的空间演变。吴大明（2013）等结合引力模型对比 2001 年与 2010 年皖江城市带旅游经济联系度，探讨各城市对周边区域的旅游经济辐射力和旅游空间组织结构。陈志军（2008）根据区域旅游系统空间结构理论以及不同发展阶段的特征，以江西旅游发展为例，研究了江西旅游空间结构演化模式中三种不同形态的模式。⑤ 王昊和龙慧（2009）基于欧洲各国高速铁路发展的影响研究表明，高铁的发展将推动旅游目的地内部结构变化，改变旅游空间结构演进模式。肖光明（2009）立足于宏观、中等空间尺度等不同角度，结合旅游资源、网络、发展轴以及中心地体系等分析了珠江三角洲地区的旅游空间结构现状，提出了四个方面的优化思路，以期加快边缘区域的旅游发展。⑥ 王欣和邹统钎（2010）基于时空替代机制研究了高铁对旅游系统的影响，并建立了网格空间模型，以北京为例进行实证分析。认为高铁给旅游产业发展带来以下几个方面的影响：空格点、节点和端点效应以及旅游市场大范围的全面竞争，空间的放大与变形，重新定位与结构的调整等。梁雪松（2010）研究表明，便利的交通运输将旅游淡旺季的界限变得模糊，为处于 3 小时旅游圈的城市带来区位机遇。张学良和聂清凯（2010）认为，高铁建设会促进城市群内部的同城化趋势，加强城市间空间联系，促进区域

① Peter M J Pol. The Economic Impact of the High-speed Train on Urban Regions［J］. Journal of Transport Geography, 2003（Issue）.

② Oskar Froidh. Perspectives for a Future High-speed Train in the Swedish Domestic Travel Market［J］. Journal of Transport Geography, 2008, 16（4）: 268-277.

③ 卞显红. 城市旅游空间结构研究明［J］. 地理与地理信息科学, 2003, 19（1）: 105-108.

④ 黄金火, 吴必虎. 区域旅游系统空间结构的模式与优化——以西安地区为例［J］. 地理科学进展, 2005, 24（1）: 116-126.

⑤ 陈志军. 区域旅游空间结构演化模式分析——以江西省为例［J］. 旅游学刊, 2008, 23（11）: 35-41.

⑥ 肖光明. 珠江三角洲地区旅游空间结构分析与优化［J］. 经济地理, 2009, 29（6）: 1036-1041.

经济一体化的发展。张金霞（2010）就加强旅游基础设施建设、开发新型旅游产品和旅游路线、改善旅游消费环境、加强区域地区之间的旅游合作、实现旅游产业的共同发展、进一步打造旅游精品、加快旅游人才建设步伐、提高旅游管理和服务水平等方面提出了建议。①张辉等（2010）认为，高铁会导致出游方式的散客化、旅游格局的动态变动化、区域之间的相互联合化和行业竞争越发激烈化和垄断资源优势的逐步衰减化，提出了构建多区域旅游合作机制，积极创新旅游资源观念，大力构建旅游产品创新体系的政策建议。②周仁亮（2011）指出，高铁的运营对沿线旅游地空间结构带来了冲击。武广高铁沿线旅游城市形成双磁极旅游圈空间结构形态，其中武汉和广州为旅游带核心两级，中段以衡阳、株洲为代表的城市为袭击旅游核心城市。通过研究日本新干线的案例，陈才（2011）认为，开通新干线的直接影响是压缩了旅行时间，使时间距离和经济距离发生了巨大变化。新干线大大激发人们的旅游需求，诱发旅行游览关联的消费需求增加，促进了旅游观光业和休闲业的发展，从而促进了地区经济发展，提高了人们的收入水平，刺激了新的旅游者产生，形成了循环产业链（见图2-2）。

夏超、朱创业（2011）认为，高铁车站周边环境是旅客对城市的第一印象，可以参考临空经济区、临港经济区的思路和经验，未雨绸缪，认为打造环境良好、配套齐全的"临站经济区"很有现实意义。蒋丽芹（2011）从构建区域合作组织体系、区域旅游营销体系、区域旅游产业体系、区域旅游的空间组织体系（一带、两极、四线、五中心）视角来论述其影响。罗彤、钟永德（2011）通过分析炎陵县交通状况的改变，结合当地旅游发展实际情况及旅游资源的分布情况，对炎陵县县域内外的旅游空间结构进行了重新定位，据此提出了"一心、两轴、三组团"的空间格局。③张咏梅（2012）以浙江安吉市的高铁站点为例，指出高铁的发展将融入城市交通的大系统中，提高可达性，增强了城市间的交流与合作，形成新的竞合关系，促使产业资源进行再分配；同时催生县域副中心，形成县域的空间新格局。④汪德根等（2005）运用位序—规模法和首位度分析结果

①　张金霞. 论"高铁时代"对武汉旅游业的影响［J］. 企业导报，2010（6）：150-151.

②　张辉，等. 我国高速铁路对旅游业发展的影响分析［J］. 中国铁路，2010（10）：8-11.

③　罗彤，钟永德. 基于交通改善的县域旅游空间结构研究——以炎陵县为例［J］. 中南林业科技大学学报（社会科学版），2011，5（1）：86-88.

④　张咏梅. 高铁建设对旅游城镇空间格局的影响及对策研究——以浙江省安吉县为例［J］. 中国名城，2012（2）：14-19.

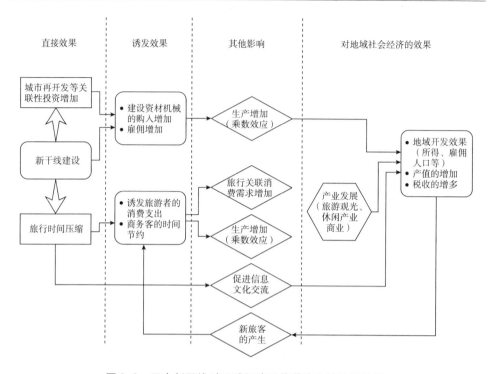

图 2-2　日本新干线对区域经济及旅游产生的波及效果

资料来源：根据陈才（2011）修改。

显示，湖北省区域旅游空间格局的典型表现为核心—边缘结构。① 武广高铁强化了湖北省核心区域极化作用使区域旅游经济差异扩大，同时也强化了核心区域扩散作用，使边缘区域旅游经济差异减少，旅游发展趋于均衡。王新越、赵文丽（2017）分析了全国八个地区26个省份高铁交通的通达性与区域旅游经济发展的耦合协调度水平，发现我国旅游经济综合水平和高铁交通通达性呈上升趋势，且存在明显的空间集聚性，东部地区的协调性高于西部地区，沿海地区的高于内陆地区。

　　我国一些学者虽然指出了高铁交通同旅游之间存在密切关系，但对于彼此之间相互影响机理的研究还比较笼统，尤其是有关交通方式变革对特定城市旅游空间结构的影响方面的研究相对较少，特别是高铁同城市旅游空间结构相互关系的探讨更为少有。与国外的研究相比，我国在区域旅游空间结构研究方面成果较为丰硕。已有许多学者开始关注高铁与旅游空间格局的相关性，但目前关于国内旅游空间结构的理论研究较少，而更重视实证研究，此外，对区域旅游合作的研究

---

① 汪德根，陆林，陈田，等．基于点—轴理论的旅游地系统空间结构演变研究［J］．经济地理，2005，25（6）：904-909.

还处于初步阶段，重在探索旅游合作模式。

二、高铁对旅游目的地发展的影响

高铁对旅游目的地的影响体现在时空距离的缩短，将节省的旅行时间用于游玩，从而促进旅游目的地城市的休闲旅游以及商务旅游的发展。[①] Matsuda（1993）以 Shinkansen 为研究对象，指出无高铁时从大阪到东京需要 7 小时，该线开通后缩短到 4 小时，到了 1992 年只需 2.4 小时，因行程时间缩短而产生的经济价值将近 4000 亿日元。Sean（2008）证实了高铁的开通使得加利福尼亚州地区的游客量激增，从而促进了当地零售业、宾馆住宿业以及餐饮业等的发展。此外，高铁对旅游者行为选择产生了很大影响。一方面，Givoni（2006）指出，高铁能够节约旅行过程中的时间损耗，增加旅游者对旅游目的满意度，同时节约的时间将转化成在目的地的逗留时间，增加在旅游地的消费。另一方面，Reg（2006）发现在巴黎一小时经济圈内的图尔斯和曼斯两个城市的商务人士，在高铁开通之前每周往返一次，而高铁开通后旅行时间的大幅降低使得商务人士可以每天往返而不再需要在巴黎过夜。这就使得往返的游客增加，但在目的地过夜的游客量大幅降低。同时，研究发现，具备不同资源的城市面对的高铁效应是不同的。Sean Randolph（2008）研究了美国加利福尼亚州高铁的修建对海湾地区旅游经济的刺激作用，认为高铁直接带动了餐饮、住宿、零售、娱乐等行业的发展，并促进了当地的人口增长和就业增加。[②] Sophie 和 Romain（2014）以法国佩皮尼昂和西班牙巴塞罗那之间的高铁所连接的地区为研究对象，证实了这条高速铁路提高了区域旅游资源吸引力的集聚效应，但同时也加剧了区域间旅游产业空间的竞争：高铁的开通，拉近了佩皮尼昂和巴塞罗那的空间距离，使巴塞罗那的旅游资源吸引力得到了强化，而佩皮尼昂的旅游资源空间竞争力却弱化了，游客被不断吸引到其他旅游目的地，市场范围明显缩小。佩皮尼昂作为著名的滨海旅游城市，旅游资源的吸引力并未因高铁的开通而得到加强，反而在面对短期旅游者市场时由于交通便捷程度的提升而失去了大量游客。可见，在高铁时代，旅游胜地要在市场竞争中立于不败之地，就必须在旅游资源异质化和旅游产品的多样化方面不断寻求创新和突破。此外，高铁铁路网络能够为沿线旅游目的地创造很多就业机会，扩大城市规模。

① 汪德根．城市旅游空间结构演变与优化研究［J］．城市发展研究，2007，14（1）：21-26.

② Sean Randolph. California High-speed Rail Economic Benefits and Impacts in the San Francisco Bay Area ［M］. San Francisco：Bay Area Council Economic Insititute，2008.

在针对具体的高铁线路对沿线旅游目的地发展的影响及对策研究上，张凌云（2008）指出，与物理学上的重力场不完全相同，旅游目的地吸引力场更为社会化和复杂化，在研究旅游目的地的市场吸引力时，需要假设吸引力场在空间上是连续的，客源市场在空间上的分布也是连续的，旅游目的地市场吸引力的强度与旅游资源吸引力指数以及人口密度成正比，除非假定旅游目的地的投资、旅游开发、交通等条件不变，吸引力场实际上是一个非稳定的数量场。刘涛（2010）、李学琴（2010）根据已经建成的高铁对区域旅游造成的影响，前瞻性地探讨了成绵乐城际铁路即将对四川省和成都市旅游发展带来的影响，并提出了加强基础设施建设、发展低碳旅游等举措，积极促进成都旅游发展。崔乔（2011）认为，在高铁时代，旅游目的地的产品体系、交通体系、形象定位以及发展模式等都需进行适当的调整。王帅（2012）认为，山东半岛开通城际列车后，将会促进青岛、威海、烟台三地间的旅游往来，三个城市的游客购物需求将随着高铁的完善而日趋频繁。① 宁坚（2015）以成绵乐城际铁路沿线城市为例指出，高铁的开通使沿线城市间产生了产品互补效应、市场拓展效应、联动效应、布局优化效应和散客化效应，沿线城市应该依据高铁旅游效应构建跨城市间的旅游线路，并建立合作机制。刘伏英（2010）认为，高铁的运行能使"快旅"成为现实，旅游者旅游频率、旅游方式、旅行时间以及旅游目的地的选择都将发生改变，旅游相关部门应该整合旅游线路，推进综合产业链发展，旅游企业应主推中短途旅游，结合地区特色开发差异化旅游产品。王洁、刘亚萍（2011）认为，旅游市场是高铁的主要市场之一，旅游地的成长势必提高高铁的使用强度，高铁也能促进旅游地的发展，城市旅游系统与高铁通道资源应平衡配置、协调发展。熊益沙、唐小涛、何洁玉（2011）认为，高铁拓宽了旅游客源市场的范围，加剧且加深了旅游战略的调整，使旅游企业之间的竞争变得越来越激烈，也在一定程度上改变了旅游者的需求层次，且以旅游吸引力指标比较、旅游经济指标比较、旅游新亮点做了一定的分析。王雪（2014）以哈大高铁为例，分析了其给东北三省沿线地区旅游业在客源、服务、营销等方面带来的影响，并在此基础上提出了哈大高铁沿线旅游业发展的措施，以促进东北三省旅游经济的进一步发展。② 周杨（2016）认为目前高铁沿线旅游城市没有实现协同发展并针对处在不同发展阶段的旅游目的地提出不同发展策略。周仁亮（2017）以武广高铁及沿线旅游地为对象进行了实证分析，认为武广高铁的开通引发了旅游地区位弱化、"鲶鱼刺激"、角色转化和品牌加成效应，并提出面对四大效应沿线旅游地实现转型升级的对策。于秋阳、杨

---

① 王帅. 城际高速铁路对胶东半岛地区的影响［J］. 企业导报，2012，23（1）：127.

② 王雪. 哈大高铁对东三省旅游经济的影响探究［J］. 中国外贸，2014（1）：177.

思涵（2017）以中西部高铁枢纽城市西安作为实证对象，发现高铁影响下的西安旅游产业供给水平总体呈增长态势，旅游吸引物、旅游接待和服务设施的增长最为明显，但仍有较大的增长空间。[①] 而王欣、邹统钎（2010）在分析了高速铁路网给中国旅游产业发展与布局带来的影响后认为，高铁网络化背景下市场选择机会将大大增加，旅游目的地和产品将面临更大范围的全面竞争，节点城市出现产业集聚，端点城市进一步"边缘化"，高铁网格外和空格点区域会发生被抛离现象。在高铁对旅游目的地影响上，国外研究多从某一条或某几条高铁入手，进行以实证为主的规范研究。与国外学者不同，国内学者更关注高铁对沿线城市旅游业发展的正面效应。

三、高铁对旅游者行为的影响

国外学者考察了高铁开通对旅游者出行动机和决策的影响。有学者研究了英国旅游者对乘坐高铁出游的态度和看法，通过问卷调查确定了影响旅游者乘高铁出行的因素包括旅游安全、道路空气改善、高铁声誉、舒适度、高铁负面影响和有效旅行时间六个方面，表明不同类型的旅游者对乘高铁出游的态度差异很大，并导致其产生不同的决策行为。还有学者关注了有无高铁对旅游者目的地选择的作用，通过对马德里地区旅游者的调查建立逻辑回归模型进行了定量分析发现，高铁的舒适度和减少旅行时间是影响旅游目的地选择的最主要因素。Masson（2009）等评估了高铁服务对旅游者出游决策的影响，通过对意大利大学生群体的问卷调查发现，城市旅游吸引力和服务变量对旅游者交通工具选择具有显著的影响，相较于乘坐普通火车，由于高铁在旅行时间和服务质量方面的优势，旅游者表现出高于传统票价40%的支付意愿。关于高铁对旅游者动机及决策的研究结论各不相同，但已有研究表明旅行时间、舒适度、服务质量等均是影响旅游者选择乘高铁出游的重要因素，而票价较高则被认为是重要的阻碍因素，国内学者亦开展了相关的实证研究，研究方法和结论与国外差异不大。

相较于国外的研究者，我国部分学者重点关注了高铁对旅游者行为特征和旅游流的影响，吴康等（2013）基于"流空间"理论研究了高铁对城市居民跨城流动的影响，通过对京津城际高铁四个站点的问卷调查发现，旅游、购物等休闲活动对跨城流动具有明显的增强作用，并总结了跨城流动的空间模式。汪德根（2012）运用旅游场理论和社会网络法研究了高铁旅游者的时空分布特点，认为

---

① 于秋阳，杨思涵．高铁枢纽城市旅游产业供给水平评价研究——以西安市为例［J］．人文地理，2017（1）：145-151．

高铁开通加剧了旅游流向大城市的聚集并向外扩散，同时提升了缺乏区位优势旅游地的吸引力，而旅游者向沿线中小城市的流动逐渐减弱，高铁具有旅游分流效应，达到"削峰填谷"的目标。高铁对旅游者影响的研究受到了国内外学者的共同关注，但研究倾向差异明显，国外学者的研究成果主要集中在高铁对旅游者出游态度、旅游决策等方面的影响，而国内学者的研究成果主要集中在旅游者空间行为和旅游流研究领域。国外研究重视对旅游者态度的定量测度以评价个体行为，而国内研究对个体旅游者的关注较少，对大规模旅游者的空间活动关注较多，这与高铁对区域旅游业、旅游地空间结构影响研究一脉相承，体现了国内学者对区域旅游经济发展的关注程度较高。

四、高铁对旅游产业发展的影响

高铁已经成为解决大通道上大量旅客快速输送问题的最有效途径，其最大的特点是快速、安全和高效，能产生明显的"时空压缩"效应。随着高铁带来"时空压缩"过程，游客在时间距离和相对经济距离不变的情况下，地理距离逐渐增大，即游客出游半径会逐渐增大。由此可见，"时空压缩"对游客出游距离产生明显作用，进而影响旅游者对旅游目的地的选择，由此而引致一系列区域旅游要素空间格局的"多米诺"效应。高铁对其他旅游交通方式的市场需求产生激烈的竞争。Yung-Hsiang Cheng（2009）认为，高铁对城际现存交通模式的市场影响不可避免。表 2-2 显示，日本、法国、德国、西班牙和韩国等国家的高铁交通系统吸引了航空和公路的交通系统 10%~30% 的旅客量。可见，高铁给航空和公路等其他旅游交通系统运行带来了很大竞争压力。

表 2-2 高铁对其他旅游交通系统市场需求的影响

作者	期刊	高铁系统	投入市场后的影响
Givoni（2006）	Transport Reviews	日本新干线	高铁 SANYO 线开通后，23%客源来自航空运输，16%的客源来自汽运，高铁本身诱发 6%的新需求
Givoni（2006）	Transport Reviews	法国 TGV	高铁巴黎—里昂线开通后，24%的客源来自航空运输，37%的客源来自公路运输
Vickerman（1997）	Annals of Regional Science	德国 ICE	约12%的客源来自航空和公路运输
Vickerman（1997）	Annals of Regional Science	西班牙 AVE	约32%的客源来自航空运输，25%的客源自公路运输，14%的客源来自常规铁路
Park（2006）	Transportation Research	韩国 KTX	约28%的客源来自航空运输

布鲁切（1991）研究了东海道新干线的建设对沿线城市人口增长的影响，发现新干线建成后人口增长率提高了。Sasaki 等（1997）对比了日本新干线建成前后对区域经济发展的影响，认为日本东海道、山阳新干线区域内城市的 GDP 与客流量呈拟合线性关系。此外，Nakamura 和 Ueda（1989）利用统计方法分析得出，日本在新干线开通前后的不同背景下各地区产业经济情况和就业人口的变化，第三产业从业人员在高速铁路的影响下增加最多的结论，在增加的第三产业从业人口中，旅游业和服务业的增幅最大。Kim（2000）以首尔至釜山段的高铁旅游发展情况为例，充分收集并整理了总计 64 个样本区域的人口和劳动力的基尼系数、平均中心点、密度函数以及标准距离等相关指标，将这些相关指标的具体变化当作检验和观测首尔地区区域空间结构的变化和调整的具体标准。Kim 通过对数据的搜集、整合和分析，将首尔到釜山的高速铁路对首尔地区产生的影响和作用作为研究对象，得出了人口和劳动力资源等基本要素在高铁沿线上特定区域内的分布情况会伴随高速铁路的开通而产生变化和发展的结论。在这篇文章中，从数据分析和比较所得出的研究结果可以看出，在首尔到釜山的高速铁路运营后，韩国人口在空间范围内出现了强烈的聚集效应，即加强了向首尔方向的汇集，促使首尔人口密度增高。随着人口的集聚，劳动力的分布也表现出明显的集聚效应，但是相对而言集聚的趋势在高铁开通的第一年增幅明显，之后的年份集聚的趋势明显放缓。首尔过去属于人口密度相对较低的地区，但高铁开通后，交通便捷带来的优势作用显现，就业机会与日俱增，因此劳动力也随着人口集聚效应逐步向这一地区转移。[①] OskarFroidh（2005）研究发现，瑞典 Svealand 高铁线开通以来，因高铁的优势条件（舒适的乘车环境、较低的乘车费用、快速的旅行时间等）使相当多的自驾车旅游者改乘高铁，Eskilstuna 和 Strangnas 两城市的出游人数都稳步增加，Eskilstuna 城市出游人数增加尤为明显，由高铁线开通前出游比例不足 14%增长至 20%。Krugman（1991）认为，大西洋高铁的开通对地区旅游业及其关联产业发展起了很大的促进作用，其中对勒芒城的效果最显著，促进了当地会展业的发展，影响甚至远播国际市场。SeanRandolph（2008）以旧金山和加州海湾两个地区为研究对象，预测了它们在修建高铁和不修建高铁两种情形下，两地人口增长率和就业率的对比情况，得出高铁具有促进沿线旅游地人口增长和就业率提高的作用。林上（2011）研究发现，日本新干线串联起的城市和商业中心成为"高铁廊道"，沿线居民利用新干线作为日常休闲和旅行工具，使东京到大阪之间形成了"高铁休闲圈"和"高铁旅游圈"，促进了旅游产业的升

① Khadaroo J, Seetenah B. The Role of Transport Infrastructure in International Tourism Development: A Gravity Model Approach [J]. Tourism Management, 2008, 29 (5): 831-840.

级转型。Beckerich（2004）认为，高铁对旅游产业发展水平的提高有很大的促进作用。商贸旅游业面向的细分市场由国内市场拓展到了国际市场，而且高速铁路加速了酒店业的升级换代。Bazin 等（2004）也证实了高铁对酒店区位选择所产生的影响，高铁站附近的会展类酒店和商务型酒店在数量上有显著增长，但高铁的开通在促进商务旅游人数增长的同时，也减少了其平均停留时间，从而引起旅游地商务酒店业入住率下滑。Masson（2009）的研究也证实了 Bazin 等的观点，法国南部的高铁线路开通后，商务旅游人次明显增加，但当地商务型酒店入住率下降，商务型游客的平均停留时间在高铁开通前后平均减少了 0.6 天。另外，Froidh（2008）指出，高铁有效带动了酒店业的升级换代，给整个旅游市场都注入了新的推动力。

国内学者张明（2010）认为，高速铁路将促使旅游消费行为和旅游客源市场结构转变，引导酒店业的结构优化以及旅游交通方式的良性竞争，实现旅游地社会经济可持续发展。张艳梅（2011）对高铁建设对桂林旅游业的影响进行了分析，从区域合作与竞争、产业结构优化等角度进行了分析。王缉宪、林辰辉（2011）认为，高铁建设增强了城市在争夺旅游细分市场中消费能力最强的商务客人的优势，有力地带动了旅馆、百货店等服务业和不动产开发，促进了沿线区域旅游休闲产业的发展，导致客源结构和旅游产业结构发生变化，改善了城市投资环境，增强了外资对旅游产业投资的吸引力。[1] 马勇（2013）重点围绕高铁给旅行社带来的影响，提出旅行社不仅需要对现有产品的交通方式作出调整，而且应针对高铁发展设计相应的旅游产品。罗鹏飞等（2014）从沿线可达性、经济联系、旅游产业影响几个方面对京沪高铁进行了实证研究认为，与非高速铁路沿线城市相比，沪宁高铁沿线城市的可达性得到了显著提升。高铁的开通不仅拉近了城市间的时空距离，更进一步加强了城市间的资源和人才等要素的流动以及增强沿线区域发展的整体性。梁雪松（2010）以沪杭高铁对两地带来的影响为研究对象，认为高铁缩短了沪杭两地的时空距离，有效提升了城市可达性，促使旅游生产要素和区域客源市场进行了重新整合，引导旅游产业结构优化转型。[2] 胡静等（2015）等对比了高铁开通前后湖北省旅游产业集聚水平的发展变化，发现高铁对湖北的商业服务业、住宿餐饮业的集聚水平影响较大，旅游产业集聚水平显著提高。肖伟民（2008）则从增加就业机会的角度出发，分析了高铁建设给沿线城

---

① 王缉宪，林辰辉. 高速铁路对城市空间演变的影响：基于中国特征的分析思路［J］. 国际城市规划，2011（26）：16-23.

② 梁雪松. 基于双重区位空间的湖南旅游业发展机遇探讨——"武广高铁"开通视阈［J］. 经济地理，2010，30（5）：859-864.

市的经济合作与运输结构的优化所带来的就业机会的增加，从而进一步促进了高铁沿线城市的经济发展。张丽娟和廖珍杰（2011）分析了武广高铁给旅客、旅游企业以及旅游业发展格局带来的影响，分别从人、企业、产业三个层面对这一影响由浅入深地进行了分析和解读。孟晓晨（2013）认为，通过节约时间和提高可移动性，高速铁路使生产者服务业的劳动力能在更大的区域范围移动，并降低面对面交流的成本。这种通达性的改善极大地激发了该产业的劳动生产率，并加剧了企业间的竞争，使该行业的劳动力能获得更高的工资。通过把更多的居民同其他人群和就业中心连接到一起，高速铁路还扩大了一个地区的通勤圈。

第三章　高铁时代旅游目的地可达性研究

世界旅游强国离不开良好交通的支持，而高铁的快速发展，必将有力地促进区域旅游的发展。高铁是中国乃至世界"交通革命"的重要标志，引领着新世纪交通方式的变革。高铁快速、安全、高效的特点使其成为交通运输中最有效的途径之一。高铁开通所带来的最直观的影响就是所谓的区域间或城市间的"时间压缩"效应，因此，现有研究基本上都用可达性来分析高铁对区域旅游经济发展的影响。

第一节　可达性的概念与分类

可达性（Accessibility）的概念由来已久，杜能的农业区位论和韦伯的工业区位论，都体现了可达性的内涵，是区域经济学、交通运输经济学和城市地理学等的热点研究问题，用以反映某地去往另一地的难易程度，用来分析高铁旅游经济来往的便捷性。①

一、可达性的基础理论

（一）可达性的含义

简单地说，区域可达性是指从一个地方能够到另一个地方的容易程度。1959年，Hansen 首次将可达性定义为交通网络中各节点相互作用机会的大小。可达

---

① 林晓言. 高速铁路与经济社会发展新格局［M］. 北京：社会科学文献出版社，2015.

性作为一个概念，广泛应用于交通规划、城市规划和地理学领域，不仅是度量交通网络结构的有效指标，也是评价区域（或地点）取得发展机会和控制市场能力的有效因素之一，是国内外交通经济学研究的热点内容。但可达性在不同应用领域有不同的理解和表述，其最简单的定义是克服空间阻隔的难易程度，若空间阻隔大，则该点的可达性差；若空间阻隔小，则该点的可达性好。可达性作为衡量相互作用便利程度的指标，在宏观意义上决定了城市相对区位价值与融入旅游经济活动的便捷度。对于城市旅游发展来说，可达性无疑表征了城市获取旅游发展资源、控制旅游市场发展的机会。

在不同的空间尺度上，可达性所衡量的具体对象也不同。在区域范围内，可达性反映了某区域与其他区域发生空间相互作用的难易程度，是区域经济发展空间差异的重要原因。在城市内部，可达性是衡量城市居民与社会经济活动之间地理关系深度和广度的指标。Kwan（1998）将城市内部的可达性分为个体可达性和地方可达性，前者指个人在时间和空间约束条件下到达目的地的难易程度，反映居民生活质量的好坏；后者指某一区位被接近的能力。Ryus 等（2000）等将公共交通可达性划分为到公共交通站点的可达性、公共交通行程时间和公共交通目的地站点的可达性。

广义的可达性包括可获得性、可进入性、可容纳性、可支付性和可接受性五个方面，其中可获得性和可进入性反映空间信息，称为空间可达性；可容纳性、可支付性和可接受性则称为非空间可达性。陈洁等（2007）认为，可达性既包括客观层面（交通运输或通信可达性），强调各地点之间交通的便捷程度，也包括主观层面（心理可达性），强调按人的意愿产生的对某区域的主观选择优先级，可采用问卷调查的方法获得数据。当前，有关可达性的研究主要集中在客观层面的空间可达性和地点可达性。Gutierrez Javier（1996，1999，2001）等采用多项定量指标，针对不同尺度、不同交通系统建设所引起的区域可达性格局变化进行了研究。Dupuy（1996）等对欧洲城市公路可达性及其等级体系进行了探讨。Bowen（2000）对东南亚航空中心国际航空可达性进行了评价。Linneker 和 Spence（1996）研究了伦敦环行公路引起的可达性变化对区域经济的影响。金凤君（2004）、王姣娥等（2019）先后分析了中国铁路交通网络发展及可达性空间格局演化，评价了铁路提速对中国客运网络演进影响及城市可达性的获益格局。吴威（2006）与张莉（2006）等分别采用网络和成本栅格方法研究长三角地区陆路交通可达性格局及其演变规律。这些研究结果显示：接近高速公路或铁路站点的地区获益最多，快速交通建设有利于提高边缘区的可达性水平（Li，2001；Zhu，2004）；交通可达性被认为与城市体系相互作用、互相融合（Murayama，1994；Dupuy，1996）；加权平均时间、日常可达性与潜力值经常被应用于高速铁路可达性研究（Gutierrez，1996，2001）。不同学者对可达性概念的阐释如表3-1所示。

表3-1　不同学者对可达性概念的阐释

研究者	理论观点
Hansen	可达性是指交通网络中的各节点相互作用机会的大小
Vickerman	可达性是指在社会中产生的包括直接来源于个体作用与来源于整个社会如交通拥堵、环境污染等副产品作用的必然花费
Geertman	可达性是指在合适的时间选择某种交通设施到达目的地的能力
Dalvi 和 Martin	可达性是利用交通系统从一个地方到达任一土地利用活动的便利程度
钮心毅	可达性为城市用地在时空上可接近的方便程度

（二）可达性的分类

交通可达性及其相关问题的研究受到了旅游行业的关注，由于关注点及角度不同，使得交通可达性依据其应用领域的不同而不同。以前的研究者根据研究内容的差异给出了不同的定义及分类，概括起来，本书认为可达性可以依据研究和应用侧重点不同分为以下三类：

1. 若干点之间的连通性或连通度

基于重要基础设施之间联系便捷程度评价的交通可达性，简单地说，就是考察点对点之间的交通可达性。例如，考察A、B两点之间的交通是否连通、通畅状况如何时，在区域旅游结构体系的研究中，研究者往往依据现有或规划的高铁线路，来研究某区域内旅游目的地之间以高铁为主要出行工具的出行时间，继而研究高铁路网的合理性，进行区域旅游产业发展引导，区域内景区的布局以及区域内旅游公共服务设施的规划。

2. 点与面出行范围问题（设施与区域服务范围）

基于某固定区域、城镇或景区的服务范围问题衍生的由点对面的出行范围问题。保证服务范围内所有点到达该旅游设施消耗的最少出行时间，即到达最便捷，如研究某景区的选址，如何使景区在有限规模的情况下，其服务半径及服务人口均达到最大化，既节约资金，又保证设施的高效率利用，就是研究景区周边所有被服务居民到达景区出行时间的最短情况。

3. 片区交通可达度评价（宏观可达性）

在以往的有关交通可达度的概念中，就交通可达度与交通可达性进行了单独区分，即用交通可达度来表示某片区的交通出行能力。假设在所研究的地理范围内同时有 m 个足够多的交通出发点，n 个交通吸引点，从 m 个出发点中任取一点 i，在一定的交通条件下，计算到达 t 个吸引点所需的平均交通时间，可以认为该值是 i 点的可达性指标。片区的交通度评估被称作宏观可达性，是城市旅游规划、区域旅游规划、旅游交通规划等重要规划的必要前期研究之一，直接影响着区域旅游交通网络的构建、重要景区选址及高铁站选址等重要问题。同时，片区之间的交通可达性比较是衡量地区旅游经济发展水平的重要指标。所以，此类问题现在研究得最多，应用也最广泛。

（三）可达性的本质

可达性的本质是指人们从一地到另一地的方便程度，即通过最小的付出能获取尽可能多的资源和服务。根本目的在于对空间上的某个区域或点的位置的好坏程度进行评定。其内涵主要包含以下五层意思：

第一，个人参与活动的自由度，人们可以自由选择不同的交通工具。

第二，在一定的交通系统中，到达某一地点的方便程度。

第三，在合适的时间选择某种便利的交通设施到达目的地的能力，即通行时间的长短。

第四，不同空间内分布的点或核心区域之间相互影响的潜力大小。

第五，城市用地在时空上克服距离障碍的难易程度。

在旅游目的地的规划中，人口密度大的区域或者旅游资源集中的区域需要较高的交通可达性。在规划实施上，就是在人流集中的地区，建设更密集的道路、更畅通的人行系统。在旅游交通规划中，交通部门常常需要评估某些地区的交通状况，即通过评估它们的旅游交通可达性，来决定是否加大该区域的交通投资力度，同时也需要评估某条高铁线路所带来的社会经济效益，即评估该线路沿途的旅游交通可达性的变化是否与期望相符，以决定是否修建该条高铁线路。在旅游区域规划中也常常要考虑各个区域中心的交通可达性是否能满足区域旅游经济活动及防灾疏散的需要，由此决定是否加大对该区的旅游交通投资力度。

本书认为，在高铁旅游经济学的研究中，可达性概念不仅是游客出发的起点和目的地的连接，还包括游客的特征及交通和旅游服务设施的特征，可归纳为起点、终点和连接形式三个主要元素。交通和旅游服务设施可达性的起点指交通和旅游服务的需求者和受益者——游客，游客的社会经济属性（性别、年龄、支付能力等）和主观心理（个人感知、性格喜好、价值取向等）决定了游客对交通和旅游设施需求的数量、质量和类型；终点指满足游客需求的各类服务设施，其属性包括设施的位置、类型、数量、质量等，连接形式是游客与设施之间的交通系统，反映起点与目的地的便捷程度，影响游客的出行时间和花费。可达性变化率由高铁开通前后可达性变化值与开通前可达性的比值获得，变化率越大，高铁对城市"时空压缩"效应越明显。

二、可达性的测度方法

在可达性的评价、测算和建模过程中，通常要依赖空间的简化。大多数研究都将研究对象抽象为点状区位，并将它们作为起点和终点来评价各点间的可达性。目前，可达性的度量方法包括距离度量法、拓扑度量法、累积机会法、潜能度量等。

（一）距离度量法

空间可达性度量方法中最基本的一种是距离度量法，其中的距离可以是经济距离（交通成本）、时间距离或空间距离等，通常采用节点间时间、交通成本的平均值和对节点加权后的平均时间等方法计算。空间距离和时间距离是构成交通成本的两大要素，基于真实地理环境存在阻隔，在同样空间距离下到达同一空间单元的时间也可能不同，因此，时间距离更能反映交通便捷程度。距离度量法的优点是容易理解且计算简便，缺点是仅仅考虑了节点与经济中心之间的一种关系。

（二）拓扑度量法

拓扑度量法是常用的评价网络中各节点或整个网络的可达性水平的方法。拓扑度量法将现实中的路网抽象成点与线来考虑节点与节点之间的连通性。拓扑距离是指两节点间以最少线段互相连接所包含的线段数。总体可达性则是某节点到其他所有节点拓扑距离总和或平均值。其优点是概念容易理解、便于计算。缺点是忽略了两节点之间的实际距离。

（三）累积机会法

累积机会法是用在已经设定的出行时间或距离内，从某点出发能够到达的机会的多少来评判可达性好坏。这种机会主要包括产生购物、就业和贸易等经济活动的机会以及就学、娱乐和就医等其他非经济活动的机会。优点是能清楚地表示出节点在特定时间或距离内能够到达的区域内就业和人口数量。缺点是没有反映出时间半径之外的可达性，没有考虑在特定时间内的距离衰减，也没有考虑节点与所有经济中心之间的联系。

（四）潜能度量法

潜能度量法即吸引力指数法，是指一个节点的可达性取决于它在交通网络中的地理位置和该交通网络中其他不同规模节点的分布方式。以往所使用的潜能模型中，被研究城市自身的规模大小对研究结果影响太大，因此有必要进行修正，将这种影响降低。

（五）旅游景区可达性的测度方法

蒋海兵等（2014）对我国景区可达性进行研究时，归纳了旅游景区可达性计算的三种方法[①]，具体如下：

1. 时间距离测算指标

最短时间距离计算从某城市建成区质心到景点的最短时间距离。最短时间包括城际的最短时间与城市内部的最短时间，研究假设县域与市辖区人口集中于节点处。时间距离测算的计算公式为：

$$t_{ij} = t_i + tr_{ij}$$

其中，t_{ij} 为城市 i 质心到景点 j 之间总的最短时间；t_i 为城市 i 内部时间，$i=1,2,3,\cdots$；tr_{ij} 为城市 i 到景点 j 之间的最短时间，$j=1,2,3,\cdots$。

2. 日常可达性指数

某个经济中心在特定的时间内可到达的人口或经济活动规模，3小时或4小时被认为是一个关键截止点。该指标测度在一个时间限定内某地能够达到多少人或经济产值。一般采用"一日旅游圈"与"周末旅游圈"的概念，将其分别界定为一天内与周末两天内完成旅游活动涉及的区域范围。

3. 城市场强

场强模型中心城市影响力的大小称为"场强"，城市旅游吸引力 F 作为评价城市旅游场强的综合变量，则区域内任意一点 k 都接受来自区域内各城市的辐射，强度计算公式为：

$$F_{ik} = \frac{Z_i}{D_{ik}^a} \qquad F_i = \sum_{k=1}^{n} F_{ik}$$

其中，F_{ik} 为 i 城市在 k 点上的场强，F_i 为城市 i 城市总的吸引力；Z_i 为 i 城市旅游竞争力水平，可以选择接待入境游客人数、国际旅游外汇收入、国内游客人数、星级饭店数量、AAAA级以上景点数量作为评价指标，将这些值标准化后

---

① 蒋海兵，刘建国，蒋金亮. 高速铁路影响下的全国旅游景点可达性研究［J］. 旅游学刊，2014，29（7）：58-67.

按等权重求和；D_{ik}^a 为 i 城市到 k 点的距离；a 为距离摩擦系数。

三、可达性的测度

（一）测度方法

在研究交通基础设施演变对区域可达性格局变动的影响中，加权平均旅行时间指标（Weighted Travel Time）考虑了目的地节点的重要性，被很多国内外学者所采用。在可达性的计算方法上，可利用加权平均旅行时间、经济潜力与可达性重心，从时间节约、经济规模与重心角度测度高铁通车前后可达性变化。加权时间从时空距离与成本节约角度判断可达性水平高低，直观表征沿线城市间可达性改善程度；经济潜力从经济角度分析由于引力而催发的区域间相互作用和距离衰减；可达性重心模型从重心角度说明高铁通车前后可达性空间分布特征及重心变化趋势，从而真实、全面、准确地反映可达性改善程度的动态变化。具体计算方法如下：

加权平均旅行时间 A_i 计算公式为：

$$A_i = \frac{\sum_{j=1}^{n} (T_{ij} \times M_j)}{\sum_{j=1}^{n} M_j} \qquad P_i = \sum_{j=1}^{n} (M_j / T_{ji}^a) \qquad (2-1)$$

$$X = \frac{\sum (T_i \times X_i)}{\sum T_i} \qquad Y = \frac{\sum (T_i \times Y_i)}{\sum T_i} \qquad T_i = \sum_{j=1}^{n} T_{ij}(j = 1, 2, \cdots, n) \quad (2-2)$$

$$D = \sqrt{(X-X')^2 + (Y-Y')^2} \qquad (2-3)$$

其中，A_i 为节点城市 i 加权平均旅行时间（min），P_i 为 i 节点的经济潜力，A_i 越小，P_i 就越大，城市可达性水平越高；T_{ij} 为 i 到 j 的平均旅行时间（min）；M_j 为 j 的社会经济要素流量值，取市区人口（万人）与 GDP（亿元）要素流量的平均值；a 为距离摩擦系数，取 1；n 为沿线节点数；X、Y 为高铁可达性重心坐标；X_i 与 Y_i 为 i 城市地理中心坐标；X' 与 Y' 为高铁地理中心坐标；T_i 为 i 时间可达性（min）；D 为高铁通车后移动的距离（km）。人口与 GDP 数据可通过《中国城市统计年鉴》查询；城际旅行时间数据来源可借助去哪儿网（www. qunar. com）等，输入出发与到达站城市，选择以 T、K 及 4 位数字列车的平均时间作为高铁通车前城际旅行时间，以 G、D、C 列车的平均时间作为通车后城际旅行时间。

高铁的快速发展改变了传统交通条件的空间区位，导致城市间最短旅行时间的缩短，从而引发"时空压缩"效应。根据我国高铁的发展历程，通过计算，其快速的发展使我国 337 个城市之间的最短平均旅行时间由无高铁时的 17.79 小时缩短为有高铁时的 13.04 小时，压缩比率为 26.71%；随着高铁的发展，2020 年我国 337 个城市间的最短旅行时间将会进一步缩短为 10.76 小时。此外，随着高速铁路的不断发展，郑州在我国交通网络中的地位进一步凸显，交通网络的中心由无高铁时的南阳北移至郑州。由于我国高速铁路的布局在空间上存在不均衡性，导致城市间最短旅行时间的变化率在空间上存在差异。

以全国 31 个中心城市为例进行分析，根据公式可计算得到普通列车和高速列车运行时全国 31 个中心城市的可达性均值（见表 3-2），并分析中心城市可达性水平的空间格局。

表 3-2　中心城市的可达性均值　　　　　　　　单位：小时

城市	普通列车	高速列车	城市	普通列车	高速列车	城市	普通列车	高速列车
北京	16.37	13.57	合肥	17.50	16.20	重庆	24.75	24.72
天津	19.18	17.25	福州	29.38	24.68	成都	26.85	26.67
石家庄	15.95	14.72	南昌	19.73	19.37	贵阳	28.03	27.95
太原	18.90	16.38	济南	21.52	18.58	昆明	35.92	35.83
呼和浩特	24.80	24.45	郑州	15.30	14.12	拉萨	42.53	41.73
沈阳	25.70	25.30	武汉	16.28	14.65	西安	19.38	17.27
长春	28.53	27.35	长沙	18.88	16.63	兰州	22.57	21.72
哈尔滨	29.03	27.82	广州	25.18	22.40	西宁	24.78	24.18
上海	20.33	18.35	南宁	28.50	28.22	银川	24.17	23.40
南京	21.78	20.28	海口	33.67	33.20	乌鲁木齐	42.77	42.42
杭州	21.93	20.25						

资料来源：钟业喜，黄洁，文玉钊. 高铁对中国城市可达性格局的影响分析 [J]. 地理科学，2015 (4)：387-395.

（1）普通铁路网络下的中心城市可达性水平。郑州、石家庄、武汉、北京排前 4 强，平均可达性值均小于 17 小时。郑州地处中原地区，地理位置相对居中，同时也是连接中国东西、南北的重要铁路枢纽；石家庄地处华北平原北部，地理位置相对偏北，虽不占据空间区位优势，但在交通优势方面同郑州一样，是连接东西、南北的重要交通枢纽，有"火车拉来的城市"之称；武汉位于中部地区，可谓全国的地理中心，号称"九省通衢"之地；北京是中国的首都，受政策的倾斜，成为全国最重要的交通枢纽城市。[①]

---

① 钟业喜，黄洁，文玉钊. 高铁对中国城市可达性格局的影响分析 [J]. 地理科学，2015 (4)：387-395.

可达性水平为一般的中心城市有合肥、长沙、太原、天津、西安和南昌6市，其中合肥、长沙、太原和南昌4市处于中部地区，空间区位优势明显，而天津和西安分别偏居于我国东部地区和西部地区。西安在连接我国西部地区与中部地区中发挥着支撑作用，是西部地区重要的交通枢纽，它的交通区位优势在西部地区也尤为明显。

可达性较差的中心城市最多，有17个，占所有中心城市的一半以上。在17个中心城市中，可达性排名前四位的上海、济南、南京、杭州位于东部地区，广州和福州位于东南沿海地区，其他省会城市地处东北、西北和西南地区，这是中国东部城市对外交通条件比西部城市优越的结果。

可达性最差的海口、昆明、拉萨和乌鲁木齐4市，它们的平均可达性值均在30小时以上，其中拉萨和乌鲁木齐的可达性均值达42小时以上。这主要是由于除海口为中国最南边的省会城市外，其他3市均为边陲地带的省会城市，从地理位置讲，这4个城市最偏远。

（2）高铁影响下的中心城市可达性水平及其改善程度。比较表3-2中普通列车和高速列车运行时的可达性均值数据，对高铁影响下的中心城市可达性水平及其可达性改善程度进行分析。

北京、郑州、武汉、石家庄的可达性最好，在全国中心城市中排前4强，平均可达性值均小于15小时，其中北京的可达性均值小于14小时。与普通铁路网络下的城市可达性水平相比，该4市的可达性水平都有较大程度的改善，平均可达性值均降低了1小时以上，其中北京的平均可达性值降低了2.80小时。

可达性较好的中心城市有合肥、太原、长沙，与普通铁路网络下的城市可达性水平相比，合肥的可达性水平在3市中为最高，但太原、长沙的可达性均值分别缩减了2.52小时和2.25小时，远超合肥的可达性均值缩减幅度（1.30小时），太原、长沙的可达性水平正逐渐逼近合肥的可达性水平。

可达性一般的中心城市有5个，分别为天津、西安、上海、济南和南昌。上海、天津、济南和西安分别居于东部地区和西北地区，只有南昌地处中部地区，其地理位置较居中的空间区位优势最明显；然而，南昌市的可达性水平在5市中是最差的，且其可达性改善程度最低，可达性均值仅缩减0.36小时，而其他4市的可达性均值缩减幅度均在1.90小时以上。

有15个中心城市的可达性水平较差，比普通铁路网络下同等可达性水平的城市少2个，即上海和济南。这类城市的可达性均值缩减幅度的差距最大，从最小的0.08小时（贵阳市）到最大的4.70小时（福州市）变动，这在一定程度上也反映了该类城市的铁路交通设施建设水平存在相当大的差距。此外，在这类城市中特别值得关注的是福州市，福州市的可达性均值降低幅度最大，可达性改善程度尤为明显，这主要与城市间列车运行数据的提取原则有关。在与福州市有列车直通的16个中心城市间，北京、天津、上海、杭州等城市与福州市有高速列车连通；另外，福州市与其他14个中心城市之间没有列车直通，但根据预先设定的中转站点的选择原则，福州市到达这14个中心城市的中转站点主要有北京、南京和杭州，由于杭福、沪杭、京沪等高速铁路的运营，加之不考虑中转滞留时间，福州市与14个城市的时间距离大为缩短。

可达性最差的中心城市仍为海口、昆明、拉萨和乌鲁木齐，其平均可达性值仍在30小时以上，由于地处边陲地区，国家的高铁建设尚未涉及，为此，以上4市的可达性改善程度受到了较大的限制，可达性均值缩减不明显，均不足1小时。

从全国大格局来看，东部地区中心城市的可达性改善程度最明显，其次为中部地区，西部地区中心城市的可达性改善程度最低。究其原因，东部地区经济发达、人口稠密、各种要素交流频繁，对快速通勤能力需求较大，京沪高铁、杭州—宁波—温州—厦门客运专线、京津唐城际、沪宁杭城际等线路率先开建并分布于东部地区内部。中部地区则是东中西横向高铁线路的必经之地，武汉、长沙、郑州、太原等中心城市因此受益，而西部地区仅有西安、重庆、成都3个中心城市开通了高铁。高铁资源在空间分布上的不均衡性，直接导致了东中西三大地带在可达性改善程度上总体呈梯度减弱的格局。

（二）加权平均旅行时间测度

各高铁通车后城际旅行时间大幅缩短，加权平均旅行时间减少率介于22%~69%，其排序为：京沪>哈大>京广>沪昆>郑西>杭福深>兰新>沪汉蓉>青太。京沪加权平均旅行时间由通车前的539分钟缩短到166分钟，A_i平均变率高达69.2%，可达性优越区集中在北京、天津、河北东部、山东与上海，安徽东北部与江苏西南部相对较差；哈大加权平均旅行时间由298分钟缩短至105分钟，A_i平均变率达64.7%，辽宁北部的改善程度最高，黑龙江南部和吉林中部次之，辽宁南部最低；京广呈线路中间变率大、首末小的态势，加权平均旅行时间由778分钟缩短至275分钟，平均变率达64.7%，可达性中心区集中在河南中南部与湖北北部，其次为湖南与广东，河北、河南北部优势不强；沪昆沿线A_i变化率集中于61%~71%，怀化与邵阳为可达优化集聚点，鹰潭为低值点；郑西A_i平均变率达63.6%，河南改善程度较高，陕西相对较低；杭福深同样呈线路中间变率大、首末小的趋势，平均变率为58.8%，温州—莆田段优势显著（见表3-3）。

高铁通车后，全国地级市区域加权平均旅行时间平均值为21.23小时。高铁可达性最优区集中于京沪、京广、沪昆相交叉的东中部三角地带，其次为哈大沿线的东北地区，边缘区主要分布在西北和西南地区，高铁加权平均旅行时间改善

表3-3　高铁沿线城市加权平均旅行时间（部分）

单位：分钟

线路	城市	加权平均旅行时间			城市	加权平均旅行时间			城市	加权平均旅行时间			城市	加权平均旅行时间		
		通车前	通车后	减少率		通车前	通车后	减少率		通车前	通车后	减少率		通车前	通车后	减少率
京沪	北京	782.9	223.0	71.5	廊坊	582.9	166.9	71.4	天津	621.7	193.3	68.9	沧州	460.3	139.1	69.8
	德州	399.7	122.7	69.3	济南	422.2	126.4	70.1	泰安	330.0	106.1	67.8	枣庄	331.0	93.3	71.8
	徐州	323.1	100.0	69.0	宿州	241.1	73.0	69.7	蚌埠	182.6	59.5	67.4	滁州	127.9	44.8	65.0
	南京	578.7	184.6	68.1	镇江	157.3	58.2	63.0	常州	310.1	96.8	68.8	无锡	371.7	123.0	66.9
	苏州	429.4	139.1	67.6	上海	3055.6	943.0	69.1	平均值	539.3	166.3	69.2				
京广	北京	1016.1	394.1	61.2	保定	738.8	266.7	63.9	石家庄	658.3	245.3	62.7	邢台	594.4	220.4	62.9
	邯郸	573.7	212.1	63.0	安阳	540.7	198.8	63.2	鹤壁	513.4	185.4	63.9	新乡	499.6	183.0	63.4
	郑州	612.7	223.4	63.5	许昌	435.7	152.1	65.1	漯河	457.7	157.1	65.7	驻马店	423.4	141.2	66.7
	信阳	430.4	141.4	67.2	孝感	384.6	126.7	67.1	武汉	956.5	325.7	66.0	咸宁	309.0	99.1	67.9
	岳阳	359.6	121.7	66.2	长沙	791.2	276.2	65.1	株洲	321.2	109.9	65.8	衡阳	288.8	100.1	65.3
	郴州	237.9	82.2	65.5	韶关	263.9	91.3	65.4	广州	3883.3	1359.6	65.0	深圳	3388.8	1187.5	65.0
	平均值	778.3	275.0	64.7	平均值			64.7								
哈大	哈尔滨	455.7	165.1	63.8	长春	318.4	107.0	66.4	四平	195.1	62.5	68.0	铁岭	146.5	49.8	66.0
	沈阳	439.9	142.2	67.7	辽阳	97.0	36.3	62.6	鞍山	167.5	61.0	63.6	营口	118.7	42.8	63.9
	大连	743.3	281.0	62.2	平均值	298.0	105.3	64.7								
杭福深	杭州	896.3	381.9	57.4	绍兴	704.9	303.2	57.0	宁波	742.7	299.0	59.7	台州	598.7	241.8	59.6
	温州	570.1	219.1	61.6	宁德	400.8	145.1	63.8	福州	536.3	206.9	61.4	莆田	506.8	191.1	62.3
	泉州	363.1	147.2	59.5	厦门	592.1	240.0	59.5	漳州	185.6	102.3	44.9	汕尾	151.9	71.8	52.7
	惠州	538.1	227.9	57.7	深圳	3771.0	1572.2	58.3	平均值	754.2	310.7	58.3				
郑西	郑州	390.9	142.7	62.5	三门峡	141.1	51.7	63.3	西安	650.5	229.1	64.8	宝鸡	169.5	67.9	60.0
	洛阳	236.9	80.3	66.1	渭南	78.0	31.2	59.9	咸阳	82.6	34.0	58.8	平均值	249.9	91.0	63.6

资料来源：姜博，初楠臣，等．中国"四纵四横"高铁网络可达性综合评估与对比[J]．地理学报，2016，71（4）：591-604.

程度总体上与沿线区域人口密度、城市规模和经济发展水平呈高度拟合，高铁穿越了京津冀、长三角、珠三角等中国经济发展水平最高、城市最密集的群域空间，多条高铁线路纵横交错形成复杂的高铁网络，明显提升了城际空间联系和通达能力。河南、湖北、安徽和山东等省份大部分地区，山西、江苏和河北等省份小部分地区构成全国的可达性中心区，加权平均旅行时间值均在 10 小时以内。高铁通车后以洛阳为例来看，郑西高铁开通后，城际旅行时间大幅缩短，郑西高铁城市节点旅行时间均减少了 58% 以上，其中洛阳的旅行时间减少率最大，为66.1%，由原来的 236.9 分钟减少至 80.3 分钟，说明洛阳市可达性改善程度最大，明显提升了洛阳与周边城市的城际空间联系和通达能力。加权旅行平均时间高值区位于区域的边缘地区，主要为新疆西南部和西藏西北部，加权旅行时间值在 40 小时以上[①]。

第二节　高铁时代可达性格局演变

高铁是一个国家"交通革命"的重要标志之一，对旅游业最直接的影响就是缩小城市与旅游地的时间距离，提升城市交通的可达性，从而提高城市间旅游经济联系和旅游空间相互作用的强度。

一、总体提升与区域不均衡发展

高铁的出现使区域之间的距离在时间上大幅度缩短，同样的时间之内旅客所能到达的地域范围更为广阔，出行的半径有了质的提升，这对于旅游业来说无疑是新的发展契机。高铁建设使全国可达性值总体下降，各城市节点的可达性水平均有提升，可达性的"时空压缩"效果显著。例如，哈大高铁使东北各地到区域内各旅游景点的平均时间压缩了 2.5 小时左右，填补了"东北一日游"市场的空白，拓展了两日游市场的范围，形成了以高铁为轴，以中心城市为核心，以一日游、两日游及七日游为主要形式，向高铁两侧和中心城市周边依次扩散的"圈

---

① 汪德根，钱佳，牛玉．高铁网络化下中国城市旅游场强空间格局及演化［J］．地理学报，2016，71（10）：1784-1800.

层+轴"带状区域旅游空间形态①。

由于我国高铁的布局在空间上存在不均衡性，导致城市间最短旅行时间的变化率在空间上存在差异。东中部地区成为高速铁路修建的最大受益区域，加权平均旅行时间由东部向西部地区逐渐增大，非高铁和高铁网络化下可达性空间格局呈由东部地区向西部地区逐渐降低的圈层式阶梯状空间格局，以华北南部、华中地区北部和华东地区北部为中心，越向外可达性越差。

中部地区是我国交通区位相对较好的地区，但高速铁路的发展，使其交通区位优势较东部地区有所降低。高速铁路的修建，在很大程度上提升了东部和中部地区的区位优势，西部地区的提升幅度相对较小。中长期规划的高速铁路的建设将在一定程度上改善西部地区的区位优势。

高铁网络化下，全国空间可达性呈以中原地区为中心的"核心—外围"模式，并围绕中心区域呈不规则环状扩散，向西、向东北逐级递减，全国区域加权平均旅行时间均值为21.23小时（见表3-4）

表3-4　各地区的可达性统计特征及变化

		无高铁	2017年	2020年	相对变化%（2017年/无高铁）	相对变化%（2020年/2017年）
铁路通达性中心		南阳	郑州	郑州	—	—
拥有高铁站点的城市数量（个）		0	111	204	—	—
平均最短旅行时间（小时）	全国	17.79	13.04	10.76	26.71	17.51
	东部	16.43	10.92	9.26	33.55	15.18
	中部	16.16	10.93	9.46	32.36	13.44
	西部	20.56	16.92	13.30	17.70	21.37

资料来源：徐彩睿，但婷，何静，朱利晴.高铁联网背景下城市可达性空间格局演变［J］.现代城市研究，2020（2）：61-66.

二、城市旅游等时圈空间格局差异明显

等时圈反映中心城市与邻近区域空间联系的紧密程度。由于非高铁和高铁网

---

① 郭建科，王绍博，王辉，刘天宝.哈大高铁对东北城市旅游供需市场的空间效应研究——基于景点可达性的分析［J］.地理科学进展，2016，35（4）：505-514.

络化下可达性值的水平和跨度不同，在 ArcGIS 中运将加权平均旅行时间分为四个圈层，分别表示可达性好、较好、一般和差四个等级。

高铁网络化下，可达性好的范围向东南、华南、西南和西北地区延伸，除河北省南部、中原地区、环渤海地区西南部、长江中游地区等外，北京、天津、邯郸、石家庄、邢台、保定、衡水等城市，中原地区的漯河、许昌、开封、商丘、淄博、临沂、潍坊、太原、晋城和阳泉等城市，湖南省的长沙、株洲、湘潭、衡阳和娄底等城市，长三角地区的上海、杭州、苏州和无锡等城市，共 130 个城市的可达性都降至 7.44 小时以内，构成全国可达性值的第一圈层，圈层面积为5800 平方千米，占区域总面积的 16.06%。以上地区不仅在地理位置上位于我国东部的中心地带，且经济发达，同时由于位于高铁网络的中心区域，被多条高铁线路所覆盖，因此，可达性处于全国领先地位。高铁网络化下可达性值在前十的城市如表 3-5 所示。

表 3-5　高铁网络化下可达性值在前十的城市　　　　　　单位：小时

序号	城市	可达性值
1	郑州	5.41
2	漯河	5.46
3	许昌	5.49
4	开封	5.50
5	蚌埠	5.51
6	宿州	5.56
7	徐州	5.57
8	商丘	5.57
9	驻马店	5.63
10	新乡	5.65

资料来源：汪德根，钱佳，牛玉. 高铁网络化下中国城市旅游强空间格局演化［J］. 地理学报，2016，71（10）：1784-1800.

与非高铁网络化下相比，高铁网络化下全国可达性第二圈层的空间范围主要沿兰新线向西北地区延伸，沿哈大线向东北地区延伸，沿哈大高铁向西南地区延伸，包括东北地区吉林省的通化、松原、吉林、辽源、长春和四平等城市，以及辽宁省的大连、抚顺、铁岭、营口、辽阳、鞍山和沈阳等城市；华北地区内蒙古自治区的通辽、包头、呼和浩特、鄂尔多斯和赤峰等城市；西北地区宁夏的中卫、银川、固原等城市，以及甘肃的平凉、陇南、兰州、定西、天水等城市；西南地区东部包括贵州省的黔西南、毕节、六盘水、遵义、安顺和黔东南等地区，广西壮族自治区的南宁、贵港、来宾、贺州、梧州、柳州和桂林等城市，以及云南省的红河、楚雄、玉溪、昭通、昆明和曲靖等城市；珠三角地区的佛山、广州、珠海、云浮、清远、东莞、中山和深圳等城市，共计 155 个城市可达性较好，可达性值都在 11.58 小时以内，高铁网络化下可达性第二圈层面积为 12214 平方千米，占全域的 33.83%。

西南、西北地区中部的酒泉、嘉峪关、玉树、果洛、海西、那曲、昌都、昌吉、吐鲁番、乌鲁木齐和哈密等城市，以及东北地区北部黑龙江省的伊春、鸡西、牡丹江、齐齐哈尔等共计 43 个城市构成全国可达性的第三圈层，可达性值都在 22.74 小时以内，圈层面积为 11865 平方千米，占全域的 32.86%。

新疆的阿里、和田、喀什、克孜、日喀则、山南、阿勒泰、阿克苏和塔城等地区，以及西藏的拉萨和林芝的可达性值都在 22.74 小时以上，构成高铁网络化下可达性值的第四圈层，阿里的可达性值依然高达 43.61 小时，高铁网络化下该圈层面积为 6230 平方千米，占全域的 17.25%。

非高铁和高铁网络化下全国地级市等时圈均呈现出沿交通线路轴线的"点—轴渐进式"空间格局。东北地区、华北地区南部、华中地区、华东地区、西南地区东部、华南地区城市的通达性较好，华北地区北部、西南地区大部和西北地区城市的通达性较差。

三、旅游目的地可达性格局演变

对旅游目的地可达性分析的相关研究表明（蒋海兵等，2014），通过计算一天内与周末两天内完成旅游活动涉及的区域范围变化发现，景点在"一日与周末旅游圈"可覆盖人口规模整体水平有大幅度提高，"一日旅游圈"平均值提高了 54.2%，"周末旅游圈"平均值提高了 125.6%。然而根据变异系数，景点间的市场规模差距扩大，表明靠近高铁沿线的景点的市场规模有增大的趋势，而离高铁相对远的城市或地区，其旅游市场规模扩大受到了制约。

（一）"一日旅游圈"格局演变

交通是连接旅游需求与旅游供给的桥梁和纽带，是旅游业发展的前提和重要保障。交通运输条件是在改良经济运行效率和影响经济活动空间集聚的关键要素。尤其是对于具有流通经济性质的旅游业发展而言，交通条件对旅游经济效益提升、旅游流的流动和空间拓展有更深刻的影响。[①]

---

① 李金早. 当代旅游学［M］. 北京：中国旅游出版社，2018.

近年来，江西省旅游业发展迅猛，截至 2017 年底，旅游总收入为 6435 亿元，同比增长 28.87%，占全省地区生产总值的 20%，旅游产业已经成为"绿色江西"崛起的重要经济支撑。而高速铁路的开通，在感观上缩短了城市之间的距离，打破了原有的客流市场空间格局，在江西省旅游业发展中起到了重要作用，"一小时交通圈""快旅慢游""一日旅游圈"在 1 日之内便可赏遍上海、杭州等区域的美景。

2015 年 6 月 28 日，合肥至福州高铁开通运营。开通后，福州至合肥最快列车的运行时间由原来的 8 小时缩至 4 小时内，福州至北京最快列车的运行时间由原来的 10 小时以上缩至 8 小时内。合福高铁向南直达福州市，向北通过合蚌高铁与京沪高铁连接，形成北京至福州的高速铁路大通道，沿途与沪昆、东南沿海等多条快速铁路相连，融入全国快速客运网。这条被誉为"中国最美高铁"的线路与沪昆高铁在上饶形成十字交叉，构建起闽赣皖 3 省高铁沿线市联盟，"5 小时生活圈"覆盖福州、南昌、合肥等省会城市，并从海西经济区、环鄱阳湖经济圈和江淮城市群辐射覆盖至珠三角、长三角及黔中城市群。此外，福建、江西和安徽的不少城市之间也将会形成"周末旅游圈""日旅游圈"，连接"跨省游"变为"周边游"，这将极大地促进闽赣皖三省旅游业的发展，加快"海峡西岸经济区"和"中部崛起"战略的实施[1]。

高铁通车前，覆盖人口规模达到 1 亿的景区集中在山东、河南与江苏等地区；高铁通车后，这一区域向北与向南扩展，中东部高铁沿线景点市场规模均有不同程度的提高，其中，高铁沿线变化值达到 7000 万的地区分布于北京—武汉与北京—上海高铁沿线的景点区域。变化率最高的区域则集中于川北、桂北、辽南、鄂西等地区，达到了 150% 以上。研究显示，高铁的逐渐开通，使冰雪旅游目的地的加权平均旅行时间的平均值得到降低，减少率达到了 74%，冰雪经济潜力指数的平均值得到提升，增高了约 185%。高铁沿线的可达性均得到了提升，形成了经济轴带聚集效应。[2]

(二)"周末旅游圈"格局演变

高铁通车前，景点可覆盖人口规模达到 2 亿的区域集中河北、山东、江苏与河南部分区域；高铁通车后，由北京—上海、北京—长沙与上海—武汉高铁形成的三角区域最高，达到了 4.5 亿人。变化值达到 2 亿的地区分布于北京—武汉、北京—上海、徐州—西安、上海—成都高铁沿线的景点区域，变化值最高的区域

---

① 朱移山，张慧. 安徽舆情与社会发展年度报告 2015 [M]. 合肥：合肥工业大学出版社，2016.

② 杨蕊萌. 高铁对冰雪旅游可达性及空间组织演变的影响 [D]. 辽宁师范大学，2018.

位于上海—合肥与郑州—长沙的高铁沿线。变化率最高的区域则集中于关中、辽南、海西、海南及武汉—重庆、长沙—武汉及重庆—长沙的高铁沿线景点。

高铁不仅提高了"行"的速度和质量，还拉动了"游""住"两大要素，使"快旅慢游"逐步变为现实，既缩短了旅途时间，也节省了旅途花销，可以达到使周末双休变为3天长周末的效果，有利于激发中低收入或闲暇较少的群体出游，有利于提高国民出游率和普及率，其影响应类似于长周末和"黄金周"。

（三）旅游景区等时圈变化

我国幅员辽阔、山河壮丽、风光秀丽、历史悠久、民族众多、文化底蕴深厚，发展旅游业有着得天独厚的优势。A级旅游景区在全国各省区均有分布，但主要集中分布于四川东部、两湖地区、黄河和长江下游地区，呈现出以旅游市场为导向的特征。A级旅游景区呈集中分布态势，且自东向西逐渐稀疏，与人口分布有趋同性，同时受经济状况、地形、水系等因素的影响。

在"一日与周末旅游圈"内，高铁开通前，长三角、京津冀及中原地区城市到景点可达性与景点的市场规模均最高；高铁开通后，高铁沿线城市可达景点数量显著增加，沿线景点市场半径均有大幅度扩张。高铁沿线城市的景点2小时以上市场变化幅度大，如故宫、中山陵；邻近高铁站点的景点4小时以上市场变化显著，如黄山、亚龙港；远离高铁的景点6小时以上变化明显，如武陵源。中西部地区景点的市场规模变化不大。

第三节　旅游资源可达性格局演变

在区域经济发展中，最积极的力量非旅游行业莫属。而交通业与旅游业有着密不可分的关系，它对于旅游产品的开发、旅游服务质量的提高以及旅游地的可持续发展等都具有重要的意义。高铁是世界"交通革命"的一个重要标志。[1] 高铁已成为解决大通道上大量旅客快速输送问题的最有效途径，其最大特点是快速、安全和高效，产生明显的"时空压缩"效应。随着高铁带来的"时空压缩"过程，游客在时间距离不变的情况下，空间距离逐渐增大，即游客出游半径会逐渐增大。

---

[1] 汪德根，陈田，陆林，王莉，ALAN August Lew. 区域旅游流空间结构的高铁效应及机理——以中国京沪高铁为例［J］. 地理学报，2015，70（2）：214-233.

一、旅游资源可达性变化

日本新干线的开通使东京和大阪等客源地更接近东北部的旅游地，使旅游者出行更为方便，呈现出"把新干线当成走廊来使用"的现象。高铁使伦敦到爱丁堡、格拉斯哥和苏格兰等大城市的旅行时间大幅度降低，从而促进了英国各城市商务旅游和休闲旅游的发展。南非约翰内斯堡到比勒陀利亚行程时间在高铁开通后缩减，极大地增强了居民的出行欲望，每天客运量增加到6.4万人次。

高铁产生的"时空压缩"效应对游客出游距离产生了明显作用，影响到旅游者选择出游目的地，进而对区域旅游空间格局变化产生深远影响。法国佩皮尼昂至西班牙巴塞罗那高铁线开通减少了旅行时间，但加剧了区域旅游空间竞争，巴塞罗那区位优势以及旅游设施集中性比佩皮尼昂好，产生了高铁"虹吸效应"；而佩皮尼昂只是一个拥有一些历史纪念馆的小城，旅游产品单一，旅游基础设施不完善，高铁导致佩皮尼昂的旅游吸引力下降，产生高铁"过滤效应"。便捷高铁使加州北部和中央谷地区以及加州南部聚居区连成一片，让旅游者能在一次旅游过程中实现对加州南部和加州北部的游览。武广高铁对湖北区域旅游空间格局演变的影响表现出"双刃性"，既强化了核心区域的极化作用，又增强了核心区域向边缘区域的扩散作用。

交通变化对景区空间可达性、空间结构演化一直是学术理论与实证研究的重要课题内容之一，在此问题上，有丰富的研究成果。钟少颖和郭叶波（2013）利用距离矩阵及度量通达性为指标，探讨了全国范围内高铁网络通达性空间格局的变化。[①] 杨伟奇（2016）运用 GIS 空间分析反距离加权插值法，以成绵乐高铁为研究对象，分析成绵乐高铁通车前后，5 个沿线城市可达性的变化。赵丹、刘辉运用 GIS 网络和社会网络分析方法，分析了长三角地区和京津冀区域交通可达性的变化，并对该区域空间格局未来演化进行了分析。贺剑锋（2011）、宋文杰（2016）以长三角为例，采用对比分析等手段，研究了高铁系统的发展对长三角区域空间格局未来演化的影响，揭示了高铁将全面提升长三角区域可达性水平。李涛等（2017）对珠江三角洲交通基础设施的网络演变进行了分析，并对该区域可达性变化进行了研究。陈方（2016）等利用加权平均旅行时间作为评价指标，利用 ArcGIS 可视化平台作为分析工具，对高铁开通前后云南省旅游交通可达性的演变做了比较分析。

旅游地的旅游资源品位高，但如果交通可达性差，则资源难以得到开发，旅

---

① 徐雪君 . 张吉怀高铁对沿线地区可达性影响研究［J］. 怀化学院学报，2018，37（2）：28-32.

游目的地交通便捷程度成为旅游地发展"瓶颈效应"第一要素（彭永祥，2008）。陈健昌（1988）提出了最小"行—游时间比"原理，即从居住地到旅游点的单程旅行时间与在旅游点游玩所耗费时间的比值小于某个临界值，人们才会做出到该旅游点旅游的决策，这个比值称为"行—游时间比"。人们在作出旅游决策时总是追求最小的"行—游时间比"，当存在类型相同、所提供的游玩时间近似、距离不同的旅游点时，人们肯定选择最近的旅游点，呈现"出游就近原则"。由此可见，从居民点到旅游景点的单程旅游所耗费的时间与在旅游点游玩所耗费的时间都是人们在旅游决策时的决定因子。① 因此，一旦交通可达性得到极大改善，旅行时间就会大幅度缩短，则"行—游时间比"值会相应提高，因此，旅游者在选择旅游地时受空间距离影响变小，主要受时间距离影响，出游空间范围随之增大。由于高铁是仅次于飞机的快速交通工具，对区域交通可达性变化影响非常大，交通可达性变化进而对旅游资源空间结构产生一定的影响。

二、旅游资源可达性演化特征

旅游空间结构逐渐从点轴式演变成板块式结构。高铁通车后，各个城市的可达性显著提高，一些著名景点所在城市的旅游客流量明显增加，集聚度逐渐提高。同时，由于高铁节约了出行时间，周边城市客流量也明显增加，溢出效应显著。旅游业在空间上呈现出"核心—边缘"的形态。原有点轴式的产业集聚状态被打破，以核心旅游城市与周边城市共同构成旅游板块结构逐渐形成，旅游业的空间格局发生了巨大变化。②

一般旅游者到达旅游目的地后选择旅游的旅游点级别与旅游者到该目的地需迁移的路程有关。根据这一原理，选取京沪高铁线和武广高铁线品位度高的世界遗产、国家级风景名胜区以及 AAAAA 级旅游区三类等级旅游资源，其中，某些旅游景区拥有多个称号，如黄山风景区既是世界遗产又是国家级风景名胜区和 AAAAA 级旅游区，为避免重复以等级最高的一种统计，黄山以世界遗产为标识。

根据这一统计原则，京沪高铁线区域有 50 个旅游资源点，其中世界遗产 13 处，国家重点风景名胜区 25 处，AAAAA 级旅游区 12 处。武广高铁线区域主要有 37 处，其中世界遗产 6 处，国家重点风景名胜区 23 处，AAAAA 级旅游区 8 处。

① 刘法建，张捷. 中国入境旅游流网络省级旅游地角色研究［J］. 地理研究，2010，29（6）：1141-1152.

② 张雪，张梅青. 空间视角下京沪高铁对旅游业的影响研究［J］. 中国商论，2017（2）：55-56.

从旅游资源点与高铁线区位空间分布来看，以旅游资源点距高铁线最近的高铁站点直线距离统计，武广高铁线有 43.24% 的旅游资源点在 100 千米范围内，24.32% 的旅游资源点在 100~200 千米范围内，18.92% 的旅游资源点在 200~300 千米范围内，13.51% 的旅游资源点在 300 千米以上范围内。近一半的旅游资源点距高铁线较近，不到 20% 的旅游资源点距高铁线较远。

三、客源地到旅游资源点可达性变化

高铁的建设打破了原有的时间和空间阻隔，从整体上带动了沿线城市可达性水平的提高。高铁通车后，城市等时圈明显向外推移，极大地削弱了区域间的距离摩擦，缩短了通勤时间，实现了时间收敛，促进了区域间资本、人才和信息的流动。可达性差异在城市经济潜力的可达性上表现得尤为明显，说明高铁在给沿线城市带来更多发展机会的同时，也扩大了局部地区可达性差距，经济基础较强的地区对人才和资本流入的吸引力更大，在一定程度上会削弱经济次发达城市的可达性。

整体来看，高铁通车后 2 小时以上等时圈内景点数量变化明显，在 2~6 小时圈，哈尔滨变化最小，武汉、北京、广州变化最大，武汉 2~4 小时圈与 4~6 小时圈均提高 4 倍以上。在 6~8 小时圈，哈尔滨、广州、上海、重庆等城市变化最大，提高在 5 倍以上。显然，城市地理位置与景点分布影响不同时间圈内可达景点的数量，同时，高铁开通将扩大中心城市游客一日游与周末游景点的选择数量，如表 3-6 所示。

表 3-6　高铁通车前后中心城市不同等时圈内可达景点　　　　单位：个

城市	通车前各时间圈（小时）				通车后各时间圈（小时）			
	2~4	4~6	6~8	8~10	2~4	4~6	6~8	8~10
北京	26	45	88	87	57	219	293	259
武汉	32	102	168	186	145	450	328	112
上海	50	87	69	104	96	251	353	228
广州	17	28	57	51	45	117	311	355
重庆	24	54	34	72	45	144	372	375
哈尔滨	14	14	13	18	20	44	125	222

资料来源：蒋海兵等（2014）。

(一) 北京到各旅游资源点可达性变化

京沪高铁沿线已形成了不同等级的旅游板块。在京沪高铁的沿线虽形成了不同的旅游模块，但是其级别存在着差距。其中，以北京和上海为核心的两个模块的旅游级别最高。

京沪高铁通车前，北京到 50 个旅游资源点的时间一半以上超过了 7 小时，占 54%，在这些资源点中，绝大部分处于远程空间距离，占 88.89%，分布在上海、江苏、安徽等省市，另外有 12.11% 处于中程空间距离，在山东半岛和苏北地区；在 3 小时以内的旅游资源点占 0.26%，均在近程空间距离范围内，主要在北京和天津、河北等邻近省市；在 3~7 小时时间段内占 20.00%，大部分在中程空间距离范围内，主要分布在山东和河北两省。

京沪高铁通车前后，北京到 50 个旅游资源的绝大部分在 7 小时以内，占 88%，尤其是在 3~5 小时等时圈内，可达的旅游资源点比通车前增加了 15 个，增幅达到了 214.29%，增加的旅游资源点主要分布在江苏和上海，总共有 12 个，占增加数的 80.00%，均分布在有高铁站的城市；尤其是处于高铁站附近的泰山和"孔府—孔庙—孔林"两个资源点在高铁通车前处在 5~7 小时等时圈内，高铁通车后可达性增强，进入 3 小时等时圈，即进入一日游交通圈范围，北京可以在 1 日内游玩位于中程空间距离的泰山和"孔府—孔庙—孔林"。

另外，位于安徽和山东半岛的旅游资源，虽然距高铁线较远，但北京—济南和北京—南京段因高铁开通而大大增强了北京到这些旅游资源点的可达性，如黄山、太极洞、琅琊山、崂山、蓬莱阁、龙口南山由高铁通车前的 7 小时以上的等时圈进入高铁通车后的 7 小时或 5 小时等时圈。由此可见，高铁通车后，北京到区域内各旅游资源点的可达性大大增强，如表 3-7 所示。

(二) 武汉到各旅游资源点可达性变化

武广高铁通车前，武汉到 37 个旅游资源点的时间超过 7 小时的比重占 40.54%，在这些资源点中，大部分都处于远程空间距离，占到了 66.67%，集中分布在广东等省市，另外约有 33.33% 的比重为中程空间距离，主要分布在湖南省；在 3 小时以内的旅游资源点仅占 13.51%，均为在近程空间范围内，主要集中在湖北省；在 3~7 小时时间段内的占 45.95%，大部分都集中在中程空间距离范围，占 88.24%，主要分布在湖北和湖南两省。

武广高铁通车后，武汉到 37 个旅游资源点绝大部分在 7 小时以内，占 94.59%，尤其是在 3~5 小时等时圈内，可达的旅游资源点比通车前增加了 15 个，增幅达到了 250%，增加的旅游资源点主要分布在湖南和广东两省，共有 13

表3-7　京沪高铁通车前后北京到主要旅游资源点时间距离和空间距离比较

等时圈	高铁通车前 旅游资源点	近	中	远	高铁通车后 旅游资源点	近	中	远
0~3小时	颐和园，故宫，天坛，周口店北京人遗址*，十三陵*，长城*，石花洞*，野三坡*，天津古文化街*，清东陵*，白洋淀*，避暑山庄*	13	0	0	颐和园，故宫，天坛，周口店北京人遗址*，十三陵*，长城*，石花洞*，野三坡*，天津古文化街*，清东陵*，白洋淀*，避暑山庄*，泰山**，博山**，孔府—孔庙—孔林**	13	3	0
3~5小时	秦皇岛—山海关**，苍岩山**，西柏坡**，嶂石岩*，博山*，峄山—白云洞*	1	6	0	秦皇岛—山海关**，苍岩山**，西柏坡**，天津**，青州**，琅琊山***，天子庙—秦淮河***，中山陵***，三山***，影视主题公园***，采石***，古典园林***，瘦西湖***，巢湖***，灵山大佛***，上海科技馆***，东方明珠***，周庄同里古镇***，上海野生动物园***	1	6	15
5~7小时	泰山**，孔府—孔庙—孔林**，青州**	0	3	0	云台山**，崂山**，黄山***，蓬莱阁***，龙口南山***，太极洞***	0	3	3
>7小时	云台山**，崂山**，中山陵***，西湖***，蓬莱阁***，琅琊山***，采石***，影视主题公园***，上海科技馆***，周庄同里古镇***，上海野生动物园***，东方明珠***，龙口南山***，大佛***，三山***，黄山***，花亭湖***，九华山***，齐云山***，西递—宏村***，天柱山***，太极洞***，花山谜窟—浙江***	0	3	24	天柱山***，花亭湖***，九华山***，齐云山***，西递—宏村***，花山谜窟—浙江***	0	0	6

注：* 表示近程距离，** 表示中程距离，*** 表示远程距离。

个，占增加数的 86.67%，均分布在高铁站城市；尤其是处于高铁站附近的东江湖、韶山毛泽东故里、衡山三个资源点在高铁通车前处于 5~7 小时等时圈内，高铁通车后可达性增强，进入 3 小时或 5 小时等时圈范围，即进入一日游交通圈范围，武汉可以在 1 日内游完位于中程空间距离的这 3 个旅游资源；变化最明显的是位于 7 小时等时圈外的中国丹霞山，在武广高铁开通后进入 3 小时等时圈；另外，位于广东南部和湖南西部的旅游资源，虽然距高铁线较远，但因武汉—广州和武汉—衡山段高铁开通而大大增强了武汉到这些旅游资源点的可达性，如紫鹊界梯田梅山龙宫、苏仙岭—万华岩、中国丹霞崀山、猛洞河、星湖、开平碉楼与村落由高铁通车前 7 小时以上的等时圈进入高铁通车后的 7 小时或 5 小时等时圈范围内。由此可见，高铁通车后，武汉到武广线区域内各旅游资源点的可达性得到了增强。

综上所述，高铁通车前，核心城市到区域旅游资源点的时间有一半左右需要 7 小时，属于一日游的旅游资源点占整体的比重在 30% 左右，且大部分属于近程空间范围，高铁开通改变交通可达性后，绝大部分旅游资源在核心城市 7 小时可达性范围内，比重最小的广州达到了 83.78%，最大的比重达到了 100%，如南京和济南；从一日游交通圈范围来看，部分中程空间距离的旅游资源点进入 3 小时范围，这些旅游资源点主要分布在高铁附近；从 5 小时可达性范围来看，核心城市可以在 5 小时范围内达到 40% 左右的旅游资源点，而且大部分属于远程空间范围，这与高铁通车前约 15% 的旅游资源点，且全部在中程空间范围情况相比，可达性得到了极大改善。由此可见，高铁改变交通可达性后，核心城市在相同时间内到旅游资源点的数量增多，且拉近了与远程空间范围的旅游资源点的距离，强化了客源地与旅游地的联系。

四、区域旅游资源吸引空间范围演化

高铁通车后，区域旅游交通可达性格局发生了很大变化，产生了明显的"时空压缩"效应。在此影响下，区域旅游诸多要素的空间结构将相应产生一定变化。

（一）京沪高铁主要旅游资源点吸引力等时圈演化

高铁通车前，泰山、黄山和承德避暑山庄的吸引力等时圈基本上呈现出同心圆状，且连续紧凑；从面积分布来看，位于中间段的泰山 5 个吸引力等时圈分布较为均匀，0~3 小时、3~5 小时、5~7 小时等时圈比重相对较大，面积占整体的比重分别为 20.52%、26.42%、17.13%，7~9 小时和 9 小时以外的吸引力等时圈面积相对较小，比重分别为 13.58% 和 12.36%；距高铁站 300 千米左右的黄山和承德避暑山庄大部分区域处于 9 小时以外等时圈，比重超过了 50%，0~3 小时吸引力等时圈范围最小，比重仅为 5.39% 和 8.88%。高铁开通后，泰山、黄山和避暑山庄的吸引力等时圈由同心圆状变为带状，各等级等时圈均沿高铁线向外延伸；位于高铁站的泰山 0~3 小时和 3~5 小时吸引力等时圈面积最大，分别为286730 平方千米和 248933 平方千米，比重达到了 46.56% 和 40.43%，7~9 小时和 9 小时以外面积最小，比重仅为 0.53% 和 0.47%。黄山和承德避暑山庄 3~5小时和 5~7 小时吸引力等时圈面积最大，累计比重分别为 47.18% 和 58.14%；0~3 小时吸引力等时圈面积最小，所占比重分别仅为 5.39% 和 9.34%。

　　从变化率看，位于高铁站的泰山 0~3 小时和 3~5 小时增强非常明显，面积分别由原来的 126291 平方千米和 162693 平方千米增加到 286730 平方千米和248933 平方千米，变化率分别达到 127.04% 和 53.01%，比重分别由 20.51% 和26.42% 增加到 46.56% 和 40.43%，近一半区域进入一日游交通圈范围内；相反，7~9 小时和 9 小时以外吸引力等时圈的范围减少明显，变化率分别为 -96.12%和 -96.21%，比重仅为 0.53% 和 0.47%。黄山和承德避暑山庄的 3~5 小时、5~7小时和 7~9 小时吸引力等时圈面积扩大明显，黄山变化率分别为 42.63%、69.01% 和 192.71%，承德避暑山庄变化率分别为 61.23%、161.65% 和104.62%。黄山所占比重分别由 11.79%、17.79% 和 6.23% 上升到 17.11%、30.07% 和 18.22%，承德避暑山庄所占比重分别由 14.32%、13.40% 和 8.52% 上升到 23.09%、35.05% 和 17.42%；相反，9 小时以外吸引力等时圈的范围减少明显，黄山面积由原来的 360863 小时减少到高铁通车后的 179896 小时，比重由58.60% 减少到 29.21%，避暑山庄由 337998 小时减少到 92913 小时，比重由54.89% 减少到 15.09%；两相比较，0~3 小时吸引力等时圈变化不明显，黄山和避暑山庄的变化率分别为 0.01% 和 5.27%。①

（二）武广高铁主要旅游资源点吸引力等时圈演化

　　高铁通车前，衡山、武当山和张家界的吸引力等时圈基本上呈现出同心圆状，但连续紧凑性不是很强，3~5 小时以外吸引力等时圈呈现跳跃状。从面积分布来看，位于中间段的衡山 5 个吸引力等时圈分布较为均匀，0~3 小时、3~5 小时和 5~7 小时等时圈比重相对较大，面积占整体的比重分别为 12.83%、22.76%和 31.3%；距高铁站 300 千米左右的武当山和张家界大部分区域处于 9 小时以外

---

　　① 汪德根、陈田、陆林、王莉、ALAN August Lew. 区域旅游流空间结构的高铁效应及机理——以中国京沪高铁为例 [J]．地理学报，2015，70（2）：214-233.

等时圈,面积占整体的比重分别为 57.65% 和 37.67%,3 小时吸引力等时圈范围最小,比重仅为 5.89% 和 6.47%。高铁开通后,衡山、武当山和张家界的吸引力等时圈由同心圆状变为带状,各等级等时圈均沿高铁线向外延伸;位于高铁站的衡山 0～3 小时和 3～5 小时吸引力等时圈面积最大,分别为 190867 平方千米和 205878 平方千米,比重达到 33.34% 和 35.97%,7～9 小时和 9 小时以外面积最小,比重仅为 6.60% 和 2.70%。与端点高铁站联系的武当山仍以 9 小时以外等时圈的面积最大,比重占 49.48%,0～3 小时等时圈面积仍为最小,比重仅为 6%;与高铁线中间站联系的张家界以 5～7 小时和 3～5 小时吸引力等时圈面积较大,比重分别为 37.65% 和 20.24%,0～3 小时等时圈面积所占比重最小,仅为 6.51%。

从变化率看,位于高铁站的衡山 0～3 小时和 3～5 小时吸引力等时圈增强非常明显,面积分别由原来的 73414 平方千米和 130280 平方千米增加到 190867 平方千米和 205878 平方千米,变化率分别达到 159.99% 和 58.03%,比重分别由 12.83% 和 22.76% 增加到 33.34% 和 35.97%,近 1/3 区域进入一日旅游交通圈范围内;相反,7～9 小时和 9 小时以外吸引力等时圈的减少明显,变化率分别为 −52.12% 和 −86.00%,比重仅为 6.60% 和 2.70%。武当山和张家界的 5～7 小时和 7～9 小时吸引力等时圈面积扩大明显,武当山的变化率分别为 20.47% 和 50.57%,张家界的变化率分别为 42.36% 和 37.82%;武当山所占比重分别由 14.53% 和 9.93% 上升到了 17.50% 和 14.93%,张家界所占比重分别由 26.47% 和 11.05% 上升到了 37.68% 和 15.23%;相反,0～3 小时和 9 小时以外吸引力等时圈的范围变化不明显,武当山和张家界 0～3 小时和 9 小时以外的变化率分别为 1.82%、0.63% 和 −14.18%、−46.02%;武当山和张家界 0～3 小时的比重分别从 5.89% 和 6.47% 上升到了 6.00% 和 6.51%,9 小时以外的比重由 57.65% 和 37.67% 下降到了 49.48% 和 20.34%。

结果表明,高铁建成通车后对高铁范围内高品位旅游资源吸引潜在客源市场的等时圈变化具有一定影响,但因与高铁线空间位置不同,旅游资源点受到影响程度有差异。在高铁线或距高铁线近的旅游资源点受高铁影响大,高铁通车后,0～3 小时吸引力等时圈扩大幅度最为明显,30%～50% 的区域进入一日旅游交通圈范围,7 小时以上吸引力等时圈吸引范围减少明显,说明客源地和旅游地联系大大增强;距高铁线 300 千米较远的旅游资源点受高铁影响相对要小,0～3 小时吸引力等时圈范围较小,高铁开通后变化幅度非常不明显,5～7 小时和 7～9 小时变化相对明显,3～5 小时吸引范围有小幅度增长,9 小时以外的吸引范围有一定幅度减少。高铁通车后,与高铁线空间区位不同旅游资源点获益程度不均衡,距离高铁站点越近,吸引范围越大,受益越大。

第四章　高铁时代旅游空间格局演变及优化

"八纵八横"高铁线路的全面贯通改变了区域旅游发展的空间格局，提升了沿线区域旅游发展的质量，高速铁路已成为人们出行的首选。交通的改善和发展对旅游经济发展产生了深远的影响，并引起了区域旅游空间格局的重构和演变。高铁不仅缩短了城市与城市间的距离，还从时空压缩效应、高铁旅游带的形成、旅游通勤圈空间分异、加剧旅游极化效应等方面改变了城际间的旅游经济联系，带动了沿途旅游经济的发展。

第一节　旅游空间基础理论

目前，国内外对"旅游空间结构"一词的概念没有非常明确的定义，吴必虎、俞曦（2014）对旅游空间结构的定义为：旅游空间结构是旅游活动的空间状态，也是一定区域内旅游要素组织在空间上的投影，体现了旅游活动的空间属性和相互关系，以及旅游要素相对区位关系和分布的表现形式①。卞显红（2012）认为，旅游空间结构反映了区域旅游经济系统中各旅游子系统和各类旅游要素之间的空间组织关系，其中旅游子系统包括旅游目的地系统、旅游客源地系统、旅游流系统、旅游交通系统、旅游接待系统等，旅游要素包括点状要素（如旅游城市、旅游目的地、旅游企业等）、线状要素（如旅游交通、旅游线路等）、面状要素（如旅游区、旅游核心区、旅游边缘区、旅游空间集聚区等）。

总结相关研究成果不难发现，旅游空间结构主要由旅游节点、旅游轴线和旅游域面三个基本要素构成。一般来说，旅游节点包括旅游资源和旅游服务设施；

---

① 吴必虎，俞曦. 旅游规划原理［M］. 北京：中国旅游出版社，2014.

旅游轴线包括旅游交通通道和旅游线路；旅游域面包括旅游分区与旅游客源市场。

一、"点—轴系统"理论

我国著名经济地理学家陆大道根据区位论及"空间结构"理论的基本原理，在1984年提出了"点—轴系统"理论模型①。"点—轴系统"理论是建立在德国地理学家瓦尔特·克里斯泰勒（Walter Christaller）的"中心地理论"基础上的，陆大道的研究表明，区域空间结构是由点、轴两种基本要素构成的。其中，点是指各级中心地，在性质和功能上包括居民点、商贸场所、交通枢纽、能源生产和供给枢纽等类型；轴则是指若干不同级别的中心城镇在一定方向上连接而形成的相对密集的人口和产业带。若干的点和轴依据一定的空间关系和等级体系组合就形成了"点—轴系统"②。

"点—轴系统"反映了社会经济空间组织和所形成的空间结构的客观规律，是一种有效的区域开发模式，点—轴式空间结构也是区域发展的最佳结构。高铁网络就是一种交通枢纽与交通干线形成的点—轴式交通网络，旅游空间结构作为区域空间结构的一个类型也必然存在旅游点—轴式空间结构，点就是旅游中心城镇、景区等旅游节点，轴是旅游交通、旅游线路等旅游轴线。

旅游空间结构中的点因为资源禀赋等原因首先得到了发展成为旅游增长极，达到一定规模后旅游增长极通过旅游轴线带动周边点的发展，伴随旅游活动和经济联系的增强最终达到以点带线、以线带面，区域旅游协同发展。汪德根、陆林、陈田等（2005）首次将"点—轴系统"理论与"旅游地系统"理论相结合，提出将"点—轴旅游"发展为点、线、面结合的区域"板块旅游"空间结构模式③。以旅游中心城市为点，以旅游交通线为轴，以旅游地系统为面，形成"点""轴""面"相结合的旅游空间结构体系。

二、旅游中心地理论

中心地理论是由德国地理学家克里斯泰勒（Christaller）在《德国南部的中

---

① 陆大道. 论区域的最佳结构与最佳发展——提出"点—轴系统"和"T"型结构以来的回顾与再分析［J］. 地理学报, 2001（3）: 127-134.

② 李小建. 经济地理学（第2版）［M］. 北京: 高等教育出版社, 2011.

③ 汪德根, 陆林, 陈田, 等. 基于点—轴理论的旅游地系统空间结构演变研究——以呼伦贝尔阿尔山旅游区为例［J］. 经济地理, 2005, 25（6）: 904-909.

心地原理》一书中提出的，也被称为中心地方论或中心地学说。最初，中心地理论是研究市场中心区位，探索城市空间布局和最优化城镇体系的一种区位理论，后来被广大地理学者广泛运用于经济地理学和旅游地理学的研究当中。国内学者将中心地理论运用于旅游研究中，初步形成了旅游中心地理论体系。柴彦威、林涛、刘志林等（2003）在分析前人研究的基础上对旅游中心地概念进行界定，旅游中心地就是指达到一定旅游中心性强度的城镇中心，能对旅游吸引物和旅游者提供一定强度的交通、接待、信息、管理等对外旅游服务功能。[①] 孟庆伟、孟芳旭、宋河有（2014）在深入分析克里斯泰勒中心地理论相关概念的基础上认为，旅游中心地是"在特点区域内发挥旅游中心性作用的地域场所"，旅游中心性体现在旅游服务和旅游吸引两方面，地域场所可以是市镇或者旅游景区景点。在此基础上，可以将旅游中心地划分为三大类型：旅游服务中心地、旅游吸引中心地、集旅游吸引与服务中心于一体的旅游中心地[②]。

旅游中心地理论对旅游空间结构的研究具有重要意义：首先可以确定区域旅游增长极，对区域旅游进行针对性的重点开发；其次建立区域旅游中心地等级序列，以区域旅游中心城市带动周边次级旅游城市，达到区域旅游协同发展。

三、旅游系统理论

系统理论的基本思想是把所研究和处理的对象当作一个系统，分析系统的结构和功能，研究系统、要素、环境三者的相互关系和变动的规律性，世界上任何事物都可以看成一个系统，系统是普遍存在的。旅游活动本身就是一个包含了食、住、行、游、购、娱等各要素，连接了交通运输业、餐饮业、娱乐业等各行业领域的综合系统。将系统理论运用到旅游领域的研究中，综合研究旅游系统的结构和功能，就形成了旅游系统理论。吴必虎（2001）认为，旅游活动就是一个系统，旅游系统也可称为游憩系统，包含了客源市场系统（本地市场、国内市场、国际市场）、支持系统（政策法规、环境保障、人力资源教育）、出行系统（交通、旅行服务、信息服务、目的地营销）、目的地系统（旅游吸引物、设施、服务）。这是一个复杂而开放的系统，各子系统相互关联和影响。吴晋峰、段骅（2001）将旅游系统定义为：旅游系统是由客源地、目的地和媒介三部分组成的

① 柴彦威，林涛，刘志林，等．旅游中心地研究及其规划利用［J］．地理科学，2003，23（5）：547-553.

② 孟庆伟，孟芳旭，宋河有．旅游中心城市相关概念辨析［J］．地理与地理信息科学，2014，30（5）：117-120.

有特定结构和功能的旅游活动系统，是自然—经济—社会复杂系统的子系统。

旅游系统的构建强调综合、整体、系统地考虑旅游发展过程中经济、社会、资源、环境等多方面的相互关系和协调发展。张树民、钟林、王灵恩（2012）按照旅游系统内部各要素功能和特点，将旅游系统分为供给子系统、需求子系统、中介子系统、支持子系统四个部分。旅游空间结构同样也是一个具有节点、轴线和域面等要素的综合系统，研究旅游空间结构也需要运用系统理论的思想方法，综合分析旅游空间结构的各要素相互组织关系和影响机制。

第二节　高铁对沿线城市旅游空间格局的影响

交通是旅游业发展的重要支撑，高铁具备快速、准时、安全的优点，缩小了城市旅游的时间距离，提升了城市旅游交通空间可达性。近年来，由于多条高速铁路建成通车，我国铁路通达性水平显著提高，旅游业发展的经济联系得到了加强，空间格局发生了重要变化。

一、影响阶段

高铁对沿线城市旅游产业发展的影响可以概括为极化效应、互补效应和网络化效应，实质上是高铁在不同发展阶段对区域（或城市）旅游经济发展带来的影响。极化效应往往出现在高铁建设的初期阶段，随着区域一体化进程的推进，互补效应和网络化效应则逐渐呈现。

（一）初级阶段：以极化效应为主

这一阶段，高铁的开通引起了大量客流和客流本身附带的信息流的交换，高铁的通道效应使资源和信息要素在节点溢出，并且在节点周围集聚，由此产生了与周边区域产业发展的势能差。在这个阶段以极化效应为主，各种优势资源因为可达性的提高流向更加具有规模效应的沿线大中城市。由于高铁主要通过现代服务业的引导对沿线地区的经济发展起作用，因此沿线地区与核心城市之间产业的势能差将决定高铁是否给地区（不同尺度）经济带来收益，并导致地区之间出现了"马太效应"。有高铁运营的城市一般处于区域的核心或者节点位置，是因为它们经济基础雄厚，客流量大，城际交流密切，能够达到高速铁路建设的基本要求。高速铁路的建设进一步强化了这些城市在交通网络和城市体系网络的中心地位，从而在区际联系加强的过程中将原本就处于弱势地位的次级节点城市和小城市抛在了一边。最终结果是"核心"城市与"边缘"城市的差异更加突出。如欧洲一些地区在高速铁路的影响下显示出新的空间发展趋势，具有高速交通网络服务和完善基础设施的大都市体现出了更强的竞争力，产业和经济发展不断向这些大都市集聚；日本新干线沿线地区的经济活动和人口活动，在空间的表现上也是以集中为主，而不是分散。

（二）第二阶段：以互补效应为主

这一阶段，在这种势能差的引导下，周边区域的生产要素在空间分布上产生了差异，部分土地消耗大、劳动密集型的产业逐渐迁出区域核心城市，核心城市的产业结构和空间结构将产生较大的调整。与此同时，沿线一些中小型城市由于自身禀赋和可达性完善，开始承接产业转移，并且利用自身优势和高速铁路带来的时空距离的变化推进相关产业，如旅游、会展等产业的发展，这阶段以城市互补效应为主。

（三）第三阶段：以网络效应为主

这一阶段，由于交通基础设施的完善，高铁线路之间、高铁与其他交通运输设施之间形成一定的网络化结构，依托"客运+货运""高速公路+高铁""航空+高铁"等交通网络模式，大中小城市之间各种要素实现流动，高铁对沿线城市体系发展的影响的空间关联活动更加密切。高铁、高速公路及其他线路使区域发展呈"点—轴—带"的演变特征，随着高铁网络和其他交通设施网络的不断发展，区域由综合交通经济带向区域一体化格局转变，区域内各城镇形成网络化等级结构体系，高铁沿线的都市区将不断增长并且扩大其腹地，与相邻的都市区产生耦合，并在功能和结构上重组，密集的都市区则会形成连绵的都市带。

需要指出的是，上述三种影响效应只是各个阶段主要的表现形式，在每一个阶段可能会同时出现三种效应的作用，共同影响区域的发展和演变。

二、影响途径

第一，高铁沿线城市将增长并扩大腹地，相邻城市将发生耦合现象。例如，随着高速铁路的开通，徐州至上海的时间将从目前的6小时缩短为2.5小时；合肥、蚌埠至上海的时间将从目前的4.5小时缩短到2小时，而2~2.5小时分别是杭州和南京在公路时代至上海的时间。可推断，高铁将使上海的辐射和分工范围进一步扩大，长三角城市群将有可能从目前的"之"字形走廊结构发展为包括徐州、蚌埠、合肥等众多原腹地城市在内的大城市连绵区。再以华北地区为例，高铁开通后，济南至北京的时间将从目前的 5 小时缩短到 2 小时，这正是高铁沿线巴黎至里昂、东京至大阪的时间，而这两个地区均已出现了城镇群的耦合现象。随着城镇群核心城市间分工与合作方式的改变，京津冀城镇群和济青城镇群将可能发生功能和结构上的重组，逐渐演化发展为新的城市连绵带。

第二，在沿线城市内部形成同城化发展，极化与互补同在。随着城际铁路的开通，城镇群内部各城市之间的时间距离普遍缩短到了 1 小时以内，这样的时间距离（1 小时经济圈）将使相邻城市的分工合作模式发生改变。在大运量快速交通支撑下，两个城市可以在休闲旅游、商务旅行、会议展览等方面建立广泛的分工合作关系。这样的分工使两地旅游市场基本融为一体，形成同城化功能区。如京津城际高铁通车短短几个月，新的分工和增长机会就已经出现：城际高铁的开通诱增了大量的旅游需求。2009 年春节期间，从天津到北京的游客达 52 万人次，从北京到天津的游客达 54.4 万人次，双向游客合计同比增长了 12%。其中，北京至天津游客增长率高于天津到北京游客增长率。这一统计数据与巴黎到里昂高铁的相关调查一样，证明在同城化过程中，提供服务的不一定是经济规模更大的城市，极化与互补作用同时存在。目前，京津城际高铁采用的磁卡票已经为以后改为月票制提供了基础，根据欧洲高速铁路的运营经验，1 小时以内的时间距离结合月票制等城际交通"市内化"措施，将促进沿线站点城市产生通勤需求，从而形成就业与居住相对平衡的新的同城化地区。

第三，高铁带来的时空压缩现象引起沿线大城市内部的结构重组。在高铁时代到来之前，对于出行的旅客而言，到达火车站标志着长途旅行的开始。在当时的交通条件下，长途旅行漫长而辛苦，相比较而言，城市内部的行程就显得短暂而轻松。但是，高铁的出现，彻底颠覆了上述基于时间感受的"内外"之别。例如，京津城际高铁开通后，城市之间的旅行时间稳定而安全地缩短为 0.5 小时，而从高铁站到达目的地这一段"市内交通"反而变成了未知数，在城市规模过大、布局分散的背景下甚至可能长达 2 小时。这样的对比与反差，将使乘客更加难以忍受城市内部交通效率低下的状况。因此，随着高铁的开通，欧洲、日本等国家和地区已经开始了内部结构的重新组织，城市轨道网络与高铁枢纽的衔接，多中心结构的形成过程，使城市逐渐建立了新的"轴—辐"式（Hub & Spoke）交通结构，沿着与高铁枢纽相连的城市轨道站点形成了新的节点中心，进一步促进了大城市多中心结构的形成。

这主要表现在两个方面：一是高速铁路将在较大范围内改善城市群或经济区的区位，在一定程度上提高集聚其他地区生产要素的能力，并使其经济增长速度明显高于其他地区，最终形成线形的经济隆起带，即包括铁路、公路以及水路在内的综合交通经济带；二是在高铁沿线地区产业发展过程中，不同等级的节点之间，现代服务业由于其内在要素的快速流通而得到高速发展，出现了明显的地区分工与协作格局，使之引导的农业、工业以及其他产业出现了行业类型配置、产品特征、产品生长周期等方面的类似性，即综合交通经济带范围内经济发展内在特征的一致性。如日本高速铁路的建设形成了沿太平洋伸展的"太平洋工业带"，从而实现了日本经济高速增长和国民收入的大幅度增加。

三、格局演变

高速铁路对沿线城市空间结构的重塑结果具有一定的空间差异性，这种高速铁路对沿线城市空间结构演变的影响，主要体现在以下四个方面：

（一）扩大了生产要素集散度的空间分异

生产要素集散度是指在特定时间内，生产要素向某一特定地区（节点、交通线路沿线地区以及不同等级的经济区等）集聚的强度。交通线路的建设，将在一定程度上改变特定地区的区位，尤其是经济区位优势。但由于地区经济发展受众多要素的影响，即使是同一条交通线路或站点的建设，对地方经济产生的效应强度是完全不同的。如一条新建高速铁路联系一个边缘地区和一个中心地区，可以使边缘地区的生产者更容易接近产品的市场所在地——大城市，但是中心地区拥有更有优势的产品。竞争的结果是：边缘地区产品的市场没有扩大，而是进一步受到了中心地区同类产品市场的排挤。

高铁提高中心城市可达性加剧了生产要素的集聚。由于高速铁路运行速度快，沿线设置站点不会太多，因此一些小城市不能设置站点，而必须通过其附属的中心城市增强其对外的可达性。与此同时，一些中心城市往往成为高铁的集聚点，如北京、上海、广州、武汉和成都等。这些中心城市本身区位条件优越，社会经济较为发达，而多条高速铁路的会聚，进一步强化了这些中心城市的区位条件，并加大与其他中小城镇可达性的差距，产生"核心—外围"效应。从区域上看，长三角、珠三角和京津冀等大都市地区是未来高铁建设的集中区域，这些地区交通区位条件的改善，势必会进一步促进生产要素和生活要素的集聚以及人口的集中。因此，从高速铁路的建设考虑，未来中国中心城市的可达性将进一步提高，从而加剧了人口和经济要素向中心城市集聚。

（二）形成了不同形式的空间组织形式

综合来看，高铁对沿线城市空间结构的塑造大体可以分为三个阶段：一是高端现代服务业的快速流通，形成核心节点（区域）与其他节点（区域）产业发展的势能差；二是在这种势能差的引导下，形成了生产要素，尤其是核心生产要素集散度的空间分异，工业、农业在产业结构升级中也不断得到快速发展，使内部结构发生了重大变化；三是形成了不同形式的空间组织形式，首先表现为经济发展的隆起带，即综合交通经济带的形成，是以"规模及规模变动"为度量指标的；其次表现为产业发展特征的一致性趋向，是以"结构和质量"为度量指标的。

综合交通经济带的形成其理论解释主要与极化效应有关。一般来讲，极化效应发展到一定程度时，增长极会产生强大的涓滴效应（也称扩散效应），带动周边地区的发展。扩散效应发挥作用的过程中是否产生"点轴模式"，主要看扩散过程中是否会沿交通轴线的方向形成强大的发展轴或发展带，根据韦伯工业区位论的观点，制造业中发展轴线往往沿着费用最低的地区延伸。制造业在产业布局中，往往依靠物资等产业发展要素的流动来实现最优生产过程，不同的是，旅游业是一个以旅游需求为导向的配置型产业，旅游产品的生产与消费通过旅游者的流动来完成。伴随旅游者需求的拓展，出现了多样化的旅游产品形态。因此，要满足人们多样的旅游需求，必须根据各地方的特点沿旅游者活动轨迹来布局旅游发展要素，往往旅游者活动轨迹沿交通廊道延伸，从而在跨区域的旅游空间格局中，旅游产业发展要素沿高铁呈轴线状的布局。

（三）改变了旅游要素的空间构成

高速铁路建设缩短了城市间的旅游时间，导致旅游资源相对较发达区域的散客化、同城化和区域化趋势更加明显。城郊旅游和城际旅游逐渐成为周末休闲旅游的热点。高速铁路的发展使城市与景区之间当天往返成为可能，从而降低了游客对住宿的需求。促进城市旅游交通的发展，高铁站的开通会带来大量的客流，而这些客流以商业交流和旅游为主，为快速疏散这些客流，部分城市开通了公交车和部分旅游专列等。催生新的高铁旅游产品，高速铁路的修建为部分中小城市带来充足的客源市场，为此部分城市提出构建新的旅游产品。如洛阳旅游全面推介"郑西"旅游产品，全面启动"高铁旅游宣传促销工程"，围绕高铁策划旅游活动和旅游产品，例如"乘高铁，游洛阳，赏牡丹，玩滑雪""千年帝都高铁之旅""乘高铁，来洛阳度假"等一系列旅游活动，与洛阳牡丹花会、小浪底观瀑节、河洛文化旅游节、伏牛山滑雪节等旅游节会结合，形成了"四季赏牡丹、四季能滑雪、四季泡温泉"等"旅游集装箱"。

未来国内的旅游景点连绵区或将出现以高铁为依托的密集旅游带，从前文高速铁路可达性服务范围分析可以发现，京津冀、长三角、珠三角和成渝等地区通过城际铁路的建设，高速铁路站点地面交通半小时可达范围已经开始衔接，而1小时可达范围已经绵延成片。其中，城际高铁主要围绕核心城市，连接其邻近的、属于同一都市经济区范围内的其他大中城市。城际高铁对大都市地区的影响主要通过两方面来实现：一是提高旅客列车速度。如北京—天津城际高铁开通前，北京—天津按动车组最短旅行时间为1.2小时，高铁开通之后，北京至天津的旅行时间缩短至30分钟。二是提高旅客列车发车频率。京津城际铁路开通后，北京和天津之间每天往返83对高铁列车。速度的提高和发车频率的提高导致工作在北京、居住在天津成为一种新的城市生活模式，"同城效应"进一步显现。同样，珠三角和长三角地区随着城际高铁的开通，缩短了城市群内部之间的时间成本，必然使各种生产要素加快在这些地区的集中、交流，最终围绕以大都市为核心、若干个大中小城市组成的大都市区逐渐形成一个完整的经济体。

（四）改变了区域旅游的竞合机制

高速铁路推动了区域旅游资源的整合，实现区域旅游一体化，增强旅游的吸引力。高速铁路使得城市之间的空间感知距离缩短，扩大了旅游的市场范围，增强了对城市休闲旅游资源的需求基础。高速铁路的开通将促进高铁沿线的旅游景区发展，转变原有景区独立发展的理念。通过高速铁路站点的串珠状分布，使区域旅游资源得以有效的整合，大大增强了区域旅游吸引力。此外，高速铁路也加剧了区域旅游之间的竞争。高速铁路使远距离的旅行成为可能，加剧具有近似旅游资源、旅游环境和发展模式的城市间的竞争，在一定程度上促进了具有良好资源禀赋、特色的景区发展，而低档次景区则逐渐被淘汰，促进了旅游市场和旅游资源的不断完善和发展。如京津城际的开通，促使京津文化滨海旅游线得以较好地发展。①

高铁开通加快了环渤海、长三角等各城市群等级式、网络化旅游空间组织体系的发展进程。从宏观的地理区域来统筹，建立城市群的网络化旅游空间结构，应以区域中心城市为增长极，以增长极周边赖以生存的广大腹地为扩张区域，实现整个城市群发展的整体最优组合。博弈论中的囚徒困境告诉我们，整体效益的最大化与个体效益的最大化是不可分的，如果每个个体只追求自身效益最大化，反而容易加剧竞争，使个体的利益受到威胁；如果每个个体都能用与他人合作的方式，使整体与他人都获得最大收益，也是对本身利益的保障。因此，合作带来共赢，各城市群下属地区应做好增长极的有效补充，相互之间避免同质竞争，根

① 刘卫东，龙花楼，张林秀，等 . 2013 中国区域发展报告——转型视角下的中国区域发展态势 [M] . 北京：商务印书馆，2014.

据自身条件与优势进行功能定位与建设，使城市群作为一个大旅游目的地既有特色，又是一个多样化的整体，在未来的网络化旅游空间组织体系中，组成"旅游客源地—区际交通连接—旅游集散地—区内网络交通连接—多个旅游目的地"的空间结构。

借助高铁，城市群范围扩大并沿高速铁路延伸。相比传统意义上以少数特大城市为中心，依托城市间内部联系形成的城市"集合体"，高速铁路的开通无疑可以降低核心城市与邻近城市间的旅行时间成本，加强城市间的联系，并扩大核心城市的"辐射范围"，让更多的城市进入该经济集合体。区域旅游之间的竞争代替了原有的城市间竞争，将导致旅游景区在区域上的重新分工，进而影响区域旅游空间结构。

第三节　高铁对沿线城市旅游空间格局的优化

交通条件是影响旅游业发展的核心因素，也是旅游系统的重要组成部分，是旅游业发展不可或缺的先决条件，每一次交通方式的革命性突破都深刻地影响旅游业的发展。高速铁路作为一种便捷的交通方式，所导致的"时空压缩"效应及便捷性将会对旅游的发展产生重要的影响，尤其是对旅游业客源市场、旅游要素结构以及旅游空间分布格局的影响。

高速铁路与区域空间的相互作用呈现出复杂性，一些因素削弱了交通设施改善对区域发展的影响力。区域间货物运输中高价值商品比例增加，高价值产品的价值构成中交通费用比例比低价值产品低很多。对现代产业来说，交通的服务质量已经代替交通费用成为更重要的影响因素。现代服务业和制造业对行程安排机动性的要求提高，交通设施的改善对于提高服务业和制造业竞争力的作用日益重要，不但可以减少出行时间，提高出行速度，而且还可以使行程安排更具机动性。工业产品结构中重量型工业产品比例下降、高技术工业产品和服务产品比例增加，这使工业选址越来越少考虑交通的区位因素，其区位选择更多与休闲、文化、环境等生活质量因素和政治环境以及与信息和专业化高层次服务的距离等因素相关，而这些要素均与现代服务业的发展水平密切相关。因此，高铁的开通，势必会加速基于市场需求的现代服务业要素的空间流通。

一、旅游中心城市核心增长极地位确立

高铁网络化下中国城市旅游发展模式为：以一级旅游中心城市为区域核心增长极；以二级旅游中心城市为区域次级增长极；以旅游城市群为区域主导旅游发展族群；以全国高铁线为重点发展轴线；以一级旅游经济区和二级旅游经济区为发展域面的"以点带群，以轴串群，以群托面"的多中心网络化旅游空间发展格局。通过实施区域旅游合作一体化战略，建立深化区域一体的政府引导机制，各城市要整合旅游资源，结合高铁全面提升目的地旅游产品，构建支撑全域旅游发展的旅游公共服务体系，积极创新旅游营销方式。

对于中国城市群的划分，2005 年方创琳正式提出了城市群的概念，并将中国城市群体系结构划分为三个等级的 28 个大小不同、规模不等、发育程度不一的城市群，在 2013 年修正为"5+9+6"的 20 个城市群空间结构新格局并正式纳入国家新型城镇化规划。中国铁路的六次大提速和高铁的建设大大缩短了城市与城市之间的距离，为城市群的形成与发育奠定了坚实的交通联系基础，并对其空间结构产生了极大的影响。

基于以上分析，提出高铁网络化下中国城市旅游发展模式为以北京、上海、广州、武汉和重庆 5 个一级旅游中心城市为区域核心增长极，以天津、西安、沈阳、济南、哈尔滨、太原、石家庄、青岛、南京、厦门、成都、昆明、兰州和郑州 14 个二级旅游中心城市为区域次级增长极，以 19 个城市为区域主导旅游发展族群，以全国高铁线为重点发展轴线，构建"以点带群，以轴串群，以群托面"的多中心网络化旅游空间发展格局。高铁引起的"时空压缩"效应，使城市间的影响范围进一步相互重叠，对沿线城市旅游经济发展的影响在规模效应、集聚效应和乘数效应的作用下，夺取了更多的市场份额，从而形成更大的旅游经济规模（见表4-1）。

表4-1　高铁网络化下全国旅游中心城市等级构成

城市等级	城市等级构成
一级旅游中心城市	北京、上海、广州、武汉、重庆
二级旅游中心城市	天津、西安、沈阳、济南、哈尔滨、太原、石家庄、青岛、南京、厦门、成都、昆明、兰州、郑州
三级旅游中心城市	呼和浩特、喀什、拉萨、乌鲁木齐、银川、海口、南宁、西宁、合肥、烟台、福州、杭州、长春、南昌、长沙、迪庆、贵阳、酒泉、西双版纳
四级旅游城市	全国其他城市

对于区域中的首位城市而言，高铁促进其旅游经济规模的整体增长（以市域范围衡量）。高铁对区域旅游经济发展要素的作用表现为极化效应大于扩散效应，由于高铁运营区段的快速性和封闭性，使生产要素和经济活动向高铁的站点和沿线集聚，区域旅游资源流向高铁沿线的中心城市，再通过高铁流向大都市圈，使区域旅游经济要素和活动不断延伸到区位和资源条件更加优越和更具规模效应的地区，进而促进依托站点的城市及相关联的沿线区域的发展，造成区域发展的不平衡。

以河南省为例，在高速铁路网形成后的河南省旅游空间结构中，郑州、洛阳和开封仍将稳居第一梯队，可能发生调整的是第二和第三梯队。例如，第二梯队中的焦作市，目前虽然开通了郑焦高速铁路，高速公路密度在河南省内也不算最低，但相对于第一梯队城市来说，区位优势并不突出，客源市场不够大，资源优势未能充分发挥。郑太、郑徐高速铁路全线开通后，焦作对山西、山东、安徽、江苏、上海等省市的旅游影响辐射力将更容易转化为实际的旅游客源，是第二梯队中最有可能跻身第一梯队的节点城市。第三梯队中的南阳市，其自身资源条件较好，历史文化悠久，山地、水体景观特色明显，只是区位和交通条件的劣势导致位居第三梯队。伴随郑万高速铁路的开通，南阳对省内核心城市及东部平原地区的旅游吸引力将大大增强，同时省外直接连通湖北西部到重庆的大范围区域，省外客源也将大幅增加。南阳的交通和区位劣势得到根本改变，旅游资源的优势得到发挥，是第三梯队中最有可能跻身第二梯队的节点城市。此外，高速铁路对区域旅游目的地的影响存在"过滤效应"，即某些低等级旅游地的资源品位度较低或知名度不高，由于高速铁路开通产生的"时空压缩"效应，这些旅游地在区域旅游地空间竞争中容易被远程知名度较高的旅游地所替代。第三梯队中除南阳以外的其他节点城市，都会受到高速铁路"过滤效应"的影响，中心度水平将会有不同程度的下降，在省内旅游空间结构中的重要性降低。综合来看，高速铁路网形成后，河南省将形成以郑州、开封、洛阳和焦作为第一梯队，以安阳、新乡、三门峡和南阳为第二梯队，其他城市为第三梯队的旅游空间结构。

高铁将带动旅游服务、旅游流和旅游要素空间分布格局的集聚与极化，主要向北京、上海、武汉、广州和重庆5个一级旅游中心城市集聚，这5个一级旅游城市的首位极化效应将进一步增强，其作为旅游客源地和目的地的领先地位将进一步强化，表现出高铁极强的"马太效应"。同时与非高铁网络化下相比，伴随时间距离的大幅压缩，北京、上海、武汉、广州和重庆与其腹地城市之间的距离将进一步拉近，从而扩大了五大一级旅游城市对周边腹地的辐射强度及范围。因此，高铁网络化下要进一步做强北京、上海、武汉、广州和重庆这五大区域旅游中心，扩大其旅游经济辐射力，提升其旅游功能定位。

高铁作为我国交通基础设施的重要组成部分，对旅游经济的带动作用日益彰显。随着我国高铁线路的不断建成和运营，在乘坐高铁便捷出行的拉动下，高铁旅游成为新的出游方式。与自驾车相比，高铁具有经济、高效、安全、便捷以及受极端天气等不稳定因素影响较小的特点，高铁带来的交通便利将不断推动新的游客流动空间和时间呈现。重点建设五大国家级旅游城市群；优先建成包括长江三角洲城市群、珠江三角洲城市群、京津冀城市群、长江中游城市群和成渝城市群五大国家级旅游城市群，最终建成世界级旅游城市群。

二、区域旅游合作新格局构建

高铁所影响区域内，城市间在互补效应的基础上，通过各种交通运输网络的合理布局和交通运输工具的合理组合，使区域内的经济、人口、政治、社会、技术等要素构成空间关联运动，促进区域旅游资源的合理利用和区域内城市组群的协调发展，提升区域整体竞争力。高铁网络效应最大化有赖于高铁客运专线之间、高铁客运专线与货运专线以及高铁与其他交通运输设施的联系。高铁可把多个城市连接在一起，形成旅游发展走廊，并将城市带转变成一个扩大了的功能区，最终形成区域经济一体化。

"四纵四横"高铁网下，围绕北京将会形成1~8小时交通圈，除乌鲁木齐、拉萨、海口外，绝大部分省会城市将被纳入其中，届时京津冀、珠三角、长三角等城市群的时空距离将大大缩短。根据距离衰减规律，在其他条件相同时，地理要素间的相互作用与距离的平方成反比。随着交通条件的改善，地域之间的经济距离大大减小，旅游者出游更加便利，以京沪高铁为例，北京至上海最短时间仅需4小时48分钟，比之前的陆路客运时间节约了2/3。2011年后，在全国范围内旅游业发展复苏之际，北京、上海两个区域增长极的旅游人次、旅游收入及其增长率等反映市场景气程度的基础性指标呈现迅速回升态势，并超越了危机前的水平。在经济距离减小、旅游经济指标增长两个条件的共同作用下，两大增长极之间的旅游经济联系与相互作用较高铁开通前大大增强。可见高铁网犹如一剂黏合剂将各大城市群相互串联，加快了其间旅游流和要素流等的交换速度，促进由中心城市引领的大区域板块的融合。

旅游空间格局的转型加速形成了新的旅游区域。旅游空间合作方式也伴随各级旅游空间在其旅游地区中所承担职能的不同升级转型。同一区域间的旅游联系与合作、政策协调与组织协调、功能与要素布局的变化。在目前的行政建制前提下，应考虑建立旅游区域内部及跨旅游区的合作机制。基于以上分析，本节提出如下四条发展路径：

第一，优化政策环境，为区域合作提供组织保障，对于分属不同行政区划的旅游地区，其在经济利益方面也有多种不同的利益体。因此，政府应当牵头建立合作体系，通过制度化的管理委员会协调，定期沟通与联络，召开联席会议，统一规划和开发区域旅游资源，最终达成有共同目标的合作。各地区应主动为跨区域旅游合作提供良好的政策环境，维护良好的竞争秩序，协调各方利益。以区域内旅游协会，旅游企业为个体，提高区域内旅游个体的综合实力，鼓励旅游企业的合作与联合，以期达到强强联合、互惠互利的效果。鼓励构建跨区域的旅游联盟，实现区域内旅游无障碍化。鼓励旅游联盟开展包括共同编制旅游手册，开发旅游网站和旅游 App，联合开发精品旅游线路，包装旅游产品等多种形式在内的合作。

第二，整合区域内旅游资源，形成合理的区域旅游合作空间格局。我国幅员辽阔，京津冀、长三角、珠三角等高铁旅游带区域内旅游资源种类丰富，区域间具有较强的差异性，同时区域内具有较强的互补性，从而为区域内旅游资源整合提供了现实基础。以珠三角地区为例，广州能够通过贵广、南广高铁线路串联，借助高铁带来的"时空压缩"效应，实现与贵州、广西旅游合作的多层次化发展，从而充分利用旅游中心城市作为增长极的带动效应，形成合理的区域旅游空间格局。根据"点—轴系统"理论，本节结合三省份的具体情况，选取广州、桂林、贵阳为"点"作为区域内增长极，将三省份的区域内旅游要素重新组合，重点发展以广州为中心的岭南文化旅游聚集区、以桂林为中心的休闲度假旅游聚集区、以贵阳为中心的民族文化旅游聚集区。

第三，随着旅游者的需求日趋多样化，区域合作发展需求升级和更新传统的旅游产品体系，要结合自身资源优势，积极捕捉新的旅游市场风向，培育旅游新业态和丰富旅游产品体系。一是丰富会展旅游产品体系：随着商务旅游者人数日益增加，会展旅游作为一个较新的旅游业态近年来发展迅速。北京凭借自身在政治、经济、文化和国际交流方面的优势，正在大力推进会展旅游市场发展。应当鼓励具有区位优势的城市，完善基础设施和公共服务设施，建设一批具有国际国内影响力的商务会展旅游基地。二是建立完善的散客服务体系：散客市场的繁荣是旅游目的地成熟的一个重要标志。高铁的开通也为旅游地带来了更多的散客客源。区域内需加快旅游集散中心建设，做好高铁站点的接驳完善工作，以热门旅游城市为中心建立完善的散客服务体系。三是打造"互联网+旅游"的旅游产业：现代旅游产业离不开互联网，在旅游产业升级中，必须在区域内引领"互联网+旅游"的产业发展方向，发挥大数据的优势加速推进旅游产业现代化进程。

第四，统一区域旅游形象，实现区域旅游产品整体营销。整体营销能提高营销的效率和效果，为此有必要确定符合各区域特色的区域旅游主题形象，设计形象标志。通过开发统一的高铁旅游带门户信息网站和手机 App、印刷统一的旅游手册、拍摄区域旅游宣传广告等方式，对区域内高铁沿线旅游资源进行捆绑营销，推广高铁旅游品牌，联合制作高铁旅游套票，整合可用营销资源，运用各省主流媒体进行宣传、报道；借助新媒体资源进行微信公众号营销、微博营销等；运用各种事件、节庆、展会等营销推广高铁旅游产品；在政府引导下，形成高铁旅游营销组织，组建专业营销人员研究区域旅游资源，开展多种旅游营销活动。

三、沿线特色旅游小镇呈现互补发展

根据吴必虎（2001）提出的反映城市居民游憩活动规律的吴曲线可知，高速铁路所导致的"时空压缩"效应，将会扩大旅游目的地的吸引空间范围。[①] 高速铁路的开通形成"2 小时生活圈"，并改变了人们的生活方式和出行方式，诱发部分潜在的旅游市场发展，增加了旅游目的地的旅客量。高铁带来新的旅游市场与需求，将为谋求特色化发展的旅游小镇创造机会。高铁影响区域内，不同等级的城市利用可达性的提升和各自的优势旅游资源，进行旅游产业调整，使区域内不同发展程度的城市呈互补性发展的格局，高铁建设会诱增新的旅游需求和市场，对小城市的促进作用更大。以日本东京—大阪段新干线为例，由于高铁提供了当天往返的机会，沿线原有的酒店业在线路开通初期受到了极大的影响，但从长远看来，高铁诱增的旅游需求，却使沿线有特色旅游度假设施（如滑雪场）迎来了近40%的增长，而这些设施本身就分布在沿线的小城市。因此，高铁带来了新的旅游市场与需求，将为谋求特色化发展的旅游小镇创造机会。

旅游小镇的发展得益于高铁建设，拉近了城市间的直线距离，为旅游出行提供了更加安全便捷的条件，能够为旅游目的地吸引更大范围、更大数量的游客群体，带动区域旅游资源的整合，使城市之间的休闲旅游活动更加密集，最终形成以高铁网络为依托的"高铁休闲圈"，开启"快旅慢游"时代。但是，在城市的实际发展进程中，高铁是否真正能为旅游目的地的小城市带来大量的游客，促进城市旅游事业的发展，取决于城市是否能够及时应对高铁机遇，完善旅游产业的发展，并及时修建相关设施。比如日本的岐阜县为了应对中央新干线的建设机遇，提出完善县域内的高速公路网络，并通过这些高速公路连接已建和新建的新干线站点以及县内的重要旅游景点，保障旅游景点的便捷交通，提升旅游吸引力。

日本 2004 年开通九州新干线后的 3 个月内给鹿儿岛县和熊本县带来的经济

①　吴必虎. 大城市环城游憩带（ReBAM）研究［J］. 地理科学，2001，21（4）：354-359.

效果完全不同。从数据上看，在高铁旅客、宾馆游客及对企业的产业发展的带动方面，鹿儿岛县获得的收益均是熊本县的2~3倍。来自野村综研（上海）咨询有限公司株式会社野村综合研究所的研究表明，原因是多方面的，其中，交通条件是否及时得到了改善是一个重要原因。高铁开通后，鹿儿岛县及时对高铁站点与城市中心区以及主要旅游景点设置了便捷的交通通道，并在主要交通节点设置大型公共服务设施，吸引人气，取得了良好的效果。与之相比，熊本县内的主要站点新八代站和新水俣站都远离城市中心区，而且交通连接不畅，政府也没能及时改善交通条件，导致高铁的辐射带动作用明显受到限制，而无法得到应有的发挥。

各国小镇发展截然相反的事实表明，尽管高速铁路是减少交通成本、改善旅游目的地可进入性的方式，然而却有可能强化沿线旅游目的地之间的空间竞争。新经济地理学模型展示的集聚力与扩散力显示出，交通成本降低将导致经济活动的集中化趋势。Masson和Petiot（2009）等对高铁开通后的法国佩皮尼昂与西班牙巴塞罗那进行了分析，结果表明：不断增强的空间竞争可能强化旅游活动围绕巴塞罗那展开，从而对佩皮尼昂产生不利影响，对于佩皮尼昂来说，寻求产品差异化发展是与巴塞罗那竞争的解决方案[①]。对高铁沿线小旅游城市来说面临着与佩皮尼昂类似的境遇，在市场选择的作用下，那些依靠较为独特的旅游资源，寻求差异化发展战略的小城市，可能收获更多涓滴效应带来的效益而获得快速发展，否则将在旅游空间竞争中处于十分不利的地位。

第四节　案例实证：武广高铁对
旅游空间格局的影响

武广高铁是全国"四纵四横"快速客运网中京广高速铁路的重要组成部分，全长10686千米，设计运营时速350千米，2005年6月23日正式开工建设，2009年12月26日全线开通运营，全程运行时间为3小时。北起武汉站，南至广州南站，途经湖北、湖南、广东三省，实现了"千里南国半日还"。本节以武广高铁为例，参考汪德根等的相关研究，对沿线区域旅游经济的影响展开实证研究。

---

① Masson S, Petiot R. Can the High Speed Rail Reinforce Tourism Attractiveness? The Case of the High Speed Rail between Per Pignan (France) and Barcelona (Spain) [J]. Technovation, 2009, 29 (9): 611-617.

一、城际通行时间缩短

武广高铁客运专线的建成，不仅扩张了京广铁路南段交通动脉，实现了客货运输"两翼齐飞"，更重要的是大大缩短了城市之间的距离，为周边城市带来无限商机。开通仅 1 年，武广高铁就完成了大运量、高密度、公交化的运输组织模式。日开行列车最高达 160 列，始发站最小发车间隔仅 5 分钟，加快了三地的人员交流和资源配置，大大推动三地的旅游、餐饮等城市消费，形成了独具特色的"3 小时经济圈"。若武广高铁按照 350 千米/小时的速度运行，从武汉乘高速列车到长沙只需要 1 小时，从武汉乘高速列车到广州只需要 3 小时，从长沙乘高速列车到广州只需要 2 小时。武广高铁沿线其他城市之间的通行时间也大大缩短。从武汉到广州，半天之内往返成为现实，整个武广高速铁路沿线地区处于"6 小时交通圈"以内（见表 4-2）。另外，从中国香港乘高速列车到武汉也可缩短到 5 小时左右，加速了中部地区与珠三角及港澳乃至国际的交流沟通；随着北京至武汉高速铁路的建成通车，武广高速铁路沿线地区与中原地区、华北地区在经济联系上将更加密切。

表 4-2 武广高铁开通前后主要城市通行时间对比

路线	距离	开通前通行时间	开通后通行时间（200 千米/小时）	开通后通行时间（350 千米/小时）
武汉—广州	1069	11 小时	5 小时 20 分钟	3 小时 10 分钟
武汉—佛山	1091	11 小时 14 分钟	5 小时 27 分钟	3 小时 7 分钟
武汉—清远	1001	10 小时 4 分钟	5 小时	2 小时 51 分钟
武汉—韶关	848	8 小时 34 分钟	4 小时 14 分钟	2 小时 25 分钟
武汉—郴州	695	6 小时 53 分钟	3 小时 28 分钟	1 小时 58 分钟
武汉—衡阳	548	5 小时 26 分钟	2 小时 44 分钟	1 小时 33 分钟
武汉—长沙	362	3 小时 23 分钟	1 小时 48 分钟	1 小时
武汉—株洲	414	4 小时 6 分钟	2 小时 4 分钟	1 小时 10 分钟
武汉—湘潭	444	4 小时 16 分钟	2 小时 13 分钟	1 小时 15 分钟
武汉—岳阳	215	2 小时	1 小时 4 分钟	36 分钟
武汉—咸宁	80	44 分钟	24 分钟	13 分钟
长沙—咸宁	282	2 小时 38 分钟	1 小时 24 分钟	48 分钟
长沙—岳阳	147	1 小时 20 分钟	43 分钟	25 分钟

路线	距离	开通前通行时间	开通后通行时间（200千米/小时）	开通后通行时间（350千米/小时）
长沙—株洲	52	37 分钟	15 分钟	9 分钟
长沙—湘潭	82	50 分钟	25 分钟	13 分钟
长沙—衡阳	186	1 小时 51 分钟	55 分钟	31 分钟
长沙—郴州	333	3 小时 23 分钟	1 小时 39 分钟	57 分钟
长沙—韶关	486	5 小时 4 分钟	2 小时 25 分钟	1 小时 22 分钟
长沙—清远	639	6 小时 34 分钟	3 小时 12 分钟	1 小时 49 分钟
长沙—佛山	729	7 小时 50 分钟	3 小时 38 分钟	2 小时 4 分钟
长沙—广州	707	7 小时	3 小时 31 分钟	2 小时 1 分钟
广州—咸宁	989	10 小时 4 分钟	4 小时 56 分钟	2 小时 49 分钟
广州—岳阳	854	8 小时 46 分钟	4 小时 16 分钟	2 小时 26 分钟
广州—株洲	655	6 小时 41 分钟	3 小时 16 分钟	1 小时 52 分钟
广州—湘潭	685	8 小时 24 分钟	3 小时 25 分钟	1 小时 57 分钟
广州—衡阳	521	5 小时 27 分钟	2 小时 36 分钟	1 小时 28 分钟
广州—郴州	374	3 小时 41 分钟	1 小时 52 分钟	1 小时 4 分钟
广州—韶关	221	37 分钟	1 小时 6 分钟	37 分钟
广州—清远	68	46 分钟	20 分钟	12 分钟
广州—佛山	22	25 分钟	7 分钟	4 分钟

二、中心城市可达性影响分析

研究采用平均可达性，即平均最短交通时间测算武广高铁沿线 3 个中心城市的可达性水平。平均可达性是指在特定交通系统下评价城市到其他中心城市的时间测度，其计算公式为：

$$A_i = \sum_{i=1}^{n} T_{ij} / n \tag{4-1}$$

其中，A_i 为城市 i 的可达性均值，表征 i 点在交通网络中的可达性水平；T_{ij} 为 i 城市到区域内 j 城市的最短交通时间；n 为交通网络中除选定城市以外的城市总数。A_i 的值越小表示该城市的可达性越好；反之，则表示该城市的可达性越差。

武广高铁沿线中心城市的可达性均值如表4-3所示。

表4-3　中心城市的可达性均值　　　　　　　　　单位：小时

城市	普通列车	高速列车
武汉	16. 28	14. 65
长沙	18. 88	16. 63
广州	25. 18	22. 40

"一日交流圈"是以1天为周期的经济高度联系地区，是都市圈的一种。以各中心城市到达全国地级市的时间距离为指标，提取中心城市分别在普通列车和高速列车运行时的一日交流圈范围（见表4-4），据此分析高铁开通对3个沿线中心城市一日交流圈范围的影响。

表4-4　武广高铁沿线中心城市的"一日交流圈"范围

城市	普通列车	高速列车
武汉	武汉、黄石、鄂州、孝感、荆州、咸宁、随州、岳阳	武汉、黄石、宜昌、鄂州、孝感、荆州、咸宁、随州、长沙、株洲、岳阳、郑州、许昌、漯河、信阳、驻马店
长沙	长沙、株洲、湘潭、衡阳、岳阳、益阳、娄底、萍乡	长沙、株洲、湘潭、衡阳、岳阳、益阳、郴州、娄底、韶关、武汉、孝感、咸宁、萍乡、宜春
广州	广州、深圳、佛山、肇庆、惠州、东莞	衡阳、郴州、韶关、广州、深圳、珠海、佛山、江门、肇庆、惠州、清远、东莞、中山

普通列车运行时的广州市"一日交流圈"范围只包含广州、深圳、佛山、肇庆、惠州和东莞6市，这6市均属于广东省的行政范围；2009年12月26日，武广客运专线的开通运行使广州市的一日交流圈范围突破了广东省的界线，延伸至湖南省的郴州和衡阳。同时，武广客运专线向北、广珠城际轨道向南拓展了广州在广东省内的一日交流圈范围。

高铁未开通时，武汉形成了以武汉为中心，分别向西北、西、南以及东南方向呈条带状辐射的包含8市的一日交流圈格局。北京—武汉—广州客运专线开通后，武汉的交流圈沿该线向北和向南分别扩展至河南中南部的郑州、许昌等5个城市和湖南东北部的长沙、株洲2市。此外，由于宜昌—重庆一段的高铁未开通，武汉交流圈向西拓展受阻，只增加了宜昌1个城市。

不难看出，高铁对中国中心城市"一日交流圈"范围拓展的影响显著。高铁建设所产生的"时空压缩"效应重塑了城市空间结构。一方面，缩短了城市间的时空距离，为商品交换和旅客流动节约了时间，促进了城市间的经济和社会联系，有助于区域经济一体化发展。另一方面，由于高速铁路网络建设的非均衡性，各城市在网络优化中的获益是不均衡的，从而导致其"相对区位"条件发生变化，对重塑区域和城市空间结构产生重要影响。

三、沿线旅游空间格局变化特征

选取武广高铁沿线的湖北、湖南及广州地区为主要研究对象，分析其在高铁开通前后区域旅游空间格局变化特征，能更清晰地看到长时期、大范围内高铁对区域旅游空间系统的影响。选择武广高铁开通前两年（2008 年、2009 年）及开通后两年（2010 年、2011 年）的旅游人数为基础数据，数据来自国家统计局国民经济综合统计司编写的《中国区域经济统计年鉴》（2009～2012 年）以及湖南各州市统计公报、《湖北省旅游统计便览》，如表 4-5 所示。

表 4-5 　2008～2011 年武广高铁途经地区旅游接待国内旅游人数 单位：万人

地区 ＼ 年份	2008	2009	2010	2011
湖北省	11678.0	15065.2	20946.0	27155.0
武汉市	4612.8	6360.0	8852.3	11636.1
黄石市	426.8	517.6	788.7	981.3
十堰市	913.2	1123.7	1477.1	1850.9
宜昌市	970.0	1197.2	1519.0	1905.4
襄阳市	820.1	993.2	1397.5	1804.6
鄂州市	162.0	212.4	285.0	376.7
荆门市	543.3	662.1	865.2	1100.6
孝感市	155.0	642.1	806.3	995.2
荆州市	564.0	649.8	916.2	1205.3
黄冈市	515.1	660.0	819.8	1015.3
咸宁市	560.1	715.7	1156.0	1501.0
随州市	398.6	491.0	590.8	850.8
恩施土家族苗族自治州	444.5	663.6	1062.5	1400.5
湖南省	12719.0	15934.0	20208.2	25100.0
长沙市	2774.3	3431.0	4169.4	4814.0

年份 地区	2008	2009	2010	2011
株洲市	699.8	958.0	1194.8	1846.0
湘潭市	964.0	1239.0	1627.3	1828.0
衡阳市	1095.0	1235.0	1696.0	2207.5
邵阳市	423.0	467.0	568.4	808.0
岳阳市	1182.0	1363.0	1548.2	2238.0
常德市	923.0	1039.0	1354.1	1634.0
张家界市	778.0	858.0	1075.0	1201.0
益阳市	859.0	1056.0	1281.0	1415.0
郴州市	934.0	1261.0	1697.3	2215.0
永州市	736.0	830.0	1104.1	1247.0
怀化市	457.0	—	1110.5	1628
娄底市	450.0	801.0	827.0	945.0
湘西土家族苗族自治州	444.0	612.0	955.0	1073.0
广东省	13585.8	15455.5	18626.2	21067.5
广州市	2916.2	3286.1	3691.6	3816.2
韶关市	639.5	670.5	842.7	892.1
深圳市	1789.7	1943.9	22.7	2628.0
珠海市	829.2	910.9	1055.4	1214.8
汕头市	604.1	667.8	768.8	889.8
佛山市	704.3	737.6	763.5	855.5
江门市	728.0	746.0	872.0	1013.1
湛江市	165.1	462.3	602.3	909.4
茂名市	171.4	201.1	304.7	360.3
肇庆市	609.7	728.2	916.2	1103.7
惠州市	674.9	798.9	913.4	1014.0
梅州市	344.8	396.4	514.3	741.5
汕尾市	218.6	239.4	326.6	438.5
河源市	326.1	362.6	435.0	599.2
阳江市	239.7	273.0	304.9	455.7
清远市	469.4	501.8	1093.8	744.3
东莞市	994.3	1191.1	1289	1400.0
中山市	463.0	504.3	539.8	604.5
潮州市	218.9	273.9	317.4	360.7

续表

年份 地区	2008	2009	2010	2011
揭阳市	156.9	197.7	361.4	432.3
云浮市	322.0	362.1	448.7	594.0

由表4-6可以看出，武汉、长沙作为省会城市，具有资源、区位和交通等优势，旅游发展水平在全省处于绝对领先地位。武广高铁开通后，区域旅游发展的不均衡性进一步扩大，受武广高铁影响最大的武汉市，国内旅游收入由2009年的486.16亿元增加到2010年的721.40亿元和2011年的1054.10亿元，增长率分别达到了48.38%和108.73%。长沙市国内旅游收入由2009年的371.90亿元增加到2010年的422.30亿元和2011年的428.00亿元，增长率分别达到13.55%和15.08%，广州市国内旅游收入由2009年的746.52亿元增加到2010年的1070.40亿元和2011年的1315.47亿元，增长率分别达到了43.39%和76.21%。可见，武广高铁使武汉、长沙、广州在省域内旅游核心区域的地位进一步得到加强。广州作为湘粤鄂三地旅游空间中的极点位置也进一步强化，可以预见随着珠江三角洲地区城际客运系统建设，以广州、深圳为核心的区域经济一体化进程加快，将促进广州旅游的进一步发展，从而极化作用更为明显。

表4-6　2008~2011年武广高铁途经主要城市国内旅游总收入　单位：亿元

年份 城市	2008	2009	2010	2011
武汉市	373.68	486.18	721.40	1054.10
黄石市	18.55	26.68	40.36	51.20
十堰市	43.10	62.30	87.05	119.28
宜昌市	65.09	75.95	100.34	141.28
咸宁市	20.46	33.90	59.05	77.52
长沙市	224.19	371.90	422.30	428.00
湘潭市	44.31	61.50	88.10	112.00
张家界市	74.38	77.70	98.10	123.00
广州市	620.15	746.52	1070.40	1315.47
深圳市	329.62	355.73	412.62	493.80
佛山市	145.69	160.15	181.76	233.25

因此，高铁的开通对沿线旅游的带动作用很明显，促进了沿线有停靠站的城市旅游人数及收入的大幅增长。咸宁是湖北省除武汉外唯一位于武广高铁沿线的地级市，高铁的开通，武汉至咸宁只要15分钟，广东到咸宁不到3小时。咸宁市加大了对广东市场的宣传促销，适时启动了"广东人游咸宁"系列宣传推广活动，以主要景点为依托，面向广东旅游者安排了两日游、三日游和多日游线路，吸引了大量的广东及港澳游客。2010年春节期间，咸宁各温泉景区、酒店的入住率高达98%，每天有5000人次以上的游客在咸宁泡温泉、过新年，温泉谷度假村平均每天接待旅游者达2000多人次，入住率更是达到了100%。

实证研究表明，"核心—边缘"结构模式是湖北区域旅游空间格局的典型表现。省会城市武汉是湖北旅游发展的核心，形成了极高的首位度。武广高铁开通后，武汉作为武广高铁端点枢纽城市，极大地吸引了武广高铁沿线尤其珠三角的客源市场，促使武汉旅游业快速发展，拉大了与边缘区域的差距，进一步强化了湖北首位分布的态势，使湖北"鹤立鸡群"的集聚型旅游空间结构进一步凸显。因此，武广高铁对湖北区域旅游集聚型空间结构形态发挥了"催化剂"效应。

可见，武广高铁对湖北区域旅游空间格局演变既强化了核心极化作用，又增强了边缘核心扩散作用，只是扩散作用的强度没有极化作用的强度大。因此，在高铁时代，湖北省应该采取措施加强边缘区域和核心区域的联系，极大地增强核心区域的扩散作用，使边缘区域与核心区域的差距缩小，进而使整个湖北省均受益于高铁带来的益处，最终实现全省旅游业均衡发展。

从产业发展要素的角度来看，由于高速铁路提高了区域可达性，节约了旅游交通成本，也降低了旅游产业要素的流动成本。劳动力、资本、技术等一般性产业要素的流动成本降低，这些产业要素将向区位更优、存在规模递增收益的区位集聚；传统旅游资源（景区）由于其位置的不可移动性，虽然仍停留在原地，但由于旅行时间的极大缩短，旅游者可以借助高速铁路实现在居住地与旅游景点之间的往返。对于旅游企业来说，交通条件的改进将增强旅游企业在发达区域的集聚效应。给定一个较低的交通成本，区域内空间竞争的强度较弱，则企业将缺乏变更区位的动机；相反，在较高的交通成本下，空间竞争的强度变强，企业将通过区位选择提高竞争力。由此可见，在较低交通成本约束下，集聚力强于离散力，旅游企业将集聚于同一区位，形成集聚效益。在较高的交通成本情境下，旅游企业倾向于分散布局。在旅游产业要素流动和旅游企业区位选择的共同作用下，高速铁路发展带来了较低的交通成本，则旅游产业要素出现集聚效应，在空间竞争作用下，一个区域内若干旅游城市（目的地）空间结构将呈"核心—边缘"模式。

四、沿线旅游经济影响研究

双重差分（Difference In Difference，DID）模型是公共政策或项目实施效果定量评估的有效方法，通过建模有效控制研究对象间的事前差异，可以将政策或项目影响的真正结果分离。在实际研究中，将反映社会现象的样本分为两组：第一组为高铁建成前后的"实验组"；第二组为未受高铁建设影响的"对照组"。DID 模型的表达式为：

$$y=\beta_0+\delta_0 d_{ui}+\beta_1 dT+\delta_1 d_{ui}\times dT+\varepsilon$$

其中，y 为因变量，实验组中观测的 dT 取 1，对照组取 0；d_{ui} 为虚拟变量，表示政策改变后的时期，ε 为残差项；β_0 为常数，系数 δ_1 度量了政策实施所带来的净影响，即研究所关注的政策效应。政策实施对因变量的净影响可表示为：

$$\Delta E=\delta_1=\Delta y_{ui}-\Delta y_c=（\bar{y}_{ui,T}-\bar{y}_{ui,C}）-（\bar{y}_{1,T}-\bar{y}_{1,C}）$$

两次差分之后参数 δ_1 测度了对因变量 y 平均结果的政策影响或处理影响，是模型重点考察的对象。

旅游业绩效指标包括 TR（旅游业总收入）和 DT（国内旅游人数）。对于实验组和控制组的选取，选择武广高铁经过的 10 个地级市作为实验组，分别是武汉、咸宁、岳阳、长沙、株洲、衡阳、郴州、韶关、清远、广州。同时分别在湖南、湖北、广东 3 省找出武广高铁没有经过的，并且截至 2014 年 11 月没有任何高铁经过的 18 个地级市站点作为控制组：湘潭、益阳、常德、邵阳、张家界、娄底、荆门、黄冈、汕头、佛山、湛江、茂名、肇庆、梅州、河源、阳江、潮州、揭阳。研究时段为 2008 年（高速铁路开通前）和 2010 年（高速铁路开通后）。由于 2010 年乐昌市、英德市、花都区的高铁站点未投入使用，未对以上区域进行高铁信息的统计。

通过 DID 作进一步的分析，结果如表 4-7 所示。

表 4-7　DID 回归结果

变量	旅游业总收入（TR）		国内旅游人数（DT）	
	（1）	（2）	（1）	（2）
$d_{ui}\times d_{ti}$	224.82 ** （2.10）	137.34 * （1.86）	1625.12 ** （2.19）	1298.14 ** （2.21）
d_t	−51.25 （−1.53）	−45.58 * （−1.96）	−400.48 （−1.65）	−416.76 * （−1.89）

续表

变量	旅游业总收入（TR）		国内旅游人数（DT）	
	（1）	（2）	（1）	（2）
d_u	125.35 （1.66）	-54.77 （-1.16）	958.65** （2.39）	-36.03 （-0.13）
GDP	—	0.004** （2.10）	—	-0.006 （-0.42）
常数项	-54472.92*** （-3.62）	-4240.76 （-0.35）	-443534.4*** （-4.07）	-269123.5** （-3.07）
R^2	（-3.62） 0.2489	（-0.35） 0.8511	（-4.07） 0.3347	（-3.07） 0.6184

注：***、**、*分别表示在1%、5%、10%的水平上显著。

由表4-7可以看出，高铁的开通对旅游业总收入的影响为正，此时$\delta_1 =$ 224.82，并在5%的水平上显著。加入各种控制变量后，系数为137.34，在10%的水平上显著，即高铁开通带来的交通便利促进了沿途站点城市旅游业收入的提高，相对于非站点城市而言，平均每年提高137亿元至225亿元。使用国内旅游人数替代旅游业总收入，其他的所有变量不变，再进行DID回归。第（3）列显示$\delta_1 = 1625.12$，显著性水平是5%。加入控制变量后，第（4）列显示$\delta_1 = 1298.14$，显著性水平仍是5%，表明高铁使沿线城市的平均国内旅游总人数每年增加了1298万至1625万元。

五、高铁与旅游经济耦合度研究

在分析高铁对沿线旅游总人数和经济增长影响的基础上，深入讨论高铁与沿线经济的协调发展机制，引入耦合理论，即两个及以上系统在运行过程中，由于要素的关联性和各种相互作用而相互联合、相互影响，最终实现协同的现象。高铁交通系统与旅游经济系统相互关联影响，二者的协调发展过程是指在同一时空条件下的相互作用协调。

借鉴耦合协调度模型对高铁交通系统和旅游经济系统现状及协调程度进行定量分析。计算公式如下：

$$\begin{cases} D(\mu_1, \mu_2) = \sqrt{C(\mu_1, \mu_2) T(\mu_1, \mu_2)} \\ T(\mu_1, \mu_2) = a\mu_1 + \mu_2 \end{cases}$$

其中，D 为耦合协调度值；T 为综合协调指数，反映两系统的发展水平对于协调度的贡献；a 为待定系数，鉴于高铁交通不是推动旅游经济发展的唯一动力，此处取 $a=0.4$，$b=0.6$；μ_1、μ_2 分别表示高铁系统和旅游经济系统各自的总功效贡献，计算公式如下：

$$\mu_i = \sum_{i=1}^{m} \lambda_{ij}\mu_{ij}, \quad \sum_{i=1}^{m} \lambda_{ij} = 1$$

其中，λ_{ij} 表示指标权重，通过熵值法确定，μ_{ij} 表示指标对系统的功效贡献大小；C 为耦合度值，取值范围为 0~1，当 $C=0$ 时，耦合度最小，计算公式为：

$$C = \frac{\sqrt{\mu_1 \times \mu_2}}{(\mu_1 + \mu_2)}$$

利用耦合协调度模型，对数据进行处理并计算权重，最终得出 2010~2015 年全国八大地区的高铁交通通达性和旅游经济发展的综合水平与耦合协调度数值，如表4-8所示。

表4-8　全国各地区高铁交通通达性与旅游经济综合发展水平

	年份	2010	2011	2012	2013	2014	2015
东北地区	高铁交通通达性	0.233	0.224	0.365	0.389	0.389	0.389
	旅游经济	0.337	0.363	0.392	0.432	0.392	0.450
	协调度	0.381	0.386	0.436	0.455	0.442	0.461
	耦合等级	轻度失调	轻度失调	濒临失调	濒临失调	濒临失调	濒临失调
北部沿海地区	高铁交通通达性	0.238	0.373	0.391	0.445	0.477	0.506
	旅游经济	0.358	0.380	0.406	0.428	0.450	0.504
	协调度	0.390	0.434	0.447	0.466	0.480	0.502
	耦合等级	轻度失调	濒临失调	濒临失调	濒临失调	濒临失调	勉强协调
东部沿海地区	高铁交通通达性	0.397	0.634	0.634	0.759	0.868	0.937
	旅游经济	0.591	0.602	0.642	0.618	0.629	0.647
	协调度	0.502	0.554	0.565	0.579	0.598	0.612
	耦合等级	勉强协调	勉强协调	勉强协调	勉强协调	勉强协调	初级协调
南部沿海地区	高铁交通通达性	0.276	0.276	0.313	0.507	0.507	0.588
	旅游经济	0.381	0.400	0.491	0.506	0.518	0.584
	协调度	0.409	0.415	0.452	0.503	0.507	0.541
	耦合等级	濒临失调	濒临失调	濒临失调	勉强失调	勉强协调	勉强协调

续表

年份		2010	2011	2012	2013	2014	2015
黄河中游地区	高铁交通通达性	0.258	0.258	0.303	0.303	0.413	0.431
	旅游经济	0.286	0.319	0.373	0.426	0.435	0.490
	协调度	0.370	0.383	0.414	0.431	0.462	0.482
	耦合等级	轻度失调	轻度失调	濒临失调	濒临失调	濒临失调	濒临失调
长江中游地区	高铁交通通达性	0.258	0.267	0.303	0.321	0.425	0.480
	旅游经济	0.242	0.302	0.365	0.407	0.440	0.517
	协调度	0.352	0.379	0.412	0.430	0.466	0.501
	耦合等级	轻度失调	轻度失调	濒临失调	濒临失调	濒临失调	勉强协调
西南地区	高铁交通通达性	0.105	0.105	0.105	0.105	0.286	0.430
	旅游经济	0.315	0.369	0.444	0.482	0.532	0.622
	协调度	0.317	0.331	0.349	0.357	0.455	0.518
	耦合等级	轻度失调	轻度失调	轻度失调	轻度失调	濒临失调	勉强协调
西北地区	高铁交通通达性	0.010	0.010	0.010	0.010	0.010	0.245
	旅游经济	0.020	0.044	0.078	0.100	0.098	0.193
	协调度	0.087	0.109	0.127	0.136	0.135	0.326
	耦合等级	极度失调	严重失调	严重失调	严重失调	严重失调	轻度失调

从两系统的发展差距来看，东部沿海地区的旅游经济综合水平与高铁交通通达性水平较高且差距最小，2015 年旅游经济综合水平状况显示，旅游总人数占地区年末常住人口比重、景区密度和旅行社密度三项评分较高，说明东部沿海地区旅游资源丰富、旅游设施设备齐全、游客流量大，旅游经济发达；2010～2015年东部沿海地区高铁交通通达性水平持续高于其他地区，主要体现在连接率、路网连接度和实际成环率三个指标上，这是因为东部沿海地区高铁网络连接程度和扩展程度较高，江浙沪地区不仅有京沪、杭福深两条高铁线贯穿南北东西，还有宁杭、沪昆、沪宁、宁杭等城际高铁，高铁网络密度大，加之上海是我国的经济中心和对外贸易窗口，客流推动高铁需求，促进其高铁硬件设施建设和服务完善。西南地区旅游经济综合发展水平与高铁交通通达性水平差距最大，西南地区凭借优越的自然条件旅游业发展迅速，国内旅游收入占 GDP 的比重大，旅游经济是地区经济的重要组成部分，但西南地区高铁交通通达性较差，2015 年实际成环率综合水平仅为 0.009，这是因为西南地区地形条件复杂，高铁修建难度大，高铁交通网络连接度和扩展度低，公路、航空等旅游交通方式对高铁的替代性强，另外西南地区的经济发展相对落后也制约了高铁的发展。

从各地区旅游经济发展水平与高铁交通通达性水平的耦合协调等级来看，东部沿海地区两系统的协调程度排名位于前列，2010~2015年两系统耦合协调等级由勉强协调变为初级协调。2015年，北部沿海地区、南部沿海地区、长江中游地区和西南地区的两系统耦合协调程度达到勉强协调，四个地区旅游经济水平均值高于高铁交通通达性水平，其中北部沿海地区和南部沿海地区发展状况相似，自2010年起旅游经济水平持续高于高铁交通通达性水平，但近年来高铁交通通达性水平有显著提升，并呈超越旅游经济水平的趋势；2010年，长江中游地区高铁交通通达性水平高于旅游经济水平，其后一直低于旅游经济水平；西南地区则因为地形地势条件、区域经济等原因，高铁交通通达性水平持续低于旅游经济水平。2010~2015年，东北地区和黄河中游地区两系统耦合协调度始终处于较低水平，从轻度失调变为濒临失调。西北地区直到2015年才开通了第一条高铁，加之旅游经济发展受区位条件、当地经济条件和开发条件等因素的制约一直处于较低发展水平，该地区2010~2015年两系统耦合协调程度排名最低，从极度失调变为轻度失调。总体来说，我国高铁通达性与旅游经济耦合协调发展水平还比较低，两系统间协调发展效应还不明显，但从耦合协调度时间变化来看，各地区两系统间的耦合协调度都处于波动增长状态，随着我国高铁网络的建设，两系统间的相互协调作用将逐渐显现。

　　当前，我国旅游经济综合水平和高铁交通通达性呈上升趋势，旅游经济发展水平普遍高于高铁交通通达性水平，东部沿海地区两系统发达程度最高，差距最小，西南地区两者差距最大；高铁交通通达性与旅游经济的耦合协调发展水平整体偏低，但各地区两系统间的耦合协调度都处于波动增长状态。

　　高铁交通通达性和旅游经济综合发展水平的耦合协调程度存在明显的空间集聚性，整体呈现东部高于西部、沿海高于内陆的特征；东部沿海地区与南部沿海地区为两系统协调发展的增长极，而西北地区两系统发展水平均不高。

第五章　高铁时代旅游目的地吸引力演化

　　旅游目的地之间的市场竞争加剧，目的地吸引力逐渐成为国内外旅游研究关注的热点话题。旅游吸引力作为旅游活动发生和发展的基础，通过影响旅游者的最终出游决策，包括出游方式、出游方向及相关旅游设施的空间分布和变动，进而影响一国一地或一个景区旅游业的总体发展特征和发展程度①。基础交通设施影响旅游目的地吸引力，是联系客源地和目的地的纽带，能吸引大量的游客②；旅游者选择出游目的地时，较高关注目的地的可达性，考虑交通方式、旅行时间和空间距离三个方面③。旅游吸引力的研究主要是以旅游地及客源地为研究对象，从定性、定量两个角度出发，构建吸引力的评价体系，进而为今后的旅游规划提供参考依据。

第一节　旅游目的地吸引力及其相关理论

一、旅游吸引物

　　旅游吸引物是指对旅游者具有基本吸引作用的自然因素、社会因素以及其他任何因素。是这些具有基本吸引作用的因素使移动中的人成为旅游者。旅游吸引

---

　　①　廖爱军. 旅游吸引力及引力模型研究［D］. 北京林业大学，2005.

　　②　Chew J. Transport and Tourism in the Year 2000［J］. Tourism Management，1987，8（2）：83-85.

　　③　Prideaux B. The Role of the Transport System in Destination Development［J］. Tourism Management，2000，21（1）：53-63.

物的本质是促使社会中的人产生旅游活动，而对旅游吸引物的开发利用是旅游经济活动。旅游活动的产生是旅游经济活动得以产生的前提。

保继刚、楚义芳（2003）认为，旅游吸引物是指旅游地吸引旅游者的所有因素的总和，包括旅游资源、适宜的接待设施和优良的服务，甚至还包括快速、舒适的旅游交通条件。

旅游吸引物通常也被称为"游人吸引物"，苏格兰旅游委员会（STB）认为吸引物是一个永久性旅游目的地，它的首要目标是提供公共娱乐或满足人们兴趣及教育的需求，而并不仅仅是一种零售市场或作为运动比赛、剧场表演及电影放映的场所。它应该是常年对公众开放的，而且对旅游者、非住宿性游人及当地居民同样具有吸引力。

霍洛韦（1986）的定义为："旅游吸引物必须是那些给旅游者以积极的效益或特征的东西，它们可以是海滨或湖滨、山岳风景、狩猎公园、有趣的历史纪念物或文化活动、体育运动，以及令人愉悦舒适的会议环境。"在大多数情况下，旅游吸引物是旅游资源的代名词，二者通用。

二、旅游场理论与旅游目的地吸引场

（一）旅游场理论

"场"（Field）本身是一个物理概念，物理学中的定义为：场指物体在空间中的分布情况。从本质上来看，场是一种空间上的数学函数，是物理量在空间上的分布。除了描述引力在空间中的分布状况时，我们使用引力场的概念外，还有电磁场、温度场、能量场等。布迪厄认为"场域即空间"，这里的空间指的是由一束束关系组成，具有独立性且依据群体生活方式、权为地位而进行自主分化。[①]

首先，旅游场指的是旅游点对周边地区游客吸引力的最大地域影响范围。其次，旅游场能是由各旅游点的旅游场强相互叠加作用而形成的结果。旅游场能的高低反映了游客受到景点吸引力而集聚的程度，旅游场能是具有能量扩散方向和强度表征意义的矢量值。最后，旅游能级表述的是旅游景点吸引力对其他地区辐射影响的程度，越高的能级则对游客的吸引力越强。旅游场具有能量、动量和质量属性，是旅游活动存在的一种基本形式（章锦河等，2005）。

在旅游场理论中，根据作用对象的不同，旅游场可分为需求场、供给场及

---

① 李全生. 布迪厄场域理论简析［J］. 烟台大学学报（哲学社会科学版），2002，15（2）：146-150.

需求—供给场，各类旅游场一般都具有场结构、场核、场效应等结构与特征，且均通过各源点场强的差异与演变过程表现①。旅游供给场中的旅游吸引物是构成旅游供给场的核心要素，因此旅游目的地的场强分布就是旅游目的地吸引力分布。

（二）旅游吸引场

旅游吸引场是指由旅游吸引物（旅游地）与旅游吸引对象（旅游者）等被吸引物之间相互作用所形成的一个场域，其大小就是两者相互作用的范围。其中，旅游吸引物通过自身的、特性吸引众多的旅游者，而旅游吸引对象由于其所能带来的经济效益而吸引旅游地。在此基础上，两者相互吸引、相互作用，构成了整个旅游吸引场，如图5-1所示。

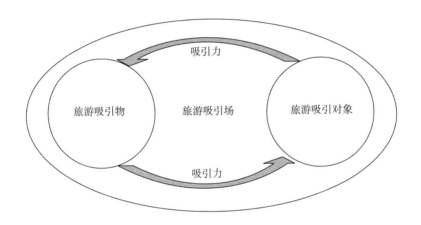

图5-1　旅游吸引场示意图

旅游吸引场并不完全等同于物理学意义上的重力场或其他引力场，旅游吸引场更为社会化和复杂化：

第一，区域中各旅游地吸引力的空间相互作用形成旅游场的"场叠加"与"场排斥"，其中场叠加源于资源、旅游地功能的互补性及旅游合作的深化，是区域旅游供给场中普遍而重要的场效应，这将有助于区域旅游整体竞争力的提升，而场排斥源于资源、旅游地之间的替代效应及局部竞争的激化，这种排斥效应最终将伴随资源产品的整合等外部干预而弱化。

---

① 张爱平，刘艳华，钟林生，徐勇，周凤杰. 基于场理论的沪苏浙皖地区旅游空间差异研究［J］. 长江流域资源与环境，2015，24（3）：364-372.

第二，区域中吸引力较大的旅游地在旅游场中呈现出的"场核"特征，场核对特定场域中各点都具有强度不一的场势能，多个场核所产生的场势能将交互叠加。

第三，由于场核与场叠加效应的存在，区域旅游供给场场强呈现出的"阶梯式"等级结构特征：场核及周边场域场强较大，将形成高阶梯场；场强较弱场域将形成低阶梯场。

第四，各等级场核均对区域旅游场有"极化"效应和"扩散"效应，且同时存在并发挥作用，两者共同决定了旅游场场强分布的差异性程度。

三、供需理论与旅游目的地吸引力

（一）供需理论下的旅游目的地吸引力

Kaur（1981）和 Mayo（1981）分别从供给和需求的角度诠释了对旅游目的地吸引力的理解。Kaur 认为，旅游目的地吸引力是能够引起游客前往目的地进行旅游体验动机的拉力。由于不同旅游者的感知存在差异，而且兴趣爱好、审美观念也会随着时间、情绪等外在条件的变化而不断变化，因此旅游目的地吸引力也是随着旅游者的喜好而发生变化的。Mayo 则从需求的角度来理解旅游目的地吸引力的概念，即从旅游者自身的情感和观念出发，认为目的地吸引力是旅游者认为目的地能够满足个体各种需要和利益的能力，如果旅游者认为该目的地的旅游吸引物能够在很大程度上满足旅游者自身的需要，那么该目的地对旅游者来说就具有很大的吸引力，也因此很有可能成为旅游者理想的旅游目的地。罗光华（2008）认为，能够促使旅游者产生旅游动机，将旅游者和旅游目的地联系起来，使潜在的旅游需求转化为真正旅游行为的人类需求和一系列吸引要素的有机融合都可以被称为旅游吸引力。Kregic（2011）认为，旅游吸引物具有自己的独特特征，这种独特的属性恰好能够引起游客的访问兴趣，每一种属性都有它自身的吸引力。由此，我们认为旅游目的地吸引力就是旅游目的地各种属性的吸引力累加起来构成的整体吸引力，能够激发旅游者的旅游动机，满足旅游者动态变化的需要，促进旅游者进行旅游活动。

旅游的目的地系统之所以会产生对旅游者的吸引力，在于它能够提供一种或多种满足旅游者需求的信息，因而这种吸引力的大小就决定于旅游目的地系统所能提供的信息的强度、信息种类的完备度，信息的强度及其完备度则取决于旅游目的地系统的组成、结构的协调性与合理性及其功能是否强大。旅游资源与旅游产品是构成旅游目的地系统的核心，也是旅游目的地系统信息产生的源泉与基础。吸引力产生的最根本原因是目的地一级核心旅游资源与旅游产品。刘滨谊（2003）认为，旅游吸引力可以与磁体及其发出的磁场对磁性物的吸引力作比。旅游目的地好比磁体和磁场，游客等被吸引物好比磁性物，旅游目的地只有成为一个强大的磁体并释放出巨大的磁场，才可能对游客产生强大的吸引力。

（二）旅游吸引力的特征

旅游吸引力主要有相互性、针对性和距离衰减三个方面的特征。

（1）相互性。从旅游吸引物与吸引对象的相互关系中可以看出，两者间存在着吸引力，并且通过载体产生相互作用。一方面，载体将旅游吸引物的信息传达给旅游者，吸引游客进入旅游地。另一方面，旅游者通过旅游消费为旅游地带来经济效益，因而成为旅游地开发、发展的最大动因之一。

（2）针对性。由于旅游者的旅游需求和动机受到年龄、性别、性格、职业、受教育程度、兴趣等的影响，因此不同类型的旅游吸引物会吸引不同的旅游者，即便是同一个旅游吸引物，由于其所处时节或项目设置的不同，也会吸引不同游客的注意。例如，同样是以森林公园作为旅游吸引物，对于青年人来说，会选择攀岩、骑马、射击等动态性较强的活动；而对于中老年人来说，垂钓、洗太阳浴等静态性的活动则更具有吸引力。这正体现了旅游吸引力的针对性。

（3）距离衰减。一般来说，距离越近，分布的概率越大；距离越远，流量分布的可能性越小。这一规律我们称为距离衰减。出游半径是一种统计学上的平均状态，反映了距离衰减的速度。出游半径越大，距离衰减越慢；反之，亦成立。

第二节　旅游引力模型

引力模型可以很好地被用来解释客源地、目的地之间旅游作用的大小和方向，是旅游活动发生和发展的基础，它影响旅游行为的决策、方式、方向以及空间分布与变动，进而影响宏观旅游业的总体发展特征。从客源地的角度来看，旅游地吸引力的程度有助于对旅游供给的空间分状况做出解释；从旅游目的地的角度来看，对吸引力的研究则可以用来预测某特定目的地旅游市场的空间结构及规模。旅游地引力模型最初来源于社会学对城市间移动规律的研究，以两地间距离为主要影响因素，后来随着研究的不断深入，时间成本、城市发展水平、目的条件等因素被逐步考虑进去，同时，学者还从经济学、概率论等角度对吸引力进行了研究，使模型日益完善。

一、齐普夫、斯图尔特模型

20 世纪 40 年代，国外学者已经开始对旅游地的引力模型进行研究。齐普夫（1946）和斯图尔特（1948）分别提出了较原始的引力模型，并且非常类似。齐普夫的引力模型：

$$I = \frac{P_1 P_2}{D} \tag{5-1}$$

其中，I 为吸引力指数，P_1、P_2 分别为两城市的人口，D 为两城市间的距离。

式（5-1）是仿牛顿的重力模型而来的。但由于社会现象的复杂性，式（5-1）在研究旅游吸引力时，有很大的局限性。过于简化的研究因子，常常会得出与实际情形出入很大的结论。

二、Crampon 模型

为此，后人在式（5-1）的基础上进行修正，更为典型的模型是 Crampon（1966）提出的模型：

$$T_{ij} = G \frac{P_i A_j}{D_{ij}^b} \tag{5-2}$$

其中，T_{ij} 为某一时期在始点 i 和终点 j 之间的旅行次数；P_i 为客源地人口规模、财富或旅行倾向的量度；A_j 为目的地吸引力或容量的某种量度；D_{ij} 为客源地和目的地之间距离的某种计量单位；G、b 均为经验参数。

其中，客源地人口可以定义为一个城市、一个县或者其他区域的人口数，或者将来要进行旅行的人数，它可以是几个变量的组合。目的地吸引力可以是一个公园的美学吸引力、一个音乐厅的容量、停车场的空间大小、一个旅游地的知名度或几个变量的组合。距离可以用直线距离、公路距离、旅行时间、换乘飞机的次数、稀缺燃料的费用、通过拥挤街道的次数等表示。但是，如果距离用直线距离、公路距离或铁路距离表示，就会忽略两地间旅行实际上可能遇到的阻碍，如果用两地间所需的旅行时间因素来代替阻力函数，不仅考虑了距离因素，还包括了影响速率的因素，如交通流量、道路状况、交叉口的延滞、路边停车阻碍等，比较接近于实际状况。对于旅游业来说，G 是调节其他变量大小的比例常数，以尽可能准确地解释旅游活动的观察水平，b 值反映距离作为一种阻力函数对旅游影响的相对程度，b 值越大，距离对于减少旅行次数的作用就越大。

保继刚（1986）曾经运用 Crampon 基本模型，建立了北京市的国内游客预测的引力模型。张友兰等（2000）运用旅游引力模型和多元回归模型、时间序列模型进行对比，对河北省国外游客人数和美国游客人数进行了分析，认为旅游引力模型与实际值最接近。

三、泰纳修正模型

在此基础上，许多学者不断地进行经验性尝试，1957 年泰纳（J. C. Tanner）提出了修正模型式（5-3）。1972 年，沃尔夫（R. I. Wolfe）提出了一个经过调整的引力模型，在这个模型中引进了一个距离函数式（5-4）：

$$T = G \sum \left(\frac{P_i P_j e^{\lambda D_{ij}}}{D_{ij}^b} \right) \tag{5-3}$$

$$T_{ij} = G \frac{P_i A_i}{D_{ij}^b} D_{ij}^{\left[(\log D_{ij}/m)/n \right]} \tag{5-4}$$

式（5-4）中，m、n 是经验参数。式（5-4）是在式（5-2）基础上多乘了一个距离函数。从形式上看，式（5-4）在距离上的修正因子比式（5-1）要复杂些。但据报道，这个模型确实比最初的引力模型更能准确地反映在加拿大渥太华地区实际观测到的旅游行为。

四、威尔逊模型及发展

20 世纪 70 年代初，英国地理学者威尔逊在引力模型和潜能模型的基础上，以年代初期地理学者赫夫、拉什曼南和汉森分别做出的商业和购物模型的成功应用为依托，做了大量基础理论工作，将引力模型和潜能模型混为一体，形成了放大的引力模型或称之为一般空间相互作用模型。威尔逊的理论模型的一般表达式为：

$$T_{ij} = KQ_i D_j \cdot f(d_{ij}) \tag{5-5}$$

其中，T_{ij} 为第 i 个小区对第 j 个小区的作用量人员、物质、资金等的流量、Q_i 为第 i 个小区流出的总量，D_j 为第 j 个小区流入的总量；d_{ij} 为从第 i 个小区到第 j 个小区的空间或经济距离；$f(d_{ij})$ 为距离反函数，K 为常数。

威尔逊模型形式下，有研究者构建了一个基础的旅游引力模型：

$$T_{jk} = KA_k P_j C_j^\alpha \exp\left(-\beta r_{jk} \right) \tag{5-6}$$

其中，T_{jk} 表示客源地 j 与目的地 k 之间的空间相互作用强度，可以定义为 j 到 k 的旅游人（次）数、j 在 k 的旅游花费或 j 在 k 的逗留时间；A_k 表示目的地 k 的"吸引力"，也可理解为目的地 k 的旅游供给水平，是一个与目的地旅游资源与吸引物、基础与服务设施以及营销推广与品牌形象等因素密切相关的综合变量；$P_j C_j^\alpha$ 表示客源地 j 的"出游力"，也可理解为客源地 j 的旅游需求水平，其中，P_j 为 j 地的人口规模，C_j 为 j 地的人均收入水平，可以定义为人均可支配收入或人均 GDP（国内生产总值）等，α 为收入水平参数，可理解为旅游需求的收入弹性（以下简称收入弹性系数）；r_{jk} 表示客源地 j 和目的地 k 之间的广义距离，可以定义为球面距离、交通距离、时间距离或费用距离等；β 为非负的空间阻尼系数，决定了空间相互作用的衰减速度，β 值越大衰减越快，β 为 0 时无衰减，两者以负指数形式 exp（$-\beta r_{jk}$）形成客源地 j 和目的地 k 之间的"空间阻尼"；K 为归一化因子。

五、其他模型

旅游引力模型研究是旅游理论研究的重要内容和新课题之一。国内对旅游引力模型的研究一直沿袭旅游资源引力的思路而进行，比较深入。保继刚（1986）、张凌云（1986）、马耀峰（1998）等旅游学者都曾给出含有不同参数但又形式基本相同的旅游引力模型。一部分模型是在借鉴区位论中空间相互作用模型的基础上建立的，而另一部分则又完全借鉴了物理学中的万有引力理论。

车裕斌（2003）根据相关知识，建立了旅游目的地系统吸引力的表达式和区域旅游系统吸引力模型，并将模型应用于鄂东南的旅游发展。张凌云（1989）较系统地对旅游地引力模型进行了综述，并将有些新兴学科的思想渗透到引力模型的应用中来。张凌云指出，引力模型及其各种修正式给我们提供了吸引力指数的大小，在此基础上，可以进入更广泛的领域，进行旅游引力场的研究。旅游引力模型在旅游应用方面有成功的应用，但需要指出的是，应用该模型必须要注意以下四个问题：

第一，同大多数预测模型一样，旅游引力模型在预测旅游量时，是以过去的数据资料作为依据的，因此它无法对正在形成和发展中的旅游目的地引力以及旅游流量做出准确的预测。

第二，模型本身并不能解释模型中所含各种变量之间的因果关系，由于影响旅游吸引力的因素很多，因此对某个地区适用的旅游引力模型并不一定能适用于其他地区。

第三，模型从本质上讲是一个静态模型，因此在预测动态变化的旅游流量时必须要考虑影响旅游流量的因素的变动情况。

第四，模型有一个特点：将互相影响的旅游目的地尽可能多地纳入该模型中，则模型的预测精度就高，分类越粗，考虑的单元越少，模型预测的可靠性就越低。

1986 年，张凌云以日本为例研究了旅游业的引力模型，以旅游业引力发生的机理为客观依据，依物理学上点电荷吸引公式构造了引力模型：

$$E = K \times \frac{RQ}{r^2} \tag{5-7}$$

其中，R 为旅游资源丰度指数；Q 为旅游客源丰度指数，$Q = A/P$，A 代表一地的旅游客源量，P 代表全国的旅游客源量；r 为距离指数；K 为介质系数。其中 R 的值可由式（5-8）求得：

$$R = \frac{100}{n} \times \sum_{i=1}^{n} \frac{A_i}{P_i} \tag{5-8}$$

其中，n 为旅游资源的统计种类数目；A_i 为地区第 i 项旅游资源的数量；P_i 为全国第 i 项旅游资源的数量。旅游资源丰度指数 R 在计算时，一般都要包括自然和人文两种旅游资源，如果统计的各项旅游资源的登记相差过大，可以逐项加权，权数按旅游资源的重要程度而定。

K 值的计算则由式（5-9）得到：

$$K = \frac{1}{n} \sum_{i=1}^{n} \frac{x_i}{X_i} \tag{5-9}$$

其中，x_i 为一地区第 i 项因子的设施数、业务量或水平值；X_i 为第 i 项因子的全国平均值。设施、服务主要包括交通条件、邮电通信、宾馆饭店、水电气暖等基础设施和其他有关生活服务设施，也可以应用劳动力的价格和素质、地租和有关地区经济发展水平值。

r 值的选取是根据研究区域的大小，在距离值上除以某个常数后得出，在研究日本旅游业宏观布局时，是选 300（千米）为常量，$r = D/300$，D 为客源地到资源地的距离。

把上述各项系数的计算值代入式（5-5）计算得到 E 值。E 值不仅能定量地描述旅游业空间布局吸引力的强弱，而且通过对 E 值的结构研究还能进一步把旅游业布局条件分为资源型、客源型、混合型，不同类型的旅游区其发展方向和投资建设重点都会有所差异。

六、旅游业布局引力场研究

旅游业布局引力场是地域内进行旅游业布局的有利因素的总和及其分布。也就是旅游业布局的一切"外部经济"条件和因素。例如，甲、乙两地分别进行投资旅游业布局，甲地的投资环境较好，乙地的投资环境较差。这意味着，甲地的各种有利于旅游业投资的物质条件要优于乙地。从"引力场"角度来看，我们可以认为，甲地的场强要大于乙地，应该注意，旅游业布局引力场并不完全等同于物理学上的重力场或其他引力场，前者是一个社会现象，后者属于自然现象。因而，旅游业布局引力场更为复杂。为了简化研究问题，我们把"引力场"视为在空间分布上是连续的。场强可由式（5-10）得到：

$$u_i = aE_i \frac{\partial P\ (x_iy_i)}{\partial S\ (x_iy_i)} \tag{5-10}$$

其中，u_i 为第 i 地的"引力场强度"，E_i 为第 i 地的旅游业布局吸引力指数，$P\ (x_iy_i)$ 为第 i 地的居民人数，$S\ (x_iy_i)$ 为第 i 地的土地面积，a 为待估系数。这里，同样假设居民的分布在地域上是连续的。式（5-10）的意义为引力场强度与当地旅游业布局吸引力指数及当地居民人口密度成正比。

从宏观上看，一个大区域内，可以存在一个以上的"中心源"，这些"中心源"的场强在某个地域内达到最大值，随着离中心源的空间距离增大，场强逐渐减弱，直到接近另一个中心源，场强才开始逐渐增强。一般来说，处于中心源地位的往往是一些大城市或地区的经济中心。由于各种自然和人文因子在地域上分布的不均质性，中心源的场强向四周衰减的程度也不一样。

七、门槛分析与引力模型结合的研究

张凌云（1992）在引力模型研究中，还将引力模型与门槛理论分析结合起来，推导了门槛半径、门槛范围的计算方程。门槛范围是指供应一定量的旅游产品所需的最低限度人口所在的地理空间大小。如果旅游地的实际吸引范围小于门槛范围，那么，该旅游地是不经济的，也可以认为是缺乏吸引力的。由于旅游产品的价格主要取决于目的地与客源地之间的距离和游客在目的地的滞留时间，而与目的地本身的质没有很直接的联系，因此门槛范围的大小只是当地旅游业规模和区域客源流量强度的反映。

从经济学的观点来看，旅游地的吸引力实际上反映在对该旅游地的需求量中，由于距离与运费成正比关系，因而随着距离增加需求也随之减少，两者成反比关系。门槛范围是指供应一定量的旅游商品所要求的最低限度人口所在的地区范围。如果旅游地的实际吸引范围比门槛范围小的话，那么该旅游地是不经济的，也可以认为是缺乏吸引力的。反之，实际吸引范围越大，经济效益越高，吸引力也越强。

　　旅游地的门槛研究，其领域不仅涉及理论地理学和应用地理学，而且还超出了旅游地理学传统框架，横跨到旅游经济学、旅游市场学等相关学科。正是由于这些边缘性和交叉性的特点，才给引力模型的研究带来了勃勃生机，并为旅游地理学的研究展示了广阔的前景。

第三节　旅游目的地吸引力测度

　　旅游的产生来源于旅游资源对旅游者的吸引。一个地方能否成为旅游目的地，关键是看它能否对本地、周边甚至更远范围的居民产生吸引，形成旅游动机，成为现实的旅游者。高铁的开通极大地缩短了旅游客源地与旅游目的地间的时间距离与经济距离，从而使旅游目的地的吸引力在空间范围上进一步扩大，使愿意出行的旅客的外出旅行半径大幅度扩大。本节主要以目的地及客源地为研对象，归纳出旅游空间结构的一般规律，从定性、定量的角度出发运用各类模对吸引力进行预测和评价。

一、吸引力影响因子

　　旅游目的地旅游资源（或旅游产品）吸引力，其大小决定于旅游资源（或旅游产品）系统的质量等级。根据其质量等级可相应确定其吸引范围、吸引半径（R_i）和吸引距离区间，其中吸引区间从目的地向外依次划分为：核心吸引区、核外吸引区、过渡区、边缘区。目的地旅游资源（或旅游产品）系统对旅游系统吸引力的影响程度可用旅游资源吸引系数（α_{ij}）表示：

$$\alpha_{ij} = \frac{1}{M^{d_{ij}}} \tag{5-11}$$

其中，M 为大于 1 的任意正整数，d_{ij} 为客源地 j 到目的地 i 的相对距离：$d_{ij} = \frac{D_{ij}}{D_i}$，$D_{ij}$ 为客源地 j 到目的地 i 的实际距离，D_i 为目的地 i 的吸引半径。

　　旅游者对旅游目的地吸引力的影响，通过对旅游目的地的亲和力（心理需求力）来实现，其大小以旅游者选择某一目的地的可能性来表示。这个可能性与旅游者的收入、旅游者对不同类型旅游资源的心理偏好、客源地与目的地的货币和时间距离、旅游者的闲暇时间等因素相关。旅游者的闲暇时间和旅游客源地到目的地的时间距离对选择旅游目的地的影响可忽略不计，而客源地与目的地的货币距离对选择目的地的影响与旅游者收入对选择目的地的影响具有高度的内在一致性，可将货币距离和旅游者收入两因素统一为旅游者收入，因此，影响旅游者选择目的地的因素简化为旅游者收入、旅游者对旅游资源的心理偏好[①]。

设旅游客源地 j 由收入决定的总体旅游者为 A_j，总体旅游者对旅游目的地类型 k 的心理偏好为 λ_k，供选择的该类型旅游目的地共分为 l 个选择距离区间。当同一选择距离区间内有 m 个相同类型的目的地可供选择时，设选择距离区间 l 被选择的可能性为 S_l，其他条件一致且各目的地的质量等级相同，则各目的地被选择的可能性为：

$$\delta_{im} = \frac{S_l}{m} \tag{5-12}$$

若同一选择距离区间内各目的地的质量等级不同，可先确定各质量等级目的地的等级权重 ω_m，则各目的地被选择的可能性为：$\delta_{ij} = S_l \times \omega_m$；当供选择的目的地类型有多个时，则旅游者对某一目的地 i 选择的可能性为：$\delta_{ij} = \lambda_k \times S_l \times \omega_m$。

旅游企业对旅游系统吸引力的影响用疏容指数（β）进行衡量：$\beta = f(I_f, I_p, I_r, I_s)$。其中，$I_f$ 为信息流畅指数，指各类信息在目的地与客源地之间，旅游者与旅游资源、旅游组织之间流动的顺畅程度；I_p 为企业形象指数，通常是旅游企业的经济实力、经营信誉、服务质量与服务水平等条件的综合表达；I_r 为容留指数，是总体旅游企业对总体旅游者的组织和容纳能力与总吸引力的比；I_s 为服务满意程度指数，是已经接受系统内旅游企业服务的旅游者对旅游企业服务的满意程度。

旅游交通具有在目的地与客源地之间输送和疏导旅游者的作用，旅游者在这一过程中所感受到的舒适度与自由度、旅游交通系统的总体容纳能力等会对旅游系统的吸引力产生很大影响，用旅游交通摩擦系数（E_T）来表示旅游交通对旅游系统吸引力的影响程度。决定旅游交通摩擦系数大小的因子包括旅游交通的类型、旅游交通选择的自由度、旅行线路的直达程度、旅游交通的容纳能力等。

在旅游目的地和旅游客源地，各旅游组织为了实现某一目的均会制定一系列的旅游政策与法规，这些政策与法规的实施必然会对旅游系统吸引力产生一定的

① 车裕斌，黄晚意. 区域旅游系统吸引力预测研究——以鄂东南地区旅游系统为例［J］. 世界地理研究，2003，12（4）：58-64.

摩擦性影响。旅游政策环境对旅游吸引力的影响可用旅游政策环境摩擦系数（E_G）表示。

在旅游目的地唯一，且旅游客源地系统、旅游通道系统对旅游目的地系统吸引力不产生影响的前提下，旅游目的地系统吸引力表达式如下：

$$R = B \times \sum_{j=1}^{n} A_j \times M^{-d_{ij}}$$

其中，A_j 为客源地 j 的居民收入决定的潜在旅游者总数；B 为旅游目的地系统综合修正指数：$B = f(I_S, I_P, I_O)$。式中，I_S 为目的地旅游设施对旅游目的地吸引力的影响指数；I_P 为目的地旅游企业形象指数；I_O 为目的地政策环境指数。

二、旅游目的地吸引力模型

引力模型理论认为，在其他条件相同的情况下，游客优先选择距离较近的目的地出游，具体表现在客源地与目的地之间的互动关系上。根据引力模型分析，旅游地的旅游资源品质、丰富程度是吸引力的原动力，是吸引周边客源市场的决定性因素。与此同时，客源地与旅游目的地之间的空间距离则是影响吸引力大小的重要因素，在其他条件相当的情况下，旅游地与客源地距离越近，对游客的吸引力就越大。也就是说，旅游目的地客源量的多少除受自身旅游资源的影响外，还受到空间距离远近的影响。

综合考虑旅游客源地系统和旅游通道系统对旅游吸引力的影响在可供选择和旅游目的地数量众多且类型多样的情况下，将 I_P 改为系统内旅游企业疏容指数 β，I_O 改为系统内旅游政策环境摩擦系数 E_G，这时 β 变为旅游系统综合修正指数（G），可表示为：$G = f(I_S, \beta, I_O)$。对于由旅游目的地系统 i 和旅游客源地系统 j 所组成的旅游系统的吸引力可表示为：

$$R_{ij} = G \times E_{T_{ij}} \times \frac{A_j \times \delta_{ij}}{M^{d_{ij}}} \tag{5-13}$$

对于以旅游目的地系统为中心形成的区域旅游系统而言，旅游系统的吸引力可表示为：

$$R_i = G \times \sum_{j=1}^{n} E_{T_{ij}} \times \frac{A_j \times \delta_{ij}}{M^{d_{ij}}} \tag{5-14}$$

运用 ArcGIS 的栅格空间分析进行非高铁和高铁网络化下旅游吸引力格局的测算。

第四节　旅游目的地吸引力格局演变特征

高铁网络化带来的我国各旅游目的地的交通可达性的整体提高，从而影响旅游者出游决策和旅游资源开发条件的变化。旅游交通可达性的提高使旅游目的地的可进入性提高，旅游资源的吸引力也得到提高。

一、城市旅游吸引力增强

从全国、地级行政单元和省级行政单元来看，高铁的快速建设，使得区域异质性特征越来越明显，高铁对提升区域旅游吸引力的作用非常巨大，但也加剧了区域吸引力宏观发展差异，尤其是绝对差异显著增大。

二、中心城市及邻接地区空间场能优势突出

高速铁路对沿线城市空间可达性的影响，高铁使区域中心城市场强值得到了提升，尤其是京津、长三角和珠三角三个地区，辐射范围沿高铁扩大。以北京和天津为核心的京津地区辐射范围沿京张城际向内蒙古地区扩散至乌兰察布市、沿京沪高铁和石济高铁向山东省扩散至济南市、沿石武高铁向中原地区扩散至郑州市，并通过中低场强"走廊"与武汉市的高场强辐射范围相连，沿大西高铁向关中地区通过中低场强"走廊"扩散至西安市。以上海为核心的长三角地区辐射范围沿杭黄高铁向黄山扩散、沿沪长高铁扩散至金华市、沿合宁高铁扩散至合肥市、沿京沪高铁向山东方向扩散至济南市。以广州、深圳为核心的珠三角地区辐射范围沿贵广高铁扩散至桂林市、沿武广高铁扩散至长沙市。

三、区域空间场能以高铁线为中心向外圈层递减

空间场能的变化存在区域差异。从区域整体、省域单元和市域单元三个视角看东、中、西三大区域空间场能平均值变化率，均呈现西部地区空间场能变化最显著，中部地区次之，东部地区最次的特征。就三大地带的省级和市级行政单元空间场能的平均水平来看，都表现为东部>中部>西部。

可见，中国区域旅游吸引力水平与三大地带之间具有明显的耦合关系，即东部

沿海地区经济实力与潜力最大，中部地区次之，西部地区再次，如表5-1所示。

表5-1 空间场能均值变化率区域差异 单位：%

	区域	省域	市域
东部地带	38.67	31.51	40.72
中部地带	43.97	55.91	59.08
西部地带	40.41	42.77	42.83

高铁沿线空间场能变化率形成高值"走廊"，高铁线路越密集的区域，空间场能变化率越大，少数地区变化率甚至在100%以上，变化率最大达到了141.33%。空间场能值沿着高铁线路呈"指状"向外围扩散，远离高铁线区域的变化率不断下降，场能变化率整体呈现以高铁线为中心向外圈层递减的空间分布格局。

从各场能区空间格局来看，高铁网络化下，高场能区沿京石线向保定市延伸，沿京秦线向唐山市延伸。较高场能区以京津冀为中心，沿石武线向中原地区延伸至郑州、许昌等地；沿京沈、秦沈线向东北方向延伸至沈阳、锦州等地；沿胶济线向山东半岛方向延伸至青岛、潍坊等地；沿京沪线向长江上游地区延伸至徐州等地；以长三角为中心，沿宁杭线向皖江地区延伸至合肥等地；沿沪长线延伸至杭州等地；以广州为中心，向西北部延伸至肇庆等地。中场能区沿哈大线向东北部延伸至长春等地；沿合武线、石武线向武汉方向延伸，沿温福线延伸至福州等地。较低场能区主要沿兰新线向西北地区延伸至酒泉等地；沿长昆线、云桂线延伸至昆明等地。乌鲁木齐作为兰新铁路端点城市，在高铁网络化后也进入了中低场能区。

高铁网络化下，京津地区一级核心旅游吸引力区域的地位进一步加强，以上海、杭州和南京为中心的长三角地区，以广州和深圳为中心的珠三角地区作为全国旅游吸引力二级核心区域，二者的空间场能值和影响范围进一步提升。全国其他范围内高场能区域连绵成片趋势进一步加强，并沿高铁线形成相互吸引空间，如表5-2所示。

表5-2 高铁网络化下中国城市不同旅游场强区空间格局演变

场强类型		非高铁网络			高铁网络			面积变化率（%）	场值变化率（%）
		东	中	西	东	中	西		
高场强区	省份	5	0	0	5	0	0	105.88	3.76
	城市	5	0	0	9	0	0		

续表

场强类型		非高铁网络			高铁网络			面积变化率（%）	场值变化率（%）
		东	中	西	东	中	西		
较高场强区	省份	5	1	1	6	4	3	203.19	-12.37
	城市	17	1	1	45	19	4		
中场强区	省份	56	33	13	29	40	18	-3.76	12.09
	城市	56	33	13	29	40	18		
较低场强区	省份	5	7	9	4	5	10	1.59	28.55
	城市	22	70	70	17	45	78		
低场强区	省份	1	1	8	1	1	5	-12.25	22.94
	城市	2	1	47	2	1	31		

非高铁和高铁网络化下的全国城市可达性空间格局均呈"核心—外围"模式，加权平均旅行时间由东部沿海地区向西部内陆地区逐渐增大，但高铁网络化下可达性整体得到优化，空间格局呈明显的交通指向性，形成了"高铁廊道"效应[①]。高铁网络化下全国城市等时圈低值（0~1小时）区域范围扩大，中值（1~10小时）区域范围被高可达性区域所替代导致面积缩减，而低可达性区域（>10小时）变化不明显。同时，由于高铁线集中布局于东中部地区，广袤的西部地区高铁线布局稀疏，由此导致全国尤其是中西部地区城市通达性并无显著提升。

从全国空间格局来看，在非高铁网络化下城市旅游场强整体分布呈"多中心"环状发散特征，而在高铁网络化下呈"多中心"环状发散和"枝状"扩散的双重特征，尤其是高铁沿线"枝状"扩散更为明显；从全国区域差异来看，城市旅游场强在非高铁网络化下和高铁网络化下均表现为东部>中部>西部，但高铁网络化下均有明显提升；从全国城市旅游场强变化率的空间格局来看，城市旅游场强变化率在高铁线形成高值走廊，并呈现以高铁轴线为中心向外围递减的空间格局。

高铁对高旅游场强区和较高旅游场强区的影响最显著，面积拓展超过了100%；高旅游场强区和较高旅游场强区分布城市数量都大幅增加，而中旅游场强区以下分布城市数均有不同程度的减少，表明高铁对提升城市空间吸引力有明显作用；另外，高铁提升了区域中心城市旅游场强值，旅游吸引力辐射范围沿高

---

① 金慧，刘洪利．高速铁路与节点城市旅游业的相关性研究——以北京市为例［J］．重庆理工大学学报（自然科学），2018（2）：149-157．

铁线进一步扩张，尤其是京津冀、长三角和珠三角三个城市群的旅游吸引辐射范围沿高铁线向中部地区和西部地区扩散表现得更加凸显。

第五节　案例实证：大西高铁对沿线旅游目的地吸引力影响

大西高速铁路简称大西高铁，又称大西客运专线，起点为山西省大同市，终点为陕西省西安市，自北向南贯穿山西省，经朔州市、忻州市、太原市、晋中市、临汾市、运城市，在山西省永济跨黄河进入陕西省渭南市，一路延伸，经临潼至西安市，沿线共经过了7个地市30个县。全线859千米，共设车站29个，是我国《中长期铁路网规划》（2016年版）京昆高铁的重要组成部分，也是中国西部铁路建设重点工程。大西高铁是我国目前唯一"县县设站"的线路，给沿线居民出行带来了便利，每年都能吸引无数中外游客。游客从太原出发，可游览晋祠、乔家大院、平遥古城、绵山、王家大院、大槐树、尧庙、关帝庙、普救寺、鹳雀楼，再到陕西的华山、大雁塔、兵马俑等，沿途的名胜古迹数不胜数，可谓是一条"历史文化景观长廊"。此外，沿途的地形地貌多样，盆地、山地、平原、河川、湿地可尽收眼底。

一、高铁开通前后沿线城市吸引力变化分析

考虑高铁运输速度和运量对旅行时间的影响，本节对大西高铁开通后沿线城市吸引力的变化进行计量分析，在使用两地最短旅行时间表示两地空间距离的基础上，修正后的引力模型为：

$$T_{ij} = G \times \frac{P_i \times A_j}{D_{ij}^b} \tag{5-15}$$

$$T_j = \sum_{j=1}^{n} T_{ij}$$

其中，T_{ij} 为目的地 j 对客源地 i 之间旅行次数的度量，即旅游吸引力；T_j 为旅游城市 i 对沿线其他城市的总吸引力；P_i 为客源地 i 经济发展水平、常住人口规模等的量度；A_j 为目的地 j 的旅游资源吸引力、城市化程度等因素的量度；T_{ij} 为客源地 i 到目的地 j 之间的时间距离；G、b 为经验估计系数。

具体指标选取情况为：G、b 经验估计系数取1；P_i 选取客源地的 GDP 和城

市人口总量，权重各占 50%；A_j 选取旅游目的地的常住人口总量、GDP 和旅游资源吸引力三个指标，权重各占 20%、30% 和 50%；T_{ij} 选取高铁开通前后各城市之间的最短旅行时间。旅游资源吸引力的度量采用赋分法计算各城市旅游资源的得分，AAAAA 级景区赋 9 分，AAAA 级景区赋 7 分，AAA 级景区赋 5 分，AA 级景区赋 3 分，A 级景区赋 1 分。研究所用数据来自统计年鉴、旅游政务网站公开数据，最短旅行时间在铁路官方网站和全国列车时刻表手工收集。

由表 5-3 可知，大西高铁开通后，沿线各城市旅游吸引力都有大幅提升，吸引力平均增长 400% 以上。不同城市的旅游吸引力变化幅度存在差异，对于旅游资源丰富、旅游经济较发达的城市，如西安、晋中、渭南、运城，其吸引力增长率都在平均增幅以下。但是，对于旅游综合竞争力相对较弱的城市而言，吸引力得到了远超平均水平的大幅提升，临汾的增长率更是高达 689%。旅游吸引力系数值的增长越快，代表着该城市和高铁沿线其他城市之间的各类旅游产业要素流动越畅通，空间相互作用越强。

表 5-3　高铁开通前后沿线各城市旅游吸引力系数值变化

城市	2012 年	2016 年	增长率（%）
太原	197	1230	524
晋中	459	2274	395
临汾	84	660	689
运城	222	936	321
渭南	794	2905	266
西安	832	3749	351

同时，大西高铁的开通也强化了中心城市的空间聚集效应和空间扩散效应。旅游产业相关的各类生产要素向旅游中心城市聚集，使旅游中心产业规模扩大，城市旅游功能辐射范围也会相应扩张。当该城市提供的旅游服务供不应求，无法满足全部游客的需要时，就会出现扩散效应，即资金、人才、政策、技术等生产要素由中心城市向周围转移，带动了周边地区旅游业的发展。例如，以西安、晋中作为大西高铁沿线的核心旅游城市，在吸引、整合优质资源的同时也会调整产业结构、优化资源配置，将生产要素向周边进行转移，在大西高铁的推动下，太原、临汾、运城等城市旅游吸引力都大幅提高。不同规模的旅游中心地之间的相互作用，将使不同辐射范围内的区域旅游功能发生叠加、整合、重组等变化，最

终会形成一条沿大西高铁一线分布的旅游经济带[①]。

二、高铁开通前后沿线城市旅游经济联系强度变化分析

经济联系表示的是空间相互作用的能力，多应用于不同区域间或区域内部各节点经济联系程度强弱的衡量，可以体现核心城市与边缘城市之间的聚集效应和扩散效应。旅游经济联系模型由引力模型修正而来，它既能够准确体现区域内各节点城市的旅游发展水平，又能说明地理位置差异对两地旅游经济联系的影响，故而全面展示了区域中核心城市对边缘城市的拉动作用以及边缘城市对核心城市辐射的接受能力[②]。修正后的经济联系模型为：

$$R_{ij} = \frac{\sqrt{P_i \times M_i} \times \sqrt{P_j \times M_j}}{D_{ij}^2} \qquad (5-16)$$

$$C_{ij} = \sum_{j=1}^{n} R_{ij}$$

其中，P_i、P_j 分别为 i 市和 j 市的旅游接待总人数（万人次）；M_i、M_j 分别为 i 市和 j 市的旅游总收入（亿元）；D_{ij} 为 i、j 两市之间的最短旅游时间（小时）；D_{ij} 代表 i、j 两市之间旅游经济联系强度；C_{ij} 表示 i 市与其他各市的旅游经济联系总量，体现了该城市在区域旅游经济发展中的地位和作用。

三、大西铁路沿线经济联系和要素流动

高铁开通前沿线各城市之间旅游经济联系强度差异巨大，跨度为 1.13×10^3 至 6.15×10^6，得分大于 100 万的城市对为太原—晋中、西安—渭南，其中太原与晋中旅游经济联系最紧密，为 6.15×10^6，远超西安和渭南，可见太原作为山西省省会，是全省的政治和经济中心，对周边城市有强大的辐射作用，加上高铁开通前两地就能通过城际公交车实现便捷互通，同城效应越发深化。另外，太原与晋中的距离（约 30 千米）小于西安与渭南的距离（约 70 千米），地缘相连、距离相近也使太原与晋中之间经济联系更加密切。

西安与运城的旅游经济联系大于 10 万，这主要是由于两地之间的距离优势，高铁开通前运城距离西安为 3.5 小时，丰富的旅游资源也使西安成为运城首选的

① 李浩丹. 大西高铁对沿线区域交通可达性及旅游经济的影响［D］. 山西师范大学，2018.
② 向清华，赵建吉. 基于区域经济联系的中原城市群整合发展研究［J］. 经济论坛，2010（1）：70-72.

旅游目的地。其他城市间旅游经济联系均在 10 万以下，太原与临汾、运城、西安，晋中与临汾、运城、西安，以及临汾与运城、西安之间的旅游经济联系强度在 1 万至 10 万，联系强度最低的是太原—渭南，仅有 1130，这是由于两地地缘较远、交通时间成本较高，加上两地旅游资源与经济发展水平不匹配，导致二者之间联系强度最低。

旅游经济联系强度受各节点经济实力和目的地相对地理位置的影响，太原、西安作为经济水平较高、旅游资源相对丰富的省会城市，二者之间以及各自与周边城市之间的联系较密切；晋中虽有独特、优质的旅游资源，但由于不是中心城市，受太原的辐射作用更强，因此与其他城市的联系度一般；而晋南的临汾、运城虽然旅游资源开发潜力巨大，但是由于长期以来旅游产业发育不成熟，旅游业始终处于劣势地位。

高铁开通后沿线各城市之间旅游经济联系强度大幅提升，跨度为 2.01×10^5 至 1.01×10^8。由于同城效应，太原和晋中旅游经济联系仍然最紧密，达到了 1.01×10^8。太原—晋中、西安—渭南、太原—临汾、晋中—临汾、临汾—运城、临汾—西安、运城—渭南、运城—西安 8 对城市之间的旅游经济联系强度超过了 100 万。太原和西安与其他城市间旅游经济联系强度相比 2012 年呈几何倍数扩张，说明高铁开通使太原与西安的空间扩散效应增强，对周边的旅游发展辐射带动作用提升。然而，晋中—渭南联系强度最低，仅有 2.01×10^5，从城市旅游吸引力角度考虑，这是由于两城市旅游资源吸引力差距不大造成的；从旅游经济联系角度考虑，两座城市均处于核心城市的辐射范围内，晋中—渭南内部各旅游要素的交流受核心城市影响，交流程度相对不足。

基于已有数据，分析不同目的地旅游经济联系强度变化率可知，增长率最高为太原和渭南之间（216 倍），最低值为太原和晋中之间（16 倍）。可见，高铁通过改善两地可达性拉动了太原和渭南间的旅游经济联系。而高铁对太原与晋中的拉动作用则由于初始值而不够明显。晋中、临汾、运城、渭南之间旅游经济联系强度的增长都在 50 倍以上，其原因在于高铁开通带来的交通条件的改善提高了这几座城市的可进入性，对于游客而言，便捷、安全、准时、舒适的交通工具激发了游客的出行意愿，旅游需求出现高频次、短途游趋势。

大西高铁开通后，沿线区域形成了分别以太原和西安为中心向四周辐射的沙漏形旅游经济态势。周边地区应抓住这一机遇，开发周边游、短途游等新产品，完善基础设施，提高自身旅游竞争力。同时，轴线上聚集的各类旅游产业资源也向周围辐射，促进新的旅游节点的形成。高铁安全舒适、快捷方便的特点，增加了游客的出游意愿，大大拉近了山西与陕西的经济距离，促进了多方面旅游产业要素的流动。

第六章　高铁时代旅客
旅游需求和行为特征

随着高铁时代的到来，乘坐高铁出行成为旅客的优先选择。高铁时代带来了全新的时空网络效应，促进旅游方式和模式发生新的变革，高铁旅游逐渐成为新的旅游模式。了解新时代下高铁旅客的旅游需求对于认识旅游市场和促进旅游产品开发有重要意义。如何更好地设计高铁旅游产品、提高服务质量、让旅客提高舒适感依赖于对高铁旅客的充分研究。

第一节　高铁对游客行为的影响

中国疆域辽阔、人口众多、城市分布密集，在这种特殊条件下，建设高铁对于社会加速发展有更特殊的意义。并随着中国的经济高速发展及现代交通方式的不断进步，高铁应运而生。高铁因速度快、安全性好、载客量大等成为新型交通工具中的佼佼者。

随着高速铁路的快速发展，人们在出行方式上有了新的选择方式。从历史上看，交通方式的每一次发展创新都会孕育出不同的旅游方式，不仅提升了旅游产业的进步效率，也给人们带来了全新的旅游体验。与传统的出行方式相比，高铁具有准时、便捷、安全等特点，正逐渐成为大众旅游者的首选出行方式。

高铁旅游成为大众旅游的新模式，未来高铁旅游将形成万亿元规模的市场。2018 年上半年，国内旅游人数 28.26 亿人次，比 2017 年同期增长了 11.4%。截至 2017 年，中国高铁累计运送旅客已经超过 70 亿人次，每年发送旅客人数已达到 11.8 亿人次，高速铁路已经成为国人出行的主要方式，而这其中很大一部分比例是旅客群体，旅客群体已成为高铁重要的服务对象。

无论是从高铁运营还是从高铁旅游发展的角度来看，我们面对的都是一个全新的高铁旅游客源市场，如何更好地认识这个全新的、大规模的、高价值的游客消费群体成为一个重要的关键内容。加强对高铁旅游客群特征、行为规律、市场需求等方面的研究，已成为未来高铁发展、运营的重要内容，也是促进现代高铁旅游发展的重要课题。

高铁在一定程度上改变了旅客的需求和消费行为，并逐渐形成了举足轻重的新格局。第一，旅客旅游行为模式在发生变化。在高铁时代，旅客对时间和空间的观念发生了转变。以前因为交通不便，前往远距离的旅游目的地会耗费很长的时间。高铁降低了出行的时间长度，空间距离的影响因素也因此下降。对于不同需求的旅客，高铁提供了不同的模式以便做出选择。同时，旅客也不再将高铁仅看成一种简单的交通工具，而是希望从中获得更好、更全面的服务，能获得更多的关于旅游目的地的信息。第二，旅客群体结构在发生变化。高铁的旅客不再仅仅是传统旅客，已逐渐转变成多类化旅客人群。目前，高铁旅客群带来了更多以休闲旅游为目的旅客，还有一些以商务活动为主的人员。这些旅客能促进旅游目的地的消费，并因此延伸出了很多符合其特征的旅游产品。同时，也改变了旅游形式，由以前的跟团游逐渐转为纯自由行和购买自助游产品等类型。第三，旅游市场格局在发生变化。高铁压缩了时空距离，将各沿线城市连接了起来，改善了沿线城市的交通可达性，进而改变城市的市场邻近条件改变传统旅游市场格局。传统的中远距离市场也开始变为近距离旅游市场，丰富了旅客出游目的地的可选性，也为一些高铁沿线城市带来了新机遇。

第二节　高铁旅客旅游需求和行为特征研究

本节聚焦于高铁旅客的微观行为，研究高铁旅客的旅游意愿需求和行为特征。为此，本章通过问卷调查方式向已有京广高铁体验的旅客发放问卷，对高铁旅客需求和行为进行分析，调查高铁旅客旅游需求和行为特征，来研究高铁旅客的旅游行为模式，为高铁旅游发展提供基础支撑。

一、问卷调查基本情况

本书所获得的数据均采用问卷调查方法，问卷以乘坐过"京广线"高铁旅客为调查对象，问卷内包括旅客的基本信息、对高铁旅游的看法以及旅客提出的建议等。

随着旅游概念的不断丰富和扩大，旅游活动被认为是人们出于休闲、商务以及其他目的，短期离开自己的惯常环境，前往他乡的旅行活动或在该地的停留访问活动。高铁旅客是指不论其出行目的（短距离以通勤为目的的除外），以高铁为交通工具前往目的地的人员统称。常见的以旅游为目的的高铁旅客、以商务会议为目的的高铁旅客以及以探亲访友为目的的高铁旅客等，都在高铁旅客的概念中。其中不包含每天在短距离内有规律性的以通勤为目的的人群，如从北京至天津每天以高铁为交通工具的上班族则不算在高铁旅客的范围内。另外，高铁旅客前往一个旅游目的地，对于到达城市来说也算是游客，所以高铁旅客总是带有游客的特征。

本书的问卷大体分为三个部分：第一部分是关于旅客高铁出行的习惯，先筛选出旅客是否乘坐过"京广线"高铁，将无效问卷排除出去。对旅客乘坐高铁的频率、出行目的、能接受的乘坐距离和时间、在外停留时间、能接受的人均花费等进行调查，本部分皆采取单选模式。第二部分是关于高铁旅游，询问旅客是否有高铁旅游偏好。例如，旅客喜欢的旅游交通方式、是否愿意乘坐高铁出游、在高铁上的休闲活动以及对旅游目的地的喜爱偏好、酒店选择偏好等。若旅客选择不愿意乘坐高铁出游，则询问不愿意乘坐高铁的原因以及改进建议，本部分采用多选和填空形式。第三部分是关于旅客的一些个人信息，包括性别、年龄、职业、教育背景、月收入等，本部分采用单选形式。

本次问卷调查共收回问卷150份，有效问卷145份。其中，在北京西站发放的纸质问卷分四天发放，共计120份。网络电子问卷发放于贴吧、微博等，共回收30份，有效问卷25份。

二、我国高铁旅客旅游需求与行为特征分析

（一）旅客特征统计

从性别来看，受访旅客男性人数占52%，女性人数占48%。受访男性所占比例更大。从年龄层来看，19~25岁和26~35岁这两个年龄段所占比例最大，各为31%，36~55岁占27%。从教育背景来看，拥有本科学历的旅客人数较多，本科（学士）人数占51%左右；其次是硕士或双学士的旅客占22.76%，而博士以上学历的旅客人数较少。

由图6-1得知，旅客所从事的职业人数最多为员工，占总数的36%。企事业管理人员排名第二，占15%。由此可见，很多旅客都是公务出差等活动；从月收入来看，4501~8000元档所占比例最大，占33.79%；其次是8001~10000元档，占33.1%。

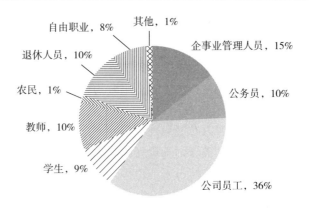

图 6-1 旅客职业特征

（二）出行目的统计

通过对高铁旅游目的的统计，我们可以分析出旅客潜在的旅游偏好和旅游需求。旅客乘坐高铁主要有以下几个目的：公务出差、探亲访友、观光游览、休闲度假等。

从图 6-2 得知，以高铁为交通工具的旅客出行目的占首位的是公务出差，占53%。其次为探亲访友和休闲度假，分别占 25% 和 17%。由此可见，目前旅客乘坐高铁更多还是以商务为目的，因为高铁的准时、迅速、便捷的特点更符合商务出差的要求。同时也观察出目前以旅游为目的的旅客仅占 5%，仍需要从多角度多层次对高铁进行不断开发和提升，满足更多旅客的需求，成为旅游交通工具的最佳选择。

在访问调查中，关于为何旅客以观光游览为目的人数会明显不足于其他几项，旅客反映说现在更偏向于国内远距离甚至出境旅游，乘坐别的交通工具会更加方便。短距离内则更偏向于自驾前往旅游目的地，这样能更好地游览沿途的风景。很多旅客都是以公务出差为目的，他们说因为高铁这种交通工具不用担心晚点问题，并且相较于其他交通方式更便捷，价格方面也更便宜。

（三）旅客在高铁上的行为统计

旅客在高铁上的主要活动有休息、读书看报、玩手机、欣赏风景、用餐等。想要探寻不同月收入的旅客在高铁上是否存在一样的活动，对二者进行差异性比较。

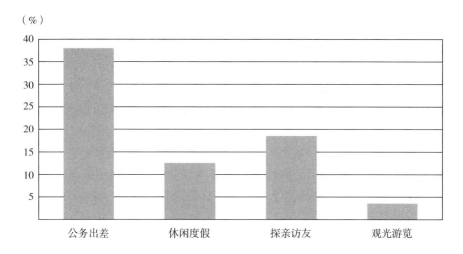

图 6-2　高铁旅游出行目的

表 6-1　月收入与在高铁上主要休闲活动差异性分析

（月收入×在高铁上主要休闲活动　交叉制表）

计数						
		在高铁上主要休闲活动				合计
		欣赏风景	读书看报	休息	用餐	
月收入	4500 元及以下	7	1	3	6	17
	4501～8000 元	20	7	14	18	59
	8001～10000 元	13	2	22	11	48
	10001～15000 元	6	2	8	2	18
	15001 元及以上	1	1	0	1	3
合计		47	13	47	38	145

卡方检验			
	值	df	渐进 Sig.（双侧）
Pearson 卡方	14.648a	12	0.261
似然比	15.414	12	0.220
线性和线性组合	0.019	1	0.891
有效案例中的 N	145		

a. 9 单元格（45.0%）的期望计数少于 5。最小期望计为 0.27

由表6-1可知，不同月收入对于高铁上主要的休闲活动不会出现显著性差异（Sig. >0.05），即不同月收入样本对于在高铁上主要休闲活动均表现出一致性，并没有差异性。说明不同月收入的旅客在高铁上在休闲活动上的选择不会因为收入的高低而发生改变。因此能统一标准，更好地发现旅客在高铁上主要的休闲活动，针对主要活动的服务进行改进。大部分旅客选择在高铁上休息或者欣赏风景等，只有很少一部分选择在车上用餐，通过访问发现旅客认为高铁上的餐食过于昂贵且味道不好，从车站外自己购买食品带上车也觉得有些麻烦，对于短距离路程来说也没有必要。所以，大多数旅客选择睡觉休息或者玩手机等电子设备度过。不同收入层次的旅客在高铁上的休闲活动都差不多的，具有共性，所以在针对高铁路上提高服务水平方面可以进行参考。

（四）旅客对高铁服务需求统计

在问卷中有一道题为：您是否愿意乘坐高铁为交通工具去旅游，目的是筛选出当前旅客有没有旅游意愿。若没有相应意愿，则会转到旅客不愿意乘坐高铁旅游的原因这道题目，通过了解旅客的选择，从而发现目前高铁旅游中存在的一些问题。

通过图6-3得知，在高铁上接受服务的同时，旅客还提出了很多可以改进的地方，将旅客所选出的不愿意乘坐高铁的原因转变为今后服务可以提高的部分，旅客所不满意的地方很多都是很小的细节，有的是硬件设施的问题，也有关于高铁上服务的问题。35%的旅客认为目前高铁上所提供的盒饭味道不好且价格昂贵，希望能提供物美价廉的用餐选择。20%的旅客认为车内的环境过于单一，没有能体现列车特色的地方。17%的旅客觉得车内的基础设施如厕所、接开水处不够卫生整洁，希望更加干净卫生。

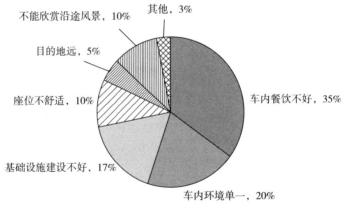

图6-3 旅客不愿意乘坐高铁旅游的原因

（五）旅客旅游需求和行为特征统计

1. 对旅游目的地的偏好统计

针对旅客到旅游目的地所愿意参加的活动以及所感兴趣的类别，进行了如下统计。希望通过统计结果能反映出当今旅客的目的地偏好，可以开展特色旅游产品吸引更多旅客前往。

通过对旅客感兴趣的旅游类别和旅客外出愿意参加的旅游活动两类分别进行多重响应，得出响应百分比和个案百分比。旅客感兴趣的旅游类别采用的是多选方式，57.2%的旅客选择风土人情，主要愿意体验当地的民俗文化、了解当地的文化背景、体验当地人民的生活方式等。56.6%的旅客选择自然景观，如欣赏一些旅游目的地的地形地貌等自然风光。还有44.8%的旅客选择美食推荐，在调查过程中，有的旅客甚至专门为了某地的美食而乘坐高铁前往，如表6-2所示。旅客选择愿意参加的旅游活动所占比例最大的为生态旅游，占58.3%。排名第二和第三的是文化旅游和乡村旅游，分别占48.6%和27.8%，如表6-3所示。

表6-2　旅客感兴趣的旅游类别

		响应		个案百分比（%）
		N	百分比（%）	
所感兴趣的旅游类别a	自然景观	52	15.9	56.6
	风土人情	83	25.3	57.2
	美食推荐	82	25.0	44.8
	休闲娱乐	65	19.8	35.9
	商业资讯	28	8.5	19.3
	酒店住宿	18	5.5	12.4
总计		328	100.0	226.2

a. 值为1时制表的二分组

由旅客所感兴趣类别和旅客外出愿意参加的旅游活动的调查可以发现，当今旅客更偏向自然类旅游和人文类旅游。高铁各沿线目的地应该结合本地旅游资源特色进行规划和开发出足够有吸引力且符合大众需求的特色产品。并且要和沿线其他目的地有所区别，要在建设前提前规划好，争取能做到和别的旅游目的地有所不同的，能展示出不一样的地域特色，最好能将多种旅游资源旅游类别进行整理整合，更能提高自身吸引力并提高旅游资源的质量。

表6-3　旅客外出愿意参加的旅游活动

		响应		个案百分比（%）
		N	百分比（%）	
外出旅游愿意参加的旅游活动a	乡村旅游	40	12.7	27.8
	生态旅游	84	26.8	58.3
	文化旅游	70	22.3	48.6
	体育健身旅游	33	10.5	22.9
	医疗养生旅游	24	7.6	16.7
	温泉冰雪旅游	26	8.3	18.1
	邮轮游艇旅游	29	9.2	20.1
	宗教朝圣旅游	8	2.5	5.6
	总计	314	100.0	218.1

a. 值为1时制表的二分组

2. 对旅游目的地距离统计

现如今前往旅游目的地的交通方式有很多，旅客大多根据不同的距离选择相应适合的交通方式。

在145位受访旅客当中，有60人选择了距出发地1001~1500千米的旅游目的地出行，有34人选择1501~2000千米为乘坐高铁前往最远的旅游目的地距离。旅客认为从北京出发1500千米左右是一个合适的乘坐高铁前往旅游目的地的距离，过远的距离将会耗费更长时间，旅客则愿意选择飞机等交通方式前往目的地，以便节约时间并能保持一定的舒适性。也有的旅客认为若是旅游目的地过近，完全可以自驾前往，这样既方便随时停车欣赏沿途的风景也可增加旅途的趣味性，如图6-4所示。

3. 对旅游产品类型的统计

在145份有效问卷中，46%的旅客选择愿意采用自由行套餐，即"车票+酒店"或"车票+酒店+门票"的方式旅游，38.6%的旅客选择自助旅游，仅有22%的旅客选择跟团旅游。这意味着目前的高铁旅客群里大部分为散客，所以要注意散客的需求和特征。随着时代的不断进步，旅游活动将更加普及。人们过去只能通过跟团才能进行旅游活动，如今旅客有更多的选择和方式。随着自由行在我国的逐渐流行，旅客更愿意通过自助游方式，自行规划行程以及选择前往旅游目的地的交通工具。自助游套餐相较于纯自助游更加方便，通过在旅游销售网站订购套餐，通常情况下比自己订购便宜。但是，如今我国高铁的自助游套餐种类相较于飞机票的自助游套餐还不是很齐全，今后应更大力推广高铁自助游套餐种类。目前，

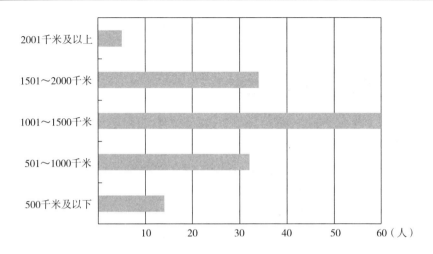

图 6-4　旅游目的地距离统计

乘坐高铁的跟团游在市面上所占比重已经越来越少，更多跟团游都采取飞机、轮船、大巴车等交通方式。

4. 对住宿类型选择的统计

在 145 份有效问卷中，旅客选择最多的为经济型连锁酒店，占 25%；其次为四星/五星级酒店和精品民宿，分别占 22% 和 20%。经济型连锁酒店所占比例很大，市场很广泛，因此要多加强经济型连锁酒店的开发。在之前的旅客出行目的中可以得知，有很大一部分旅客是以商务会议为目的的，所以在停留过夜期间一般都会选择经济型连锁酒店或者四星/五星级酒店。以旅游为目的旅客大多也会选择连锁酒店，因为更加安全和便捷。另外可以指定相应政策，将高铁和住宿连接起来，在订购高铁站周围的酒店可以提供优惠，这样不仅能使旅客更愿意乘坐高铁前往旅游目的地，也能提高酒店的入住率以及旅客的停留天数。

第三节　高铁出游方式选择与旅游者消费行为的关系研究

高铁压缩了时空距离，改善了沿线旅游目的地和景区的可达性，进而改变了传统旅游市场格局，促使旅游市场需求显著增长。那么，旅游者对高铁出游方式的选择受到了哪些具体因素影响，以及高铁出游对旅游者消费行为方面有哪些具体影响，本节以上海迪士尼乐园为例展开实证研究，以期为高铁旅游者行为研究以及类似主题公园和景区的市场营销提供参考。

一、数据来源与样本概况

（一）数据来源

上海迪士尼乐园作为颇具吸引力的旅游景点，吸引了国内各地区的旅游者，而上海又是高铁重要枢纽节点，因此本书以上海迪士尼乐园为案例，调研旅游者出游交通方式的选择和具体的消费行为。本书中的旅游者出游交通方式是指从客源地到上海的交通方式，包括飞机、高铁、自驾和其他；旅游者消费行为主要考虑时间和花费两个维度。

本次调研采用问卷调查的方式，调查者分别在上海迪士尼乐园内、门口以及上海高铁站发放问卷，对上海迪士尼乐园游玩之后的旅游者继续随机调查，共发放问卷 210 份，有效问卷 192 份，问卷有效率为 91.4%。

（二）样本概况

对回收的问卷进行整理后，运用 SPSS 24.0 对问卷数据进行处理与分析（见表 6-4）。在上海迪士尼乐园游玩的人群中，从性别来看，男性占比为 34.3%，女性占比为 65.7%，相对来说，女性游客多于男性游客。从年龄来看，占比最多的是 25~34 岁，占比为 42.5%；其次是 19~24 岁，占比为 30.0%；再次是 35~44 岁，占比为 18.4%；18 岁及以下和 45~54 岁，占比均为 4.3%，55 岁及以上占比最少，为 0.5%。25~34 岁的游客是有稳定收入的，19~24 岁的游客多是大学生或即将毕业的大学生，45~54 岁的游客多是家庭生活稳定。从职业类型来看，企事业单位的职员最多，占比为 40.1%，个体经营者和自由职业者占比分别为 13.0% 和 10.1%，学生占比 22.2%，学生的时间相对自由，但是企事业单位的职员有相对稳定的收入。从受教育程度来看，大学本科的占比最大，高达 55.6%，大专或高职占比为 23.2%，硕士研究生占比为 12.1%。从人均年收入来看，大部分的收入位于 6 万元以下，12 万~24 万元的占其次，24 万元以上的占比为 10% 左右，相对较少。

表 6-4 样本概况

变量	类别	样本数	分布比例（%）
性别	男	71	34.3
	女	136	65.7

续表

变量	类别	样本数	分布比例（%）
年龄	18岁及以下	9	4.3
	19~24岁	62	30.0
	25~34岁	88	42.5
	35~44岁	38	18.4
	45~54岁	9	4.3
	55岁及以上	1	0.5
职业类型	国家公务员	8	3.9
	企事业单位职员	83	40.1
	个体经营者	27	13.0
	自由职业者	21	10.1
	退休职工	1	0.5
	学生	46	22.2
	其他	21	10.1
受教育程度	高中及以下	19	9.2
	大专或高职	48	23.2
	大学本科	115	55.6
	硕士研究生	25	12.1
	博士研究生及以上	0	0.0
年收入	6万元以下	66	31.9
	6万~12万元	63	30.4
	12万~24万元	57	27.5
	24万~36万元	15	7.2
	36万元及以上	6	2.9

（三）出游方式选择特征

分析调研数据发现，到上海旅游的游客来自北京、江苏的相对较多；其次是河南和湖北；再次是安徽、福建和浙江，所占的比例相对也较大，这些地方距离上海比较近，交通工具比较方便。大部分游客来自一、二、三线城市，消费水平相对较高，出行相对比较方便。

如图6-5所示，在上海迪士尼乐园调研的数据中，游客出行方式选择最多的是高铁，占比为74%；其次是飞机，占比为11%；自驾和其他出行方式占比较少，分别为9%和6%。说明游客在短假中大多会选择高铁出行，在费用上比飞机便宜，在速度上比其他交通工具快，而且安全系数也相对较高，高铁旅游是大部分游客的首选，为旅游出行提供了便利。

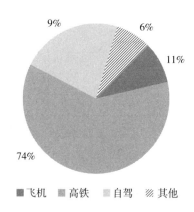

图 6-5　游客出行方式选择

从不同客源地旅游者的交通方式选择来看，100%选择高铁出游的是山东、陕西、贵州、河北和四川等地，较高的（80%以上）是福建、北京、河南，如表6-5所示。

表 6-5　各客源地旅游者交通方式选择比例　　　　　单位:%

客源省份	飞机	高铁	自驾	其他	小计
北京	5	26	0	0	31
	16.1	83.9	0	0	100.0
江苏	0	18	7	4	29
	0	62.1	24.1	13.8	100.0
河南	1	15	1	1	18
	5.6	83.3	5.6	5.6	100.0
湖北	3	12	2	0	17
	17.6	70.6	11.8	0	100.0
山东	0	13	0	0	13
	0	100.0	0	0	100.0
浙江	1	6	4	0	11
	9.1	54.5	36.4	0	100.0

续表

客源省份	飞机	高铁	自驾	其他	小计
安徽	1	9	1	0	11
	9.1	81.8	9.1	0	100.0
福建	0	8	0	1	9
	0	88.9	0	11.1	100.0
山西	1	5	1	2	9
	11.1	55.6	11.1	22.2	100.0
江西	2	4	0	0	6
	33.3	66.7	0	0	100.0
广东	2	4	0	0	6
	33.3	66.7	0	0	100.0
黑龙江	2	3	0	0	5
	40.0	60.0	0	0	100.0
湖南	0	3	0	1	4
	0	75.0	0	25.0	100.0
陕西	0	3	0	0	3
	0	100.0	0	0	100.0
广西	1	0	1	0	2
	50.0	0	50.0	0	100.0
贵州	0	2	0	0	2
	0	100.0	0	0	100.0
河北	0	2	0	0	2
	0	100.0	0	0	100.0
重庆	1	1	0	0	2
	50.0	50.0	0	0	100.0
甘肃	0	1	0	1	2
	0	50.0	0	50.0	100.0
四川	0	2	0	0	2
	0	100.0	0	0	100.0
天津	1	1	0	0	2
	50.0	50.0	0	0	100.0
云南	0	1	0	0	1
	0	100.0	0	0	100.0

客源省份	飞机	高铁	自驾	其他	小计
吉林	0	1	0	0	1
	0	100.0	0	0	100.0
内蒙古	0	1	0	0	1
	0	100.0	0	0	100.0
青海	0	0	0	1	1
	0	0	0	100.0	100.0
广东	0	1	0	0	1
	0	100.0	0	0	100.0
总计	21	142	17	11	191
	11.0	74.3	8.9	5.8	100.0

旅游者到达上海后选择不同的交通方式到上海迪士尼乐园：飞机到达的旅游者以出租车和旅游大巴为主；高铁到达的旅游者选择较多，其中以出租车为主，地铁次之，租车自驾和旅游大巴也有不少比例；自驾到达上海的旅游者继续在市内自驾，另外有11.8%的会选择乘坐出租车前往，如表6-6所示。

表6-6　旅游者在上海市内的交通方式选择　　　　单位:%

市内交通方式	租车自驾	出租车	旅游大巴	旅游专线	地铁	其他
飞机	0	13	5	1	0	2
	0	61.9	23.8	4.8	0	9.5
高铁	15	81	15	3	22	6
	10.6	57.0	10.6	2.1	15.5	4.2
自驾	7	2	1	0	0	7
	41.2	11.8	5.9	0	0	41.2
其他	1	2	2	2	4	1
	9.1	18.2	18.2	18.2	36.4	8.3
总计	23	98	23	6	26	16
	12.0	51.3	12.0	3.1	13.6	8.3

二、研究假设与研究方法

（一）研究假设

1. 高铁出游方式的选择

高铁的开通让旅游者的出游交通方式有了更多的选择，研究表明，影响游客选择高铁方式出游的因素主要集中在时间、速度、价格和安全方面（梁雪松，2012）。研究发现，客源地与目的地之间的距离（梁雪松，2010）、高铁站公共交通服务的便利性（Pagliara et al.，2019）是影响旅游者选择高铁交通方式的重要因素。本书假设旅游者的收入、受教育程度、旅行时间、市内接驳方式对旅游者选择哪种交通方式有影响。

2. 出游方式影响旅游者消费行为

高铁出游也在改变旅游者的消费行为，姚梦汝等（2015）研究发现，宁杭高铁的开通对沿线城市来宁游客的旅游消费行为产生了重要影响，表现在出游时间更加随机灵活、停留时间增加和出游花费增加等方面。本书从持续停留时间和花费方面假设如下：同伴数量、收入水平、出游方式、接驳方式分别对旅游者的游玩时间、停留时间和花费有影响。

（二）研究方法

本书利用 SPSS 24.0 软件，在出游方式选择研究中采用多项 Logistics 回归分析，在旅游者消费行为方面采用有序 Logistics 回归进行分析，具体变量分类如表 6-7 所示。

表 6-7　变量分类

变量	变量类型	变量描述
因变量	假设 1：出行方式	飞机 = 1；高铁 = 2；自驾 = 3；其他 = 4
	假设 2：园内人均花费	1000 元及以下 = 1；1001～3000 元 = 2；3001～5000 元 = 3；5001 元及以上 = 4
	假设 3：持续访问时间	半天（4 小时以内）= 1；1 天 = 2；2 天 = 3；3 天及以上 = 4
自变量	受教育程度	高中及以下 = 1；大专或高职 = 2；大学本科 = 3；硕士研究生 = 4；博士研究生及以上 = 5
	年收入	6 万元及以下 = 1；6 万～12 万元 = 2；12 万～24 万元 = 3；24 万～36 万元 = 4；36 万以上 = 5
	市内接驳方式分类	租车自驾 = 1；搭乘出租车 = 2；旅游大巴 = 3；旅游专线 = 4；地铁 = 5；其他 = 6
	同伴数量	0 同伴 = 1；1～3 人 = 2；4～5 人 = 3；5 人以上 = 4
	旅行时间	1.5 小时以下 = 1；1.51～2.5 小时 = 2；2.51～3.5 小时 = 3；3.51～4.5 小时 = 4；4.51～5.5 小时 = 5；5.51～6.5 小时 = 6；6.5 小时以上 = 7

三、结果分析

（一）高铁出游方式多项逻辑回归分析

在多项逻辑回归分析模型的建构过程中，需要判断模型拟合的优劣。模型拟合优度统计量 Cox & Snell R^2 为 0.643，Nagelkerke R^2 为 0.785，说明拟合度很好。似然比检验显示年收入在 0.05 的水平上显著，接驳方式和旅行时间在 0.01 的水平上显著。如表 6-8 所示。通过预测响应判断模型预测能力时，得到预测相应准确率达到 88.02%，说明本回归模型有较好的预测性。

表 6-8　高铁出游方式多项逻辑拟合似然比检验结果

效应	模型拟合条件	似然比检验		
	简化模型的-2 倍对数似然值	卡方值	自由度	显著性
截距	107.592[a]	0.000	0	
受教育程度	121.244	13.652	9	0.135
年收入	129.469	21.877	12	0.039
接驳方式	179.795	72.202	15	0.000
旅行时间	207.976	100.384	18	0.000

注：＊＊ 表示 $p<0.05$、＊＊＊ 表示 $p<0.01$。a. 因为省略效应不会增加自由度，所以此简化后的模型等同于最终模型。

从逻辑回归结果（见表 6-9）来看，接驳方式和旅行时间是影响交通方式选择的主要因素。其中，接驳方式为乘旅游专线的旅游者不会选择飞机作为出游方式，乘出租车的旅游者更大概率会选择高铁而不会自驾。旅行时间小于 1.5 小时的更低概率选择高铁出行，旅行时间在 1.5~2.5 小时的更高概率会选择自驾游出行。旅游者受教育程度和收入水平对出行交通方式的选择没有显著影响。因此，假设 1 得到了部分证实。

表 6-9　高铁出游方式多项逻辑结构

到上海的交通方式		B	标准误	Wald	自由度	显著性	Exp（B）
飞机	截距	1.523	9334.570	0.000	1	1.000	
	[Q4 受教育程度=1]	-17.676	2163.126	0.000	1	0.993	2.11E-08
	[Q4 受教育程度=2]	-18.468	2163.125	0.000	1	0.993	9.54E-09

续表

到上海的交通方式		B	标准误	Wald	自由度	显著性	Exp（B）
飞机	[Q4 受教育程度 = 3]	−17.457	2163.125	0.000	1	0.994	2.62E−08
	[Q5 年收入 = 1]	2.003	8974.215	0.000	1	1.000	7.41E+00
	[Q5 年收入 = 2]	2.092	8974.215	0.000	1	1.000	8.10E+00
	[Q5 年收入 = 3]	−1.690	8974.215	0.000	1	1.000	1.85E−01
	[Q5 年收入 = 4]	−1.681	8974.216	0.000	1	1.000	1.86E−01
	[Q16 接驳方式 = 1]	−16.275	1915.645	0.000	1	0.993	8.55E−08
	[Q16 接驳方式 = 2]	1.046	2.022	0.267	1	0.605	2.85E+00
	[Q16 接驳方式 = 3]	−0.449	2.038	0.049	1	0.826	6.38E−01
	[Q16 接驳方式 = 4]	**−4.885**	**2.450**	**3.975**	**1**	**0.046**	**7.56E−03**
	[Q16 接驳方式 = 5]	−20.819	1487.442	0.000	1	0.989	9.08E−10
	[时长 2 = 1.00]	15.738	1385.117	0.000	1	0.991	6.84E+06
	[时长 2 = 2.00]	19.952	1385.117	0.000	1	0.989	4.63E+08
	[时长 2 = 3.00]	15.680	1385.117	0.000	1	0.991	6.45E+06
	[时长 2 = 4.00]	0.884	2091.133	0.000	1	1.000	2.42E+00
	[时长 2 = 5.00]	14.863	1385.117	0.000	1	0.991	2.85E+06
	[时长 2 = 6.00]	15.362	2971.131	0.000	1	0.996	4.69E+06
高铁	截距	31.730	6951.593	0.000	1	0.996	
	[Q4 受教育程度 = 1]	−18.206	2163.125	0.000	1	0.993	1.24E−08
	[Q4 受教育程度 = 2]	−16.886	2163.125	0.000	1	0.994	4.64E−08
	[Q4 受教育程度 = 3]	−16.172	2163.125	0.000	1	0.994	9.48E−08
	[Q5 年收入 = 1]	−13.430	6606.477	0.000	1	0.998	1.47E−06
	[Q5 年收入 = 2]	−13.784	6606.477	0.000	1	0.998	1.03E−06
	[Q5 年收入 = 3]	−14.878	6606.477	0.000	1	0.998	3.46E−07
	[Q5 年收入 = 4]	−15.629	6606.477	0.000	1	0.998	1.63E−07
	[Q16 接驳方式 = 1]	2.135	1.854	1.325	1	0.250	8.45E+00
	[Q16 接驳方式 = 2]	**2.775**	**1.623**	**2.923**	**1**	**0.087**	**1.60E+01**
	[Q16 接驳方式 = 3]	0.917	1.623	0.319	1	0.572	2.50E+00
	[Q16 接驳方式 = 4]	−0.659	1.580	0.174	1	0.676	5.17E−01
	[Q16 接驳方式 = 5]	−0.040	1.386	0.001	1	0.977	9.60E−01
	[时长 2 = 1.00]	**−1.926**	**1.157**	**2.773**	**1**	**0.096**	**1.46E−01**
	[时长 2 = 2.00]	−0.829	1.256	0.435	1	0.509	4.36E−01
	[时长 2 = 3.00]	1.154	1.335	0.746	1	0.388	3.17E+00

续表

到上海的交通方式		B	标准误	Wald	自由度	显著性	Exp（B）
高铁	［时长2=4.00］	1.411	1.469	0.923	1	0.337	4.10E+00
	［时长2=5.00］	0.250	1.103	0.052	1	0.820	1.28E+00
	［时长2=6.00］	15.291	2002.169	0.000	1	0.994	4.37E+06
自驾	截距	38.006	6951.600	0.000	1	0.996	
	［Q4受教育程度=1］	−13.943	2163.127	0.000	1	0.995	8.80E−07
	［Q4受教育程度=2］	−17.980	2163.126	0.000	1	0.993	1.55E−08
	［Q4受教育程度=3］	−14.494	2163.126	0.000	1	0.995	5.07E−07
	［Q5年收入=1］	−22.670	6606.485	0.000	1	0.997	1.43E−10
	［Q5年收入=2］	−22.500	6606.485	0.000	1	0.997	1.69E−10
	［Q5年收入=3］	−20.458	6606.484	0.000	1	0.998	1.30E−09
	［Q5年收入=4］	−18.974	6606.484	0.000	1	0.998	5.75E−09
	［Q16接驳方式=1］	2.874	2.308	1.550	1	0.213	1.77E+01
	［Q16接驳方式=2］	**−6.293**	**2.981**	**4.457**	**1**	**0.035**	1.85E−03
	［Q16接驳方式=3］	−3.891	2.752	1.998	1	0.157	2.04E−02
	［Q16接驳方式=4］	−24.041	0.000		1		3.62E−11
	［Q16接驳方式=5］	−22.038	1722.058	0.000	1	0.990	2.68E−10
	［时长2=1.00］	−19.354	2413.680	0.000	1	0.994	3.93E−09
	［时长2=2.00］	**5.520**	**2.483**	**4.943**	**1**	**0.026**	2.50E+02
	［时长2=3.00］	−2.931	2.359	1.543	1	0.214	5.34E−02
	［时长2=4.00］	0.060	2.197	0.001	1	0.978	1.06E+00
	［时长2=5.00］	−16.179	1099.534	0.000	1	0.988	9.41E−08
	［时长2=6.00］	−2.099	2336.966	0.000	1	0.999	1.23E−01
	［时长2=7.00］	0^c			0		

（二）持续停留时间和园内消费的有序逻辑回归

首先，通过SPSS 19.0把所有的自变量强制引入回归方程，各自变量似然比检验值p值如表6-10所示：在因变量——持续访问时间中，自变量只有来自城市生活水平和出行方式通过了检验，年龄、职业类型、受教育程度、年收入、市内接驳方式都没有通过检验。其次，在因变量——园内人均消费中，逐个把旅游者年龄、受教育程度、来自城市生活水平以及出行方式引入回归方程通过检验。

表 6-10 似然比检验结果

变量	效应	模型拟合标准	似然比检验		
		−2 倍对数似然值	卡方值	自由度	检验 p 值
持续访问时间	截距	270.737	0.000	0	
	旅游者年龄	293.838	3.102	4	0.541
	职业类型	297.554	6.817	4	0.146
	受教育程度	291.008	0.352	4	0.986
	年收入	298.995	8.258	4	0.083
	来自城市生活水平	303.214	12.477	4	0.014
	出行方式	312.764	22.028	12	0.037
	市内接驳方式	313.900	23.163	20	0.281
园内人均消费	截距	232.707	0.000	0	
	旅游者年龄	255.578	22.872	10	0.011
	职业类型	253.607	20.900	12	0.052
	受教育程度	248.726	16.020	6	0.014
	年收入	237.156	4.450	8	0.814
	来自城市生活水平	249.015	16.308	6	0.012
	出行方式	242.948	10.241	2	0.006
	市内接驳方式	238.416	5.710	2	0.058

从表 6-10 中可以看出，对于因变量持续访问时间，年龄、职业类型、受教育程度、年收入、市内接驳方式的似然比检验值 p>0.05；在园内人均花费中，职业类型、年收入、市内接驳方式的似然比检验值 p>0.05，从数据来看，说明这几个因素对游客在园内的持续访问时间及人均消费的影响十分微小。在统计中发现，年收入不同的游客、带小孩的游客、多次来迪士尼乐园的游客在园内持续访问的时间以及园内人均消费不同，主要是因为统计的样本数量不够大，属于样本信息，不能完全等同于总体，在似然比检验中，Logistic 模型利用样本信息进行推断，结果可能与实际相同或存在差异，这也正是统计学需要检验的原因。带小孩的游客如果多次来玩，可能会只玩自己以前没有排上的项目，所以在园内的时间和消费或有不同，第一次来的游客持续访问时间可能会更久一点，消费也更多。

其次，持续访问时间模型构建。把来自城市生活水平和出行方式作为自变量引进回归方程，最终得到三个以持续访问时间 2 天以上的为参考 Logistic 回归模型，模型模拟结果如下：

$M_1 = \ln[\,p(\text{持续访问时间}=1)/p(\text{持续访问时间}=3)\,] = 18.974 + \{-18.454 \times$

（出行方式＝2）－18.593×（出行方式＝3）｝＋0.052×（来自城市生活水平＝3）

$M_2 = \ln[p（持续访问时间＝1）/p（持续访问时间＝3）] = 36.484＋\{-18.631×$（出行方式＝1）－16.887×（出行方式＝2）－16.869×（出行方式＝3）｝

$M_3 = \ln[p（持续访问时间＝1）/p（持续访问时间＝3）] = 37.476＋\{-20.822×$（出行方式＝1）－18.270×（出行方式＝2）－18.205×（出行方式＝3）｝

最后，园内人均消费模型构建。把旅游者年龄、受教育程度、来自城市生活水平以及出行方式作为自变量引进回归方程，最终得到人均消费3000～5000元为参考 Logistic 回归模型，模型模拟结果如下：

$M_1 = \ln[p（人均消费水平＝1）/p（人均消费水平＝3）] = 50.321＋\{-16.640×$（出行方式＝1），－18.16.138×（出行方式＝2）｝＋｛－16.506×（受教育程度＝1）－17.381×（受教育程度＝2）－14.391×（受教育程度＝3）｝＋｛－15.497×（来自城市生活水平＝1），－17.709×（来自城市生活水平＝2）｝

$M_2 = \ln[p（人均消费水平＝1）/p（人均消费水平＝3）] = 49.442＋\{-16.264×$（出行方式＝1）－15.843×（出行方式＝2）｝＋｛－16.871×（受教育程度＝1）－17.453×（受教育程度＝2）－14.674×（受教育程度＝3）｝＋｛－14.878×（来自城市生活水平＝1），15.605×（来自城市生活水平＝2）｝

模型的相关参数结果如表6-11、表6-12所示。

表6-11　持续访问时间参数估计结果

	持续访问 时间	参数	标准 误差	Wald	自由度 (df)	检验 p值	Exp（B）	Exp（B）95%置信区间	
								下限值	上限值
	截矩	18.974	1.857	104.452	1	0.000			
	［出行方式＝1］	-37.588	6303.949	0.000	1	0.995	4.742E-17	0.000	0[b]
	［出行方式＝2］	-18.454	1.642	126.387	1	0.000	9.671E-9	3.875E-10	2.414E-7
半天 （4小时 以内）	［出行方式＝3］	-18.593	1.586	137.509	1	0.000	8.414E-9	3.761E-10	1.882E-7
	［出行方式＝4］	0[c]	0	0	0	0	0	0	0
	［来自城市生活水平＝1］	-0.487	1.216	0.161	1	0.689	0.614	0.057	6.659
	［来自城市生活水平＝2］	-1.232	1.588	0.602	1	0.438	0.292	0.013	6.551
	［来自城市生活水平＝3］	0.052	0.000	0	1	0	1.053	1.053	1.053
	［来自城市生活水平＝4］	0[c]	0	0	0	0	0	0	0
	截矩	36.484	4783.005	0.000	1	0.994			
	［出行方式＝1］	-18.631	1.489	156.640	1	0.000	8.105E-9	4.382E-10	1.499E-7
1天	［出行方式＝2］	-16.887	1.437	138.180	1	0.000	4.637E-8	2.776E-9	7.745E-7
	［出行方式＝3］	-16.869	0.950	314.995	1	0.000	4.721E-8	7.328E-9	3.041E-7

续表

持续访问时间		参数	标准误差	Wald	自由度(df)	检验p值	Exp(B)	Exp(B) 95%置信区间	
								下限值	上限值
1天	[出行方式=4]	0ᶜ	0	0	0	0	0	0	0
	[来自城市生活水平=1]	-17.595	4783.005	0.000	1	0.997	2.283E-8	0.000	0ᵇ
	[来自城市生活水平=2]	-16.018	4783.005	0.000	1	0.997	1.105E-7	0.000	0ᵇ
	[来自城市生活水平=3]	-17.568	4783.005	0.000	1	0.997	2.346E-8	0.000	0ᵇ
	[来自城市生活水平=4]	0ᶜ	0	0	0	0	0	0	0
2天	截距	37.476	4783.005	0.000	1	0.994			
	[出行方式=1]	-20.822	1.517	188.504	1	0.000	9.060E-10	4.637E-11	1.770E-8
	[出行方式=2]	-18.270	1.280	203.870	1	0.000	1.163E-8	9.470E-10	1.428E-7
	[出行方式=3]	-18.205	0.000	0	1	0	1.241E-8	1.241E-8	1.241E-8
	[出行方式=4]	0ᶜ	0	0	0	0	0	0	0.
	[来自城市生活水平=1]	-19.333	4783.005	0.000	1	0.997	4.014E-9	0.000	0ᵇ
	[来自城市生活水平=2]	-16.589	4783.005	0.000	1	0.997	6.243E-7	0.000	0ᵇ
	[来自城市生活水平=3]	-19.427	4783.005	0.000	1	0.997	3.656E-9	0.000	0ᵇ
	[来自城市生活水平=4]	0ᶜ	0	0	0	0	0	0	0

注：c. 此参数设为0，因为这是冗余的。

由表6-11中模型的相关参数分析推论，可以得出游客在园内持续访问时间的相关结论：

出行方式对游客在迪士尼乐园内持续访问时间的影响显著，选择乘坐飞机、高铁、自驾的乘客在园内持续访问时间为1天的没有显著区别，选择乘坐飞机和自驾的为半天和2天的有显著区别。因此，乘坐高铁旅游的游客在园内持续访问的时间比较自由，自驾的游客在游玩时持续时间会长一点。

游客来自城市是生活水平对园内持续访问时间的影响不明显，由表6-11可知，游客是来自一线城市还是二、三线城市，或者四、五线城市，不影响游客在园内的持续访问时间。一般来说，游客是根据自己的喜好在园内游玩，与来源关系不大，实际调研结果与实际情况吻合。

由表6-12中模型的相关参数分析推论，可以得出游客在园内人均消费水平的相关结论：

（1）出行方式对游客在迪士尼乐园内人均消费水平的影响显著。由表6-12可知，出行方式为自驾和其他方式的游客在园内人均消费1000元以下模型中通过了检验，而出行方式为高铁、自驾和其他方式的在园内人均消费1000~3000元

表6-12　园内人均消费参数估计结果

园内人均消费		参数	标准误差	Wald	自由度（df）	检验p值	Exp（B）	Exp（B）95%置信区间	
								下限值	上限值
1000元以下	截矩	50.321	2.014	623.989	1	0.000			
	［年龄］	-0.166	0.402	0.170	1	0.680	0.847	0.385	1.864
	［出行方式=1］	-16.640	1.434	131.808	1	0.000	7.106E-8	4.278E-9	1.180E-6
	［出行方式=2］	-16.138	0.630	655.166	1	0.000	9.804E-8	2.849E-8	3.374E-7
	［出行方式=3］	-1.155	2319.218	0.000	0	1.000	0.315	0.000	0[b]
	［出行方式=4］	0[c]	0	0	0	0	0	0	0
	［受教育程度=1］	-16.506	1.577	109.550	1	0.000	6.784E-8	3.084E-9	1.492E-6
	［受教育程度=2］	-17.381	1.208	207.144	1	0.000	2.829E-8	2.653E-9	3.017E-7
	［受教育程度=3］	-14.391	0.408	897.755	1	0.000	5.626E-7	2.195E-7	1.442E-6
	［受教育程度=4］	0[c]	0	0	0	0	0	0	0
	［来自城市生活水平=1］	-15.497	1.314	139.077	1	0.000	1.861E-7	1.416E-8	2.445E-6
	［来自城市生活水平=2］	-17.709	0.977	258.693	1	0.000	1505E-7	2.219E-8	1.021E-6
	［来自城市生活水平=3］	0.282	2366.398	0.000	1	1.000	1.325	0.000	0[b]
	［来自城市生活水平=4］	0[c]	0	0	0	0	0	0	
1000~3000元	截矩	49.442	1.601	953.647	1	0.000			
	［年龄］	0.086	0.396	0.047	1	0.828	1.090	0.501	2.370
	［出行方式=1］	-16.264	1.308	154.513	1	0.000	8.645E-8	6.654E-9	1.123E-6
	［出行方式=2］	-15.843	0.000	0	1	0	1.317E-7	1.317E-7	1.317E-7
	［出行方式=3］	-0.550	2319.218	0.000	1	1.000	0.577	0.000	0[b]
	［出行方式=4］	0[c]	0	0	0	0	0	0	0
	［受教育程度=1］	-16.817	1.516	123.037	1	0.000	4.973E-8	2.548E-9	9.708E-7
	［受教育程度=2］	-17.453	1.118	243.566	1	0.000	2.631E-8	2.940E-9	2.356E-7
	［受教育程度=3］	-14.647	0.000	0	1	0	4.352E-7	4.352E-7	4.352E-7
	［受教育程度=4］	0[c]	0	0	0	0	0	0	0
	［来自城市生活水平=1］	-14.878	0.894	276.937	1	0.000	3.457E-7	5.994E-8	1.994E-6
	［来自城市生活水平=2］	15.605	0.000	0	1	0	1.671E-7	1.671E-7	1.671E-7
	［来自城市生活水平=3］	0.147	2366.398	0.000	1	1.000	1.158	0.000	0[b]
	［来自城市生活水平=4］	0[c]	0	0	0	0	0	0	0

模型中没有通过检验，说明相对应的估计系数与0没有显著性差异，他们在园内人均消费与出行方式选择自驾和其他方式在相应水平上没有显著性差异。从参数Exp（B）值来看，出行方式为高铁的游客在园内人均消费1000元以下的是自驾出行方式的0.315倍；出行方式为飞机的游客在园内人均消费3000~5000元的，

是其他方式的 0.577 倍；所以，选择高铁出行的游客在园内的消费居于中间水平，高铁相对于飞机便宜，相对于自驾速度要快，乘坐高铁旅行是不错的选择，在成本和速度之间能达到很高的性价比，在调查的人员当中，选择乘坐高铁出行的游客也是最多的。乘坐飞机的游客相对来说自己可利用的资金更多一点，所以在园内的人均消费相对更多一点。其次是乘坐飞机相对也比较多，第一个原因在于打折机票的存在，在价格相差不大的情况下，飞机的速度最快；第二个原因是飞机场相对于高铁站，距离上海迪士尼乐园更近，所以部分游客选择乘坐飞机。

（2）受教育程度对游客在迪士尼乐园内人均消费水平的影响显著。由表 6-12 可知，受教育程度为硕士研究生及以上的在园内人均消费为 1000 元以下的没有通过检验，本科、硕士及以上的在 3000～5000 元园内人均消费也没有通过检验，说明相对应的估计系数与 0 没有显著性差异。从参数 Exp（B）值来看，受教育程度为高中以下，专科或高职在 1000 元以下和 1000～3000 元中都有显著影响。在园内人均消费为 1000～3000 元的，受教育程度为高中及以下、大专或高职是其他的 1.83 倍。高中及以下学历、专科或高职学历的大部分的工作是个体工作，从时间上来说比较灵活，生活压力没有那么大，本科、硕士及以上的，除了时间少以外，对生活的追求更高，相对来说压力加大，在游玩时间和消费方面比较受影响，与实际情况相吻合。

（3）来自城市生活水平对游客在迪士尼乐园内人均消费水平的影响显著。游客来自城市生活水平方面，来自四、五线及五线以上的没有通过园内人均消费 1000 元的检验，也没有通过园内人均消费 1000～3000 元的检验，也就是说，来自城市生活水平对生活在一、二、三线城市的游客在园内人均消费影响显著。从生活水平高的城市来的游客有一定的消费习惯，在自己能支付的范围内，首先选择自己喜欢的东西，在消费和购买方面，比其他消费水平的城市要好一点。从参数 Exp（B）值来看，生活在一、二、三线城市的游客在园内人均消费是其他城市的 2.07 倍。随着高铁的大力发展和普及，让更多其他城市的游客有机会走出去消费，并带动消费，是高铁未来的发展方向。

第四节　基于高铁对旅客旅游需求与行为影响的发展建议

由于旅游资源的不可移动性，旅游者不得不通过空间位移来抵达目的地。因此，可进入性就成为影响旅游者选择目的地的重要影响因素。"旅游交通"的好坏直接影响旅游者进入目的地的难易程度，交通的便捷程度成为旅游者衡量目的地可进入性的重要参考指标。在整个旅行过程中，"旅速游缓"是人们追求的目标。快速便捷的交通不仅能提高旅游目的地的可进入性，还能大大缩短旅行时间，提高旅游者的舒适度及增加人们在目的地的停留时间。在中国，高铁的建设与开通对旅游目的地的发展起到了重要的助推作用。高铁以快速、安全、高效的服务成为越来越多旅游者首选的出行工具。高铁极大地提升了相关目的地的可进入性。2009 年 12 月武广高铁的开通为两地居民提供了新的更加便捷的旅游目的地。2009 年春节期间武汉接待的来自广东的高铁游人数突破了历史新高，比2008 年同期增长了 160%。

一、主要结论

通过对调查问卷的分析，高铁旅游客群存在以下需求特征。

（1）目前，高铁的主要旅客群为 20~35 岁的男性公司员工，受教育程度普遍为本科及以上。

（2）高铁旅客的主要旅游目的为商务出差，并愿意选择一等座乘坐。旅客的旅游需求和行为特征主要为旅客来到旅游目的地更偏向于欣赏当地的风土人情和品尝当地美食，在参加旅游活动时愿意参加生态型或文化型旅游活动。住宿方面大多选择经济型连锁酒店或四星、五星级酒店，外出旅游更愿意选择自由行套餐模式。旅客希望能提供与高铁相关的旅游产品套餐，如"车票+酒店"，或者在订购酒店或景区门票时出示车票可提供相应的优惠。并且希望能有方便的交通方式连接高铁站和市中心及重要景区。同时，旅客希望能接受到更好的高铁旅游服务，包括车上的服务和基础设施的建设。

（3）旅游者的交通方式选择主要受到接驳方式和旅行时间的影响。短途的旅行，旅游者不倾向于选择高铁，而更多选择自驾游。此结果有可能是由于上海高铁站到上海迪士尼乐园的距离较远造成的，旅游者从高铁出来再到迪士尼乐园还需要花费较长时间，短途的旅游者就会认为高铁并没有自驾游的优势。

（4）出行方式对游客在上海迪士尼乐园内持续访问的时间以及在园内的人均消费影响比较大。市内的接驳方式对游客在上海迪士尼乐园内持续访问的时间以及在园内的人均消费没有明显影响。游客来自城市的生活水平对游客持续访问的时间以及园内人均消费水平有显著的影响。

（5）受教育程度对游客在园内的人均消费有显著的影响，但是对游客在园内持续访问的时间影响不大。职业类型和年收入对游客在园内的持续访问时间和园内人均消费没有显著影响。

二、发展建议

（一）旅游目的地发展策略

1. 加强高铁旅游产品开发

要迎合当今旅游市场，推出多种高铁旅游产品类型，如"车票+酒店"或"车票+租车"等组合类产品。目前，欧洲等地的高铁旅游产品种类较多且发展经验丰富，要学习借鉴其产品模式，开发符合我国国情的高铁旅游产品。绝大部分的旅客都会选择在高铁沿线城市或旅游目的地过夜，这就需要有相应的住宿条件支持，可根据旅客持有车票情况来进行相应的住宿及景区门票优惠。在发展顺利的情况下，可以开通"旅游专线列车"，体现其专列的优越性，打造出更好的高铁旅游品牌。

2. 加快区域旅游资源整合

通过分析旅客的需求偏好，按照游客喜欢的旅游类型和希望参加的旅游活动，首先将区域的旅游目的地资源进行规划，找出目前特色的旅游资源和所欠缺的将来希望开发的资源；其次和高铁沿线城市的旅游资源进行比较，尽量能有所区别，进行有效的资源整合，从而增强旅游吸引力。

（二）铁路运营部门管理策略

1. 完善相关旅游基础设施

很多地区的高铁站都不在市中心，高铁旅客到站后还需要换乘其他交通工具才能到达最终的目的地。因此，考虑在公共交通的基础上，设置从高铁站到市中心及主要旅游景点的大巴专线，可在高铁站或网上购票。并可设立从高铁站到公交车站及地铁站的摆渡车，供旅客使用，也可以在高铁站旁设置汽车租赁服务站，旅客下车后可直接租车前往目的地。还可以设立旅游服务中心站，提供旅游资讯等服务。特别是对于旅游基础设施较差的地区，要完善与旅游相关的基础设施建设，提高接待能力和服务品质。

2. 加强高铁及配套设施设计

从列车的站点设计、车厢设计等都应该更贴合旅客的偏好。请专业的设计师进行设计和规划，如在车站内可以设置具有地方特色的浮雕、装饰品、宣传目的地旅游特色的广告牌等。在车厢内可以放置沿线旅游景区的旅游宣传手册，设置旅游信息专用二维码，旅客扫描二维码就可以了解沿线各城市的旅游特色。同时，在行车过程中，乘务员也可以进行旅游景点的介绍。

3. 提高服务质量

　　注重旅客在行车过程中的休闲活动，提高车上餐饮质量并制定适当的价格。注意保证车站及车上的基础设施卫生，做到干净整洁。在车站建设旅游咨询站，为旅客提供旅游咨询服务。对乘务员进行培训，提高人员的服务态度和服务水平，保证旅客在旅途中能享受到优质的服务。

第七章　高铁对旅游经济发展的影响

铁路是国民经济中需要超前发展的重点行业之一。铁路的超前发展不仅体现在规模、数量的扩张上，也表现在运营方式、技术管理的现代化、经营结构的优化等方面。高铁建设是我国铁路建设跨越式发展的重要标志，建设高铁不仅有助于提高铁路部门的运营效率，突出铁路运输方式的优势，对我国交通运输体系的结构优化和现代化也有深远的影响。从国民经济整体来说，发展高铁是降低经济运行成本、提高经济增长效率的手段之一。高铁在中国的建设与发展是经济发展的内在需求，同时也是促进区域旅游经济发展的直接动力。

第一节　高铁对区域旅游经济的影响

交通基础设施存量每增长 1% 时，就会带动旅游经济增长 2.158%。结合中国的实践发展来看，1990~2015 年，航空、铁路、公路等组成的综合交通体系取得了飞跃式发展，运输里程不断增长，其中民航总里程数由 50.68 万千米增长至531.72 万千米，增长近 97 倍；铁路总里程数由 5.79 万千米增长至 12.1 万千米，增长近 1.1 倍；公路总里程数由 102.83 万千米增长至 457.73 万千米，增长近3.5 倍。相应地，旅游总收入也随之实现了快速提升，由 1990 年的 151.02 亿元增至 2015 年的 34195.1 亿元。特别是随着 2010 年以来中国高速铁路"四纵四横"客源专线的建成和高速公路"7918 网"的全面铺开，极大程度地压缩了关联地区间的时空距离，其通行总时间和平均最短旅行时间比传统客运提高了 1.1倍。在现代交通技术和运输条件不断改善的背景下，国内游客量也出现了迅猛增长的势头，2010~2015 年，国内旅游规模由 21.03 亿人次增长至 40 亿人次，年均增长 3.79 亿人次，是 2005~2009 年游客量年均增长人数的 2.14 倍。在空间上，我国旅游流的分布格局与交通运输线路的布局也呈现高度的吻合性，呈现出典型的东部密西部疏和区域大交换特点。交通技术发展为旅游流的空间拓展和大众旅游活动普及创造有利条件，二者保持着高度的相关性和依存性。

一、高铁对区域旅游发展的聚集与扩散作用

区域旅游产业结构调整优化的过程也是产业集聚和扩散的过程。产业集聚是指技术和生产方式在区位条件较佳的地方成长、发展、壮大，成为增长极；产业扩散是指技术和生产方式沿交通轴向未工业化地区不断扩展和传播。高铁的建设不仅为旅游产业的集聚创造了良好的交通条件，使旅游产业向有利于其发展的地区集中，同时也有利于旅游产业沿高铁线交通轴迁移，有利于旅游产业的扩散。

作为增长极的产业都具有很强的产业联动性和关联性，需要其他的相关企业作为配套。从产业聚集的角度来看，高铁能够使旅游产业的纵向合作在更大范围内展开，更多的企业有可能投入到旅游产业合作中，更多的资源和要素得到流动。随着高铁的建成，区域旅游经济增长中心的辐射范围显著扩大。凭借联动效应，旅游产业会带动与之相关的产业链，如酒店、会展业等沿高铁线向外围扩展，带动沿线各地关联产业发展，上下游产品或配套的旅游产业链得到发展。

从产业扩散的角度来看，大城市人员拥挤，土地和劳动成本高，一些劳动密集型的产业一直在与高新技术产业争夺土地资源，而中小城市恰好相反。高铁建成将有助于改善这种局面，区域间的距离不再遥远，更有能力把大城市的资源和一些劳动密集型产业转移到中小城市。经过产业迁移，一方面，为保留在大城市的产业提供了更广阔的发展空间；另一方面，那些劳动密集型的产业能够在中小城市中找到自己新的发展点。

综观国内外发展，高铁建设对沿线地区产业发展的拉动和促进作用显著。1975年，日本新干线从大阪延伸到九州后，冈山、广岛、大分、福冈、熊本等沿线地带的工业布局迅速发生变化，机电、汽车、家用电器等加工产业和集成电路等尖端产业逐步取代了传统的石化、钢铁等产业，促进了日本产业结构的调整。我国铁路部门对沿线地区产业发展的聚集作用还很不充分。目前，我国许多地区产业发展水平仍处于工业化的初期和中期，第一产业在总体经济中仍占有较高的比重。由于很多地区工业基础较差，没有能力对资源就地进行加工，必须将大量低附加值的产品运输到外地进行加工，才能生成市场接受的最终产品。根据李学伟等（2004）的研究结论，铁路部门对社会生产规模的促进作用比各部门的平均促进水平要低。伴随经济的不断发展，附加值相对较高的工业产品在铁路货运中的比重将不断增加，铁路对社会生产的促进作用和对相关产业的拉动作用将

有很大的提高，铁路部门对国民经济的促进作用将会得到充分发挥。[①]

高铁的发展能有效地使旅游产业从过度集聚的城市向周边地区扩散，使区域内旅游产业分布趋于均衡，相关部门应正确认识旅游业发展中的高铁效应，明确城市在区域旅游发展中所处的地位和所扮演的角色，因地制宜地制定符合城市和地区协调发展的区域旅游一体化战略。高铁开通后，中心和外围地区的扩散效应一直存在，直到后期边缘地区旅游产业才形成明显的集聚。旅游目的地在高铁开通后，应及时做出适当的旅游业发展战略调整，利用高铁带来的区位优势，充分激发自身的旅游潜力，使旅游目的地尽快享受到高铁带来的红利。

二、高铁对非产业性经济因素的影响

高铁建设和发展不仅会对经济型的产业内容产生作用，对非产业性的内容同样起到不可估量的作用，如服务、基础设施、人才流动等。高铁有效缩短了旅客的途中时间，提高了劳动生产率或增加了文娱活动和休息时间，提升了现在人对商务活动和生活质量的需求，具有不可低估的正面效益。高铁将明显地扩大和拓宽人们的生活半径和活动范围，使人们的生活方式和生活节奏发生改变，在高铁沿线可达的"一日生活圈"或者"3小时交通圈"，不同地区的经济活动能够更紧密地联系起来，为企业发展和经济增长带来机会，从而进一步带动对高铁客运的需求，形成良性循环。

日本高铁网建设对人们生活方式影响显著。19世纪80年代，铁路尚未开通时，从东京到大阪需要两周，旅费相当于日本人均半年左右的收入。19世纪90年代，铁路开通后，从东京到大阪需要18小时，旅费相当于日本人均1个月的收入。现在乘坐新干线只需要2小时，旅费仅为日本人均1天的收入。新旧交通工具相比，东京到大阪间的"时间距离"缩短到1/9，"经济距离"缩小到铁路开通前的1/25。新干线使日本各地的"一日交流可能人口比率"（该比率指"以某地为起点单程3小时以内可以到达的范围内居住的人口占全国总人口的比率"）显著提高，1975年，只有大城市及周边地区的比率较高，日本平均水平为42.5%，1985年上升为49.1%，1998年进一步上升为60.5%。高铁拉近了人们彼此间的距离，为交流和沟通创造了便利的交通条件。

随着我国经济持续快速发展，城镇化步伐加快，人民生活日益殷实，生活水平显著提高，居民消费不再是仅仅满足于"衣、食"的需要，用于"住、行"的比例大幅上升，生活质量明显改善。经济条件和交通条件的改善将使人们的平

---

① 王凤学. 中国高速铁路对区域经济发展影响研究［D］. 吉林大学，2012.

均出行次数明显增加，除公务出差外，探亲访友、休闲旅游、外出度假等因私出行迅速增多，人们将不再固守一地，传统的生活方式将逐渐改变。以浙江省为例，沪杭城际高铁设计时速 300 千米/小时，从上海到杭州的运行时间仅为 40 分钟。作为浙江省对外的最主要通道，沪杭城际高速能够彻底缓解沪杭线的饱和状态，使浙江人民的日常生活完全与上海接轨，与长江三角洲融为一体。

高铁的运行在改变区域旅游经济变革的同时，也造成了社会变革，这种变革体现在多个方面，其中人们生活方式因为高铁而改变。我们常说吃、住、行一体，但是高铁的方便快捷使这三样完全可以分开，以上海为例，因为高铁，上海到无锡仅仅 2 小时，这对于上海这样的大都市来说，这种时间距离完全可以吃在无锡，工作在上海，住在杭州了。高铁促成了这种生活方式的形成，主要是时间和金钱成本的节省带来的。高铁的发展带动了相关区域旅游经济的快速发展，人们的收入因此得到了提高，人们的生活选择也逐渐提高了起来。高铁更快、更省钱、更方便、更安全、更舒适的特点更符合人们的出行要求。原来觉得坐火车是件很累的事情，如今高铁的优势在这些方面尽显无遗，高铁让人们愿意出行，乘坐高铁出去旅游是一件十分惬意的事情，不仅节省时间，而且还可以降低旅游成本。让人们将以前在原定时间内不能完成的旅行变为可能，在单位时间内扩大了旅行的半径。例如，北京到上海的旅行，完全可以在一个周末内完成，早上从北京出发，下午就可抵达上海，第二天晚上出发，早上回到北京上班。如果有一个星期的假期，就可以拿出更多的时间来安排旅行路线，不仅时间会因此得到节省，同时在价格上也让人觉得很划算。可以说，高铁能够更充分地满足不同人的出行需求。"高铁在全封闭环境中自动化运行，有一系列完善的安全保障系统，安全程度是任何交通工具无法比拟的。自高铁问世以来，日本、德国和法国已运送 50 亿人次旅客，均未发生过重大行车事故，也没有因事故造成重大人员伤亡。一天要发出上千对的高速列车，事故率及人员伤亡率也远远低于其他现代交通运输方式。这种高度的安全性是各种现代交通运输方式所罕见的。与此相比，全世界由于公路交通伤亡事故每年死亡 28 万~32 万人；1995 年全球民用航空交通中有 52 架飞机坠毁，1438 人丧生。"[1][2] 根据岗田宏和龚深弟（1998）的计算，自开业到 1995 年，日本东海道、山阳新干线在环境保护、节能和交通安全方面的社会效果总计为 23300 亿日元，而东海道新干线最初的造价为 3800 亿日元。在这些社会效益中，其中最大的效益是交通安全（8400 亿日元），高于节约能源所带来的效益（7500 亿日元，可能被低估），甚至也高于所有的环境保护的社会效

---

① 李莹. 高速铁路基础资料库系统设计与实现［D］. 北京交通大学，2006.
② 岗田宏，龚深弟. 日本的新干线和社会经济效益［J］. 中国铁路，1998（10）：28-35.

益（7400 亿日元）。区域旅游经济发展离不开大量的人力、物力，其中人力资源是社会经济发展的重要内容。城市对人力资源的需求是巨大的，反映在我国的实际生产生活中，高速铁路的重要意义就体现出来了。大量的劳动力需要从农村和偏远地区转移到城市中来，通过一年的务工，赚取生活费用。随着节假日的到来，农村劳动力需要返回家乡，这种往返的过程就产生了一个巨大的客流量，其中就有举世闻名的"春运"。我国的劳动力转移人口将近 3 亿，可想而知，节假日的往返、工作城市的变迁，这个群体涉及的交通转移量是多么巨大。乘坐飞机的成本太高，农民工无法消费得起，而且承载能力也完全不足。而公路只适合短途客运，长距离的无法抵达或者安全保障太低，因此铁路成了主要的选择。2003年阜阳地区外出乘火车人次比 1996 年增长了近 7 倍，2004 年春节 40 天就发送以民工为主的旅客 137 万人。2004 年，阜阳市有 220 多万农村剩余劳动力，占全市农业人口的 27%，其中有 180 多万农村剩余劳动力长期在外地务工。仅广东东莞的一个小镇就有来自阜阳的民工 10 多万人。2004 年阜阳市农民外出劳务带回本地的收入约为 70 亿元，约占当地 GDP 的 32.7%。赣州地区沿线 7 个县（市、区）2001 年外出务工农民在 110 万人以上，外出劳务收入达 60 亿元。河南商丘市通过铁路运输到东莞、太原、北京、上海、哈尔滨等地打工的人数，每年也以 2 万人的速度递增。通过劳务输出，农民开阔了眼界，掌握了技能，一些农民工还能积累资金和经验返乡创业。阜阳市外出民工返乡创业年产值达 6 亿多元，年创利税 1.8 亿元，吸纳当地农民及城镇下岗失业人员就业 5 万余人[①]。高铁从建设开始就会产生大量就业机会，而建成后形成的产业链更是能够提供充分的工作岗位，这对高铁沿线的经济发展起到了极大的促进作用，同时加速加快城市之间的联系，也会增加大量的就业机会。例如，以投入 1 亿元用来建设就会对农业、机械工业、交通运输设备制造业、铁路建筑业、货运邮电业、商业、金融保险业等提供大量的就业人员需求。另外，为每 1 亿元铁路建设投资劳动者的报酬为 0.356 亿元人民币，除去铁路建筑业的劳动者报酬 0.066 亿元，实际为 8.29 亿元，高铁建设投资每年可向社会劳动者提供报酬约为 79.83 亿元，平均每个劳动者年获得报酬为 5411.55 元。

---

① 孙永福．京九铁路对客货运输及经济发展的重要作用［J］．中国铁路，2005（3）：14.

第二节　高铁促进区域旅游经济发展的内在机理

利用充分的数据资料对高铁对区域旅游经济发展影响进行定量分析是验证高铁促进区域旅游经济发展的客观依据。由于高铁的作用力十分庞大和复杂，可以说影响到了区域旅游经济发展的方方面面，有短期效应也有长期效应，有直接的影响也有间接的影响，所以采用定量分析的角度和选项就变得十分重要。赵丹（2012）认为，网格化和可达性的评估模式一直有着很好的测评效果。不论高铁对区域旅游经济形成哪些深远和短暂的影响，其影响作用的本身都来自高铁。所以，将高速铁路自身所带来的直接作用加权测算，作为衡量高铁对区域旅游经济作用的一种标准。另外，高铁作用于区域旅游经济的效果也必须反映在测算的内容中，这两个选项来自区域旅游经济发展的自身衡量指标。通过两者的有机结合，能够在一定程度上对两者之间的作用关系充分表达出来。这些选项包括空间成本、时间成本以及社会效益。首先是反映在高铁自身所带来的直接作用；其次是区域旅游经济中对产业的影响；最后是对人才就业等内容的影响。其内在联系均通过时间和空间的变化而成为现实。

一、高铁提升可达性的空间经济联系

高铁与区域旅游经济发展的协调，一方面表现为高铁助推旅游经济的发展。高铁在极大程度上压缩了地区间的时空距离，促进了地区"1小时城市圈"的发展以及繁荣了一日游等形式的旅游市场。高铁大大提高了地区的可达性，加强了地区之间的经济联系。高铁的出现扩大了旅行者的出游范围，尤其是在时间有限的情况下，增大旅游目的地选择的空间。在高铁的影响下，助推了"点—线—面"等旅游模式的发展。另一方面表现为旅游经济反作用于高铁的发展。人们的旅游需求在逐渐放大，高铁快速、安全、舒适、换乘方便等特点迎合了游客的需求，从而推动了高铁的建设。旅游经济的快速发展加快了高铁线路由"线状"向"网络状"方向升级优化，从而促进了交通网络的发展。旅游客流规模增大对高铁的承载量、舒适度、安全性提出了更高的要求，反方向推动了高铁相关科学技术的发展。

研究高铁影响下的中国城市旅游经济联系的格局、特征，对在"一带一路"倡议下，解读高铁在城市间旅游一体化发展中表征的角色和政策含义，有助于国家、不同城市群、不同地区层面合理布局与重构优化高铁旅游资源要素、为高铁黄金时代旅游的可持续发展提供科学依据。目前，学术界关于旅游经济联系的研究颇多，涵盖旅游经济联系差异性、格局、空间演变与优化、旅游经济联系强度耦合及机制等多重视角，呈多元化、多视角、多层面特征。基于旅游经济联系强度模型，社会网络分析的网络密度、中心度、凝聚子群等探讨高铁影响下的城市旅游经济联系强度及其网络结构、特征、空间格局等，成为当前研究常用的方法。

通过研究发现，中国城市点对点的旅游经济联系强度呈现明显的不均衡特征与等级层次性，高旅游经济联系强度的城市对相对较少，包括北京—天津、上海—杭州、上海—南京等，北京、天津、上海、杭州、南京等东部城市的旅游经济联系综合强度位于全国前列，中部与东北城市居中，西部城市较为落后，旅游经济空间的扩散整体呈长三角、京津冀、海峡西岸、长江中游等东部向中部继而向东北、西北与西南延伸拓展的态势。

中国整体高铁旅游经济联系松散，尚未形成一种大规模或占有中国绝对影响地位的高铁旅游经济的集散场，总体仍呈现一种相对分散、孤立的空间格局。西部区域高铁旅游经济联系断裂显著，在东部、中部部分地区，离散型的高铁旅游经济网络逐步组合成一个整体的网络形态，形成小范围区域或城市群尺度的"小集聚"现象。[①]

二、高铁对旅游产业结构的优化

高铁将大大拉近重要城市的时空距离，为大城市及所辖的城镇带来庞大的人流、物流和信息流，为城市旅游发展提供更优越的平台，对城市旅游产业及经济发展起到强有力的拉动和促进作用。同时，高铁的建设，将彻底释放铁路线的运输能力。日本的东京作为世界超大城市之一，在城市拓展的过程中，通过新干线实现了城市新的发展轴，以铁路系统为骨架，成功引导了多中心组团大都市的有序布局，形成"一核多心"的城市结构。

高铁的开通运行，将充分体现交通设施的引导作用，加速沿线地区的发展。通过磁铁效应，实现物质资源、人力资源的高度聚集，带来沿线土地价值的提升，城市结构也将出现带状发展趋势，形成高铁沿线的节点式带状经济区，从而推动区域旅游基础设施协调发展，区域产业布局及城镇功能经济的一体化建设。

① 倪维秋，廖茂林. 高速铁路对中国省会城市旅游经济联系的空间影响［J］. 中国人口·资源与环境，2018，28（3）：160-168.

随着高铁的发展整合了区域内的旅游资源，带来了大量的观光者和游客，从而带动整个旅游业的发展。

高铁的发展通过时间和空间为产业结构的变化提供优化效应，通过改变城市间的发展距离，带动中心城市的辐射效应；通过整合各区域间的优势资源，带动整个区域旅游经济的融合和发展；通过不断为第二产业和第三产业提供优质服务，从而促进相关产业不断升级。"大规模的高铁投资有利于促进产业结构和区域旅游经济布局的调整。以京沪高铁为例，这条世界上一次建成线路最长、标准最高的高铁，纵贯北京、天津、河北、山东、安徽、江苏、上海七省市，连接环渤海和长江三角洲两大经济区。这些省市的面积占全国的 6.5%，人口占全国的1/4，GDP 占全国的40%，是我国经济发展最活跃和最具潜力的地区，客货运输需求旺盛。可以预期，这条铁路在支撑区域协调发展、优化资源配置和产业布局、构建高效的综合运输体系、降低社会物流成本、促进城镇一体化进程和经济可持续发展等方面，将发挥巨大的作用。"①

三、高铁对旅游就业的影响

高铁交通系统为沿线旅游目的地提供了更多就业机会，并促进当地人口规模增长。Sean Randolph（2008）结合当地铁路局提供的数据预测了加州海湾地区修建高铁和不修建高铁对就业和人口的影响。其中，旧金山不修建高铁就业增长率是 25.20%，人口增长率是 7.40%，修建高铁后就业增长率为 26.20%，人口增长率为 9.30%，可见，高铁建设促进了沿线旅游目的地的人口增长和就业增加。

高铁是一个巨大的产业链，涉及从基站维护、建设施工到铁路运营管理方方面面的工作，直接制造的就业数量相当可观。此外，高铁拉动一系列的相关产业形成，能够间接带动就业。这种联系是根据投入产生的，比如投入 1000 亿元的动车项目可提供 80 万人的就业岗位，但高铁在整个建设过程中对第二、三产业的拉动作用远远不止于此。通过产业的拉动带来的大量就业机会，并不仅仅是修 1 千米铁路，带动 600 人就业的问题，还有更长远的就业安排和选择问题。距离的缩短能够让城市近郊的居民有更多的就业选择和发展机会，通过高铁所带来的时间旅程缩短，高铁能够让更多的人才快速地流动，高素质的人才能够根据高铁带来的对空间阻隔的解除而选择流动，这就加速了人力资源的整合效应，成为区域旅游经济发展的又一坚强后盾。这些关于就业方面的特点和证明早就在日本新干线中产生了示范效应。新干线高铁建成以后，不仅改善了日本的交通运输状

---

① 林晓言，等.京津城际高速铁路对区域经济影响的定量分析［J］.铁道经济研究，2010（5）：5-11.

态，而且活跃了日本的经济活动，促进了工农业生产的发展和国民生活水平的提升，产生了巨大的社会效益。大阪是日本高铁最早的受益者之一，政府在规划建设新干线车站时就将车站与城市中心的发展结合在一起。大阪的发展主要集中在城市内的北站和南站，两个车站之间由环行地铁联系，车站与它们之间的地段共同构成了城市的 CBD、经济发展核心。这里积聚了大量的商务办公楼、商店和休闲场所，在这里工作的人员达到了 100 万人。新干线的建设不仅带动了日本土木建筑、原材料、机械制造等有关产业的发展，更重要的是促进了人员流动，加速和扩大了信息、知识和技术的传播，从而带动了地方经济发展，缩小了城乡差别。据调查，东海道新干线和山阳新干线，每年约有乘客 2 亿人次，仅此产生的食宿、旅游等的消费支出约为 5 万亿日元，增加就业 50 万人[①]。正如日本新干线对就业产生的效应，高铁的建设对区域旅游经济的带动势必会提升城市的发展，经济效应在第一、二、三产业间产生良性互动，从而促进了经济要素的循环流动，增加了工作机会和岗位，从而促进了就业。

第三节　高铁对京津冀旅游经济发展影响的实证

一、旅游经济联系模型的建立

（一）模型选取

区域一体化发展的浪潮使每个旅游地不再是一个孤立的单元，而是一种共存与共生协调发展的关系，这在很大程度上表现为旅游经济联系，它是旅游经济联系密切程度的直接体现，能够较客观地反映各经济单位间的相互作用力，同时也能反映出区域中心城市的对外辐射能力和周边城市对中心城市辐射的接受力。旅游经济联系通常可以用绝对经济联系和相对经济联系来表示，其中绝对经济联系由引力模式修正而来，既可以反映目的地与客源地的旅游发展水平，又体现了两地之间距离远近对旅游经济联系的作用，因此能够更准确地表达出区域中心的辐射能力和区域边缘对中心的依赖性，是区域经济关系研究中常用的指标[②]，见式

① 高铁开启［EB/OL］．腾讯网，http：//henan．qq．com/a/20120911/000609.htm.
② 卞显红．长江三角洲城市旅游空间结构形成机制［M］．上海：上海人民出版社，2008.

（7-1）：

$$R_{ij} = \frac{\sqrt{p_i M_i} \sqrt{p_j M_j}}{D_{ij}^2}$$ 　　　　　　　　　　（7-1）

$$C_{ij} = \sum_{j=1}^{n} R_{ij}$$

其中，p_i、p_j 分别为 i 市和 j 市的旅游接待总人数（万人次）；M_i、M_j 分别为 i 市和 j 市的旅游总收入（亿元）；D_{ij} 为 i、j 两市之间的距离，本书用最短旅游时间（小时）计量；R_{ij} 代表 i、j 两市之间旅游经济联系强度；C_i 反映 i 市与其他各市的旅游经济联系总量，反映了其在区域旅游发展整体格局中的地位和作用。

（二）数据来源

1. 旅游总收入和旅游接待人数

通过查询国家统计局、国家旅游局等政府相关部门编纂的统计年鉴和北京、天津、河北各市统计局和旅游局官方网站公布的相关数据，整理得出各年的旅游总收入（包括国内旅游收入和旅游外汇收入，其中旅游外汇收入以当年的汇率均价换算）及其增长率、旅游接待人数（包括国内旅游人数和入境旅游人数）及其增长率，假设 2020 年每年的旅游总收入和旅游接待人数以恒定速度增长，且增长率是各地增长率的平均值，由此粗略估计 2020 年各地的旅游总收入和旅游接待人数。

2. 最短旅行时间

高铁开通前后最短旅行时间的确定方式与前文中最短旅行时间确定方式相同，此处不再赘述。

二、京津冀旅游经济联系强度变化分析

将 2020 年京津冀 13 个城市旅游总收入和旅游总人数的数据代入，对两地之间旅游经济联系强度进行测算，发现高铁开通后各城市之间旅游经济联系强度显著加强。除京津外，又有北京与唐山、保定、承德、廊坊、张家口以及天津与廊坊 6 对城市之间的旅游经济联系强度超过 1 亿，其中北京与天津联系最紧密，达到 6.98×10^8，其他城市对与京津的差距明显缩小，即随着交通一体化的先行发展，旅游一体化也随即跟上，北京的极化地位显著减弱，取而代之的是辐射效应增强，对周边地区旅游发展的带动作用提升。相互联系度在 1000 万以上的城市也增加至 19 对，京津冀地区各城市之间旅游经济联系强度普遍提升，整体呈现

出以北京、天津最密集，石家庄、保定、唐山次之，其他城市联系度较低的圈层递减结构，且该圈层较高铁开通前呈几何倍数向外扩张。同时天津与廊坊、唐山等地的联系虽不及北京与该两市的联系密切，但差距已日益缩小，天津作为京津冀旅游副中心的地位得到进一步突出，京津冀整体旅游发展有由单极引导向双极带动演化的趋势，且核周城市同时兼具接受辐射和向外带动的作用。从高铁开通前后京津冀各地之间旅游经济联系强度的变化对比可以看出，各地间联系强度提升明显，联系紧密区已遍布整个京津冀地区。

三、京津冀旅游经济联系总量变化分析

将2020年的相关数据代入公式，得出高铁开通后各地旅游经济联系总量及比重状况，如表7-1所示，发现各地的旅游经济联系总量呈现不同程度的增长。其中仍然是北京、天津总量最大，但其所占比重有所减小。说明高铁开通后，在京津保增长的同时，其他城市实现了旅游经济联系更大幅度的增长。

表7-1　高铁开通前京津冀各地旅游经济联系比重

城市	比重（%）
北京	46.16
天津	39.34
石家庄	1.06
秦皇岛	0.69
唐山	1.63
保定	2.57
邯郸	0.32
承德	0.31
邢台	0.18
衡水	0.13
沧州	0.32
廊坊	7.00
张家口	0.29

旅游经济联系总量变化量大的城市，在高铁开通前后旅游经济联系总量的绝对数值也较大，反之亦然，说明短期内各地旅游经济联系所代表的该目的地在区

域旅游中的绝对地位不会发生根本性改变。然而各地联系量的变化幅度为 8.18~254.15 倍，差异显著，整体表现为旅游经济联系总量及变化量与变化幅度呈负相关，即总量大的城市，变化量也大，但变化幅度小；绝对数量小的城市，变化量小，但变化幅度大。其中拥有最大变化量的京津两地，增幅仅为 13.72 倍和 8.18 倍，原因是高铁开通之前两地与其他城市旅游经济联系已达到较大规模，增长空间有限；而与之相反的是承德、张家口等地，旅游经济联系增量不显著，但变化幅度最大，增幅均超过 100 倍，这要归因于其在旅游经济基础较弱的现状下，随着与各客源地市场之间旅游交通条件的改善，实现了旅游经济联系的强势倍增，有利于吸引潜在客源。其他产生较强烈变化的城市有衡水、唐山、石家庄、邯郸、沧州等区域边缘城市，增幅均在 50 倍以上。整体上京津冀城市群旅游经济联系的空间格局并没有发生质的变化，但京津核心旅游区的垄断状况有一定程度的弱化，有利于进一步摆脱京津"虹吸效应"的影响，各城市发挥其资源优势，创造差异化竞争，扩大客源市场，繁荣地方旅游经济，这一变化趋势也与可达性的变化趋势基本一致。

第八章　高铁对旅游业态发展的影响

旅游经济系统是一个具有高度综合性与复杂性的区域经济子系统，是以旅游资源综合开发利用为基础，以旅游目的地的旅游公共服务、社会经济支持系统、旅游生态系统为基础保障，在旅游相关产业的协同运作下发展的一个综合性系统。高铁极大地改善了旅游交通，提升了旅游目的地可达性，带来了新的时空认知，促进同城化、近城化、网络化、网格化等区域效应凸显，游客旅游行为模式发生新的变化，旅游市场需求进一步演化。由此，旅游目的地需要有新的产品形态、新的业态、新的旅游模式、新的产业体系，满足高铁旅游新需求，这也不断催生出一批高铁旅游产品新体系，重新塑造旅游产业体系。高铁旅游已成为影响中国旅游发展模式和发展格局、释放旅游市场发展潜力的重要力量。

第一节　带动旅游产业高质量发展

高速铁路的开通，极大地提高了旅游目的地交通可达性，扩大了旅游客源市场范围，给旅游业带来了客流量的大幅增加，极大地促进了旅游产业绩效的提升。如 2015 年"中国最美铁路"的合福高铁开通仅 1 个月之后，国家 AAAAA 级风景区、世界自然和文化双遗产武夷山的客流量迎来"井喷"现象，1 个月内武夷山接待游客 118.80 万人次，同比增长 42.86%，呈现良好的发展态势。

与此同时，高铁时代的到来，也对各地旅游发展提出了新的挑战和需求，促使各地旅游产品不断转型升级，以适应游客的新需求。

第一，高铁快速交通的增加，带来区域可达性程度提升，促进了旅游客流量的快速增加，但也不可避免地带来了旅游发展的"廊道效应"，一些地区旅游发展可能出现"只见人气不见财气"的现象。对于旅游目的地来说，为降低负面效应，避免成为过境地，应不断推进旅游产品转型升级，应有新的能够留住人的旅游产品，需要有更长的旅游产业链条，而这核心在于不断创新业态，以获得更高的产业经济效益。

第二，高铁时代下，新的交通方式改变了传统的出游方式，促使旅游行为模式发生了新的变化，带来了新的旅游市场需求和新的旅游模式。①居民出游次数增多，出游目的日渐多元化，观光游、度假游、会议游、乡村体验游、夜间游、购物游等新的旅游需求上升。②高铁时代商务游客和中高端游客比例增加，休闲度假游客增多，对于休闲度假需求显著增加。由此，要求传统旅游产品需要转型升级，适应高铁时代旅游市场高端化、休闲化、多元化的发展需求，要求有新的产品形态、新的业态、新的旅游模式和新的产业体系，满足高铁旅游新需求。

一、开通一批高铁旅游线路

交通是制约旅游资源开发的首要瓶颈因素。全域旅游时代，旅游业的发展核心在于要能够形成一系列产业发展的全域空间格局。高速铁路具有极强的交通串联带动作用，能够很好地满足全域旅游发展要求。

一方面，高铁的开通，给一些不发达地区或者以往交通不便利的旅游资源带来了新的开发机遇和市场空间，能够有力地促进其旅游资源的进一步开发，快速推向市场，成为新的旅游产品和目的地。

另一方面，高铁线路的开通，也能够有效地将沿线的旅游资源、旅游景点和旅游产品串联起来，形成一批高铁旅游线路，打造旅游产业集聚带和集聚区，适应全域旅游发展的新格局。

随着各条高铁线路的开通，全国各地也相继推出了多条"高铁风景线"，如京沪高铁（多元文化景观之旅）、杭福深客运专线（滨海景观之旅）、合福高铁（多元文化景观之旅）、渝贵高铁（红色之旅）、沪昆客运专线沪杭段（江南文化之旅）、贵广高铁（喀斯特景观之旅）、武广高铁（多元文化景观之旅）、哈大高铁（冰海雪原之旅）、西成高铁（多元文化景观之旅）、合武高铁（红色之旅），此外还有一些高铁旅游线路（见表8-1）正迅速成为游客青睐的旅游线路。

这些新的高铁旅游线路，将过往散落的旅游景点连点成线，成为旅游市场的新选择，也在快速地改变各地的旅游市场格局。

表8-1 全国主要高铁旅游线路

高铁线路	旅游主题	沿线AAAA级以上景区数量	高铁站点数量	高铁站点名称	串联优秀旅游城市数量	优秀旅游城市名称	旅游主题简介
济南东—威海高铁	仙境海岸	16	7	烟台、烟台南、烟台西、牟平（蓬莱、莱阳、海阳北、龙口）	8	蓬莱、长岛、龙口、招远、莱州、海阳、栖霞、莱阳	以"仙境海岸"文化旅游目的地品牌为引领，烟台深入挖掘城市文化优势资源，构建多层次、全产业链旅游品牌体系。"仙境海岸"（烟台）核心产品的发布，既是对"仙境海岸"文化旅游目的地"品牌创建到建到品牌经济"的一次创新尝试，也是突出核心区域龙头带动效应，凸显AAAAA级景区成熟线路的市场号召力，也包含了老景区的新玩法，通过载体活化、品牌引领，区域成发展，形成了具有品牌实力和竞争力的高端产品。将"仙境海岸"上具备发展前景，适应未来旅游客需求的产品、连点成线、组合成拳，通过部门、企业、中外旅游渠道商共同发力，以"新丝路之约"联合博古市场。"仙境海岸"系列线路产品让烟台旅游更具承载力和吸引力。仙境海岸·开埠文化之旅：本条线路为烟台滨海一线，既可自成一线，也可自由拼接延伸游览。仙境海岸·八仙海岸：汇聚了烟台两个AAAAA级景区和市场号召力的主题海岛，黄金等资源。仙境海岸·海上寻仙之旅：全国具有唯一性的海岛，也可与"仙境海岸"四城市连线组合，本线路可自由拼接烟台之旅。城市连线是烟台主题线路，游客接待量在夏季可谓"高近县域度五日组合中，最能展现旅游新业态之势的"向海经济"，也是烟台发展度五日和慢游七日产品的核心组成

续表

高铁线路	旅游主题	沿线AAAA级以上景区数量	高铁站点数量	高铁站点名称	串联优秀旅游城市数量	优秀旅游城市名称	旅游主题简介
敦白高铁	长吉图冰雪体验之旅	6	8	长春、吉林、蛟河、敦化、安图、延吉、图们、珲春	5	长春、吉林、蛟河、敦化、延吉	长春市是吉林省省会，是东北三省的中心城市，铁路和航空交通便利，拥有星级以上酒店63家。冬季冰雪旅游节达60余天，游人可以在净月潭、莲花山、庙香山等滑雪场感受童话般的冰雪世界，畅享浪漫、挥洒激情。长春市美食以吉菜为特色，同时汇聚了国内外饮食文化精华，游人在这里可尽情地享受吉菜美食，也可找到家乡菜。吉林市是吉林省第二大城市，位于长图线、沈吉线、吉舒线三条铁路交会处，冬季可以观赏壮美的雾凇，体验万科松花湖，还可到北大壶雾凇岛或圣鑫葡萄酒庄园，感受圣德泉、北大壶温泉的舒适。最具代表性的美食有松花湖鱼宴、关东衣家宴、满族传统风味餐、老太太煎粉、老韩头土豆付串等特色小吃。延边州是中国朝鲜族民族聚居的中心，保留着许多传统的朝鲜族民俗风情和民俗文化，拥有星级以上酒店43家。延边的雪景奇特，有中国最壮观的百里雪带景区——"老里克湖"，堪称"中华凇之最"。在安图图们红旗朝鲜族民俗和龙金达来朝鲜族民俗村都可以品尝朝鲜族美食，并体验朝鲜族民俗。敦化六鼎山大佛是国家AAAA级景区，是东北亚著名的佛教旅游胜地，是吉林省第一家文化旅游区试点单位。梦都美民俗旅游度假村感受延吉宏伟壮美景、独一无二的清雪美景，可体验东北、朝鲜特色。防川景区里的龙虎阁高高矗立在中国、朝鲜、俄罗斯边境，一眼望三国

续表

高铁线路	旅游主题	沿线AAAA级以上景区数量	高铁站点数量	高铁站点名称	串联优秀旅游城市数量	优秀旅游城市名称	旅游主题简介
	奇幻火洲	3	1	吐鲁番北	1	吐鲁番	早乘高铁动车到达吐鲁番北，参观与万里长城、京杭大运河齐名的地下伟大工程——坎儿井，被誉定为世界文化遗产今有2000多年历史，被誉定为世界文化遗产的"交河故城"。感受浓郁的民俗风情，可走进古老的维吾尔族自然村落——维吾尔古村；午餐后参观境内现存最大的维吾尔古塔——苏公塔，晚描写的火焰山，国家AAAAA级风景名胜区——葡萄沟。晚送高铁，返回乌鲁木齐，结束吐鲁番之旅
乌鲁木齐吐鲁番北、乌鲁木齐至鄯善北高铁	杏花一日游		1	吐鲁番北	1	吐鲁番	08：30　乘坐高铁旅游列车出发，抵达吐鲁番北站后，换乘大巴车赴吐鲁番伊尼安"营养馕一条街" 11：30　乘大巴赴上湖村杏花园（距离16千米，车行约30分钟） 12：00　抵达上湖村杏花节会场，游客步行穿过小吃、民俗长街，品尝当地民俗小吃，之后参加开幕式场地，抵达开幕式及观看开幕式活动，后参观民族一家来赠书活动干苗杏园 13：30　可沿古树巷漫步至五道林参观，它采取了沟植造林，林渠相结合，宽渠行相间，多道配置等措施形成了独具一格的造林方式。五道林长3800米，宽23米，林内并排开出五道毛渠，渠两侧内坡上栽种青杨、白杨、沙枣、桑树等树木共5道10行，因而得名 14：30　乘大巴参加吐鲁番地区组织的"幸福新疆——新疆首届春博会"，这次春博会内舞台观看到各个景区

续表

高铁线路	旅游主题	沿线AAAA级以上景区数量	高铁站点数量	高铁站点名称	串联优秀旅游城市数量	优秀旅游城市名称	旅游主题简介
乌鲁木齐吐鲁番北、乌鲁木齐至鄯善北高铁	杏花一日游		1	吐鲁番北	1	吐鲁番	最具新疆代表性的歌舞，花为主题特色的T台秀；还有3000平方米的室外展区，分为民俗表演区和美食畅饮区两部分。民俗表演区主要有斗鸡、斗羊、桑皮纸制作，传统土印花布等表演；美食畅饮区主要有烤全羊、烤肉、炒斗鸡、凉皮、各色干果等特色美食和葡萄酒、啤酒、卡瓦斯、各种奶制品、当地自酿饮品。晚餐后前住吐鲁番处集合用餐。统一乘坐动车火车站乘车 16:30 在交河景区乘车 18:25 乘车抵达吐鲁番动车火车站，统一乘坐动车返回乌鲁木齐 19:42 乘高铁专列返回自己的家，结束愉快的早春"杏福之旅"
贵广高铁、南广高铁	穿越喀斯特地貌，感受最温柔风景	150	46	贵广高铁共设23个客运站，分别为贵阳北、贵阳东、龙洞堡、龙里北、贵定县、都匀东、三都县、榕江、从江、三江南、五通、桂林西、桂林北（非正线上）、阳朔、钟山西、贺州东、怀集、广宁、南广高铁全线共设23个站。南宁东、吴圩、南宁机场、五塘南、贵港站、覃塘站、桂平东站、根竹站、平南南站、藤县站、梧州南站、郁南南站、肇庆东站、厚禄站、桂平站、云浮东站、肇庆西站、三水南站（与贵广高速铁路并线）、佛山西站、奇桂站、三眼桥站、广州南站	9	广州市、肇庆市、佛山市、桂林市、南宁市、柳州市、梧州市、贺州市、贵阳市	这是一趟奇特的穿越喀斯特地貌的超级旅游线，行遍沿线的黔三省区13城市，感受"最温柔"的风景。喝早茶、宿苗寨，穿越"最温柔"的岭南文化，原汁原味的南方风土，诗情画意的黔南风景线，变幻莫测的粤桂旅游线。走走停停，吃吃喝喝，朝喝桂林漓江美，夜破贵州民族风情楼。这是一趟奇妙体验的黔桂旅游线，虾饺尝鲜、午游桂林，突破又相逢的空间概念。与粤营广州铁引发的变革，正成为时尚的亲密接触，在现代化交通手段的线下，使散落在南中国的片片珠玉串成珠链，朝尝广州的快意乐成，尽显珠玉玑成锦好

续表

高铁线路	旅游主题	沿线AAAA级以上景区数量	高铁站点数量	高铁站点名称	串联优秀旅游城市数量	优秀旅游城市名称	旅游主题简介
盐通高铁	世遗探秘	6	10	福州、福州南、武夷山、武夷山北、武夷山东、泰宁、南靖、龙山镇、厦门、厦门北	5	武夷山市、泰宁县、永定区、厦门市、南靖县	世界遗产和世界地质公园是全世界公认的首要旅游品牌。福建省"十三五"旅游规划主推"4+2"："4"即"福建省四处世界遗产地（世界文化与自然双遗产——武夷山，世界文化遗产——福建土楼，世界自然遗产——泰宁丹霞，世界文化遗产——厦门鼓浪屿），2即两处世界地质公园（泰宁世界地质公园、宁德世界地质公园），是福建省最具竞争力的核心旅游产品
福漳高铁	海丝休闲	8	11	福州、福州南、莆田、仙游、涵江、泉州、泉州东、厦门、厦门北、漳州、漳州东	5	平潭综合实验区、东山县、仙游县、厦门市、南靖县	福建是海上丝绸之路的重要起点，从唐末到明清直至近代，福建都是海上丝绸之路最重要的参与者与见证者。早在唐代中期，福建的泉州已与广州、交州、扬州并称为"全国四大通商口岸"。宋元时期，海上丝绸之路达至顶峰，泉州港成为"东方第一大港"，与埃及的亚历山大港大港齐名。明朝前期，福州港取泉州港的官方大港地位，著名航海家郑和从长乐太平港开洋远航七下西洋；明朝中后期，漳州月港是当时中国最大的对外贸易港口。正是由于福建有着这么多海上丝绸之路的文化底蕴，中央政府确定福建省是中国 21 世纪海上丝绸之路核心区
福厦高铁	福厦世界茶乡之旅	2	12	福州、福州北、福鼎、武夷山、武夷山北、武夷山东、泉州、漳州、漳州东、厦门、厦门东、厦门北	2	武夷山市、厦门市	福建是中国茶文化的发祥地，也是万里茶路的起点。福建茶文化有 1000 多年的历史，福建产茶的文字记载比《茶经》还早 300 年。17 世纪初，福建的武夷山红茶、正山小种就传入了英国王室。福建茶叶品种齐全，武夷山的岩茶、乌龙茶，闽南的铁观音，闽东的白茶和福州的茉莉花茶都享誉海内外

续表

高铁线路	旅游主题	沿线AAAA级以上景区数量	高铁站点数量	高铁站点名称	串联优秀旅游城市数量	优秀旅游城市名称	旅游主题简介
福莆高铁	福莆宗教朝觐之旅	7	11	福州、福州南、三明、三明北、漳州、漳州东、厦门、厦门北、泉州、泉州东、莆田	4	泰宁县、南靖县、华安县、仙游县	福建宗教信仰多元，佛教、道教、伊斯兰教、天主教、基督教等宗教文化兼容并蓄。福建有许多基督教堂和清真寺，佛教与道教兼而有之，同时也有很多"世界宗教博览城"，美誉。泉州清净寺、晋江草庵，供奉着全国仅存的摩尼教石佛，土生土长的道教，不断与民同信仰融合，信徒络绎不绝。湄洲岛的妈祖娘娘，临水宫的陈靖姑等女神信仰，在海峡两岸渊源流长
杭武高铁	红色经典之旅	1	9	上杭、长汀南、漳平、建宁县北、泰宁、邵武、武夷山、武夷山北、武夷山东	5	永定、武平、连城、建宁、泰宁、武夷山	福建省被列入了以韶山、井冈山和瑞金为中心的"湘赣闽红色旅游区"。全省共有5个景区入选全国百家红色旅游经典景区，全国97个原中央苏区县有37个在福建省，素有"革命摇篮"、"领袖故里"之称
厦福高铁	客家文化之旅	5	7	厦门、厦门北、龙岩、三明、三明北建、福州、福州南	7	厦门市、泰宁县、龙岩市、永定区、连城县、武平县、三明建宁县、永安市	福建客家文化是现存的最完整的传统汉民族文化。福建的闽西是海内外客家人公认的中区区域和重要祖籍地，也是近五百万台湾同胞的主要祖籍地，是世界文化遗产福建土楼是客家的象征，小社会和谐相处的典范

续表

高铁线路	旅游主题	沿线AAAA级以上景区数量	高铁站点数量	高铁站点名称	串联优秀旅游城市数量	优秀旅游城市名称	旅游主题简介
合福高铁	温泉度假之旅	2	8	福州、福州南、宁德、南平、平南、南平北、三明、三明北	9	泰宁县、屏南县、尤溪县、建宁县、周宁县、福鼎市、邵武市、永安市	福建温泉资源分布广，水温高，水质优，已经超过100处温泉源头，温泉资源全国排名第三，既有热泉，也有冷泉，是福建旅游的重要资源。闽菜是中国八大菜系之一，以烹制山珍海味而著称，在色香味形俱佳的基础上，尤以"香""味"见长
景德镇—鄱阳高铁	"清婺景"最美之旅	10	3	婺源站、景德镇北站、上饶站	2	上饶市、景德镇市	【背景介绍】为策应高铁时代来临，推动区域旅游一体化发展，"清婺景"三家 AAAAA 级景区自主联合并面向市场推广特色品牌路线，打造"最美之旅"这一精品品牌。三清山风景区、婺源旅游风景区和景德镇古窑民俗博览区三家景区拥有得天独厚的资源禀赋，旅游产品各具优势，资源差异性明显，且淡旺季互补性强的特点。三家景区特色鲜明的旅游资源，优质的旅游品质，通过新颖的平台渠道推广以及新媒体的联合营销，以此共同提升这条热门旅游线路的竞争力与美誉度。【交通便捷】"清婺景"要成为国内外炙手可热的旅游线路，首要因素就是大交通的发展，成为江西跨区域旅游合作的高地，在交通上有着独特的优势。"十字"互通，有"三纵两横"的高铁网络，沪昆高铁在上饶站"十"字互通，开通了飞往北京、青岛、成都、深圳等方向的航班，同时三清山机场也新建完成，随着京福高铁的开通，迈源位于三清山和景德镇中心点处，景德镇自古就是交通重镇，河运、迈入了便捷交通的行列。景德镇自古就是交通重镇，加上地方加密高铁，机场的建设形成了水陆空立体交通网络

续表

高铁线路	旅游主题	沿线AAAA级以上景区数量	高铁站点数量	高铁站点名称	串联优秀旅游城市数量	优秀旅游城市名称	旅游主题简介
景德镇—鄱阳高铁	"清婺景"—最美之旅	10	3	婺源站、景德镇北站、上饶站	2	上饶市、景德镇市	高速、景德镇已成为重要的高速枢纽城市。"最美之旅""三家景区相依为邻高速互连，自驾车程在1小时以内，婺源的休闲度假游，形成了完美的休闲度假游。景德镇【产品特点】三清山的观光游、古窑的陶瓷文化游与购物游的融合。涵盖"名山"和"名村"和"名镇"，"清婺景"旅游线看点丰富，可以满足游客的观光、"清婺景"度假、休闲、度假、商务等多种看需求和体验
渝西高铁	渝西文化主题游	5	4	荣昌区、大足区、永川区、璧山区	4	荣昌区、大足区、永川区、璧山区	渝西文化主题旅游线路：荣昌石刻（万灵古镇）→永川区（AAAA级景区）、茶山竹海、夏布小镇（大足石刻（乐和乐都）、茶山竹海（观音塘湿地公园）→璧山区（观音塘湿地公园）渝西地区自然、人文旅游资源丰富。高铁沿线每一个都是一座文化旅游城市，宛如渝西明珠散发着光彩。著名的有：世界文化遗产大足石刻（AAAAA级景区）、全国最大的野生动物园——重庆市野生动物世界（AAAA级景区）、国家级森林公园茶山竹海（AAAA级景区）、荣昌万灵古镇（AAAA级景区）、璧山观音塘湿地公园（AAAA级景区）。荣昌是一座地处重庆西大门，位于成渝经济区腹心地带，夏布之城。始于宋末的精品"荣昌夏布"是中国四大名陶之一，还有荣昌夏布与荣昌折扇纷纷入选国家级非物质文化遗产名录。大足区内，震惊中外的大足石刻让人震撼不已。大足石刻世界八大石窟，中国四大石窟之一，重庆唯一世界文化遗产。全国首批AAAAA级景区，永川是全国优秀旅游城市，代表着9~13世纪世界石窟艺术的最高水平，感染着人类石窟艺术的"最后丰碑"，永川是全国优秀旅游城市。全国宜居宜业典范城市，璧山区坚持深厚而丰富的历史文化内涵，吸纳着璧山深厚以生态为基，绿色做靓，打造绿色生态之城，神秘、极具浓郁地方特色的山水画卷和诗意栖息的"精神家园"

续表

高铁线路	旅游主题	沿线AAAA级以上景区数量	高铁站点数量	高铁站点名称	串联优秀旅游城市数量	优秀旅游城市名称	旅游主题简介
南宁—玉林高铁	北部湾（搜索南宁）	76	6	南宁站、南宁东站、北海站、钦州站、北海北站、防城港北站、玉林站	4	南宁市、北海市、钦州市、玉林市	2008年，北部湾（广西）旅游联盟由南宁、北海、钦州、防城港、玉林、崇左6市所在行政区域组成。2008年1月16日，国家提出广西北部湾经济区经济建设后，该联盟成为全国第一个重要国际旅游合作建设后的旅游联盟 2014年广西高铁（动车）开通后，作为重要的南宁市旅游发展委员会主动作为，勇于担当，发挥联盟拥有极强海边跨国风情旅游引力和竞争力的滨海休闲度假旅游和神秘边关跨国风情网络优势资源，以及便利的高铁网络优势 （1）2014年组织联盟6市开展相互间的采风踩线交流合作，加强了联盟间的沟通 （2）2015~2017年，联盟先后共同赴广州、湛江、肇庆、海口、三亚、长沙、南昌、兰州20多个城市开展旅游推介，为企业合作牵线搭桥 （3）2017年与《中国旅游报》合作，开展《美丽中国行·聚焦北部湾（广西）旅游推广》活动，行驶覆盖高铁城市北部湾高铁动车"南宁旅游号"旅游专列是全国高铁沿线中唯一具备"山、海、边、文、养、水"极佳线路产品，例如：南宁、中国—东盟国际博览园、国际园博园、北海百里银滩、涠洲岛、崇左跨境海洋度假区……在旅游市场上具有极高的知名度 （4）冠名高铁动车"南宁旅游号"，南宁—广州、上海、北京、盟博览会永久举办地，东盟边境市场开发，加快中越跨境旅游合作，构建中国—东盟海陆跨国旅游通道，潜力巨大。对推进北部湾国际旅游度假区建设，加快中越国际旅游合作，构建新世纪海上丝绸之路旅游新篇章具有重要意义

资料来源：中国旅游报。

二、高铁旅游新业态萌发

铁路是一种交通组织方式，本身也是一种旅游体验方式。一直以来，借助于铁路交通和列车空间场所，铁路部门开发了一批铁路旅游专列，受到了市场的青睐。高铁的开通，则进一步促进旅游专列的发展，催生出一批高品质、多层次的高铁旅游专列，进一步丰富了旅游产品业态。

旅游专列是指由铁路部门或者旅行社联合开发的往返于不同旅游目的地的旅客列车，被称为"陆上邮轮"。这类旅游产品，一方面，能够发挥交通的串联作用，串联起沿线的旅游资源、旅游要素构成一个完整的旅游产品，使游客得到更丰富的旅游体验。另一方面，借助于列车的空间场所，在传统的交通列车功能外，提供酒店、餐饮等其他服务，赋予了一些新的旅游主题和特色化的服务，能够极大地增加旅游产品的体验性和特色化，成为一个新旅游产品，是游客出游的选择之一，也能够促进沿线地区的旅游产业发展，带来吃、住、行、游、购、娱的产业需求。

实际上，铁路旅游专列最早发源于19世纪中期的欧洲，之后全球各地都相应开发出了旅游专列产品。1995年，上海铁路局开通了从上海到杭州的假日旅游列车，之后，旅游专列成为快速发展的专项旅游产品。2000年，原铁道部出台了《旅游专列运输管理办法》，对旅游专列的运营提出了新的规范。2005年，广铁集团开行了全国首趟由旅行社组织管理的"大瑶山号"旅游专列。目前，全国150多个旅游城市共开发了旅游专线800余条。2015年以来，中国铁路总公司便以"中国铁路旅游"为品牌，相继推出"引流入疆""清新福建""绚丽甘肃""亮丽内蒙古""乐游辽宁""好客山东""中国铁路旅游·祖国正北方—祖国正南方"等旅游主题产品。

2008年，我国高铁开通之后，一批高铁旅游专列不断兴起，不少游客认为"乘坐高铁本身就是旅游"体验。此外，各个铁路部门和旅行社也针对不同市场、不同主体、不同线路、不同季节推出了不同的旅游专列产品，成为一个新兴的旅游产品类型。

在这种背景下，中国铁路总公司也开发了一系列高铁旅游专列。2016年，广铁集团获得中国平安保险公司广东省分公司的三趟广州至黄山旅游专列经营权。上海铁路局与贵州省政府合作开行杭州至贵州旅游高铁图定列车。2017年12月，西安到成都的"熊猫号"高铁专列开通。北京、上海、福建、浙江等地均开通了高铁旅游专列，高铁旅游专列已成为全国范围的旅游产品。2016年，全国铁路共有旅游专列814列，其中高铁旅游专列6列，自驾游专列36列。

除了传统的高铁旅游产品外，近年来高铁网络的快速发展，高铁公交化的运营，高铁旅游定制列车逐渐成为旅游市场所需的产品选择之一。

例如，兰铁集团推出了"环西部火车游"的主题旅游产品，由图定组、假日列、专线车三种客车组成方式，为游客带来了全新的出行体验。一方面，根据不同的时间和客流情况开发了多条环形旅游精品线路，包括：兰州至天水、西安等方向的"华夏寻根·人文始祖"东线旅游线路；兰州至敦煌、嘉峪关、酒泉、张掖等方向的"河西走廊·西行漫记"西线旅游线路；兰州至陇南、姚渡等方向的"陇上江南·行摄山水"南线旅游线路等。另一方面，在一些节假日，也根据假日客流需求，开行"五一"陇南春色旅游、"七一"哈达铺红色旅游、"十一"额济纳旗胡杨林旅游等特色旅游专列。不仅如此，针对游客的特殊需求，开发了商务、婚庆、会议等高端旅游专线车。

三、"高铁+旅游"深度融合

随着高铁与旅游的融合，跨区域、跨行业的合作步伐加快，产生出一批将"快旅"与"慢游"融合的新产品。例如，"高铁+旅游景区"的结合、"高铁+租车"的结合、"高铁+邮轮"的结合、"高铁+酒店"的结合、"高铁+旅游综合体"的结合等新模式。这些以高铁为载体，能够极大地增加高铁旅游的特色化、体验性和多样化，满足旅游者旅游价值需要的各项要素和效用的组合，丰富旅游市场产品供给，促进旅游业的升级调整。

其中，很明显的一个变化就是传统"机票+酒店"日渐向"高铁+酒店"模式转变。在"高铁+租车"旅游方面，2014年国庆假期首次开行了北京至杭州往返"自驾游汽车运输专列"，2016年北京铁路局推出了两期海南汽车自驾游运输专列。在这个新模式下，私家车"坐"上火车，游客自己坐飞机、火车或其他交通方式前往，游客在目的地取车，在当地自驾游，结束后汽车再"坐"上火车回家。此后，上海、哈尔滨、沈阳、大连、郑州、南昌、成都、贵阳等地铁路部门相继开通了此类业务，开行目的地涉及浙江、江西、陕西、湖南、福建、内蒙古、广东、云南、四川等省份。

第二节　促进旅行社经营方式升级

高铁时代的到来，使旅游市场发生了变革，旅行社也在不断地加快旅游产品转型升级的步伐，以适应新的发展需求。

一、创新旅游产品

高铁的开通，对于旅行社来说，一个重要的挑战就是越来越多的游客选择自助游，而不是通过旅行社来完成出游活动。为此，旅行社需要适应市场需求，创新开发新的旅游产品，以适应自助旅游新时代。

第一，增加短途旅游产品比例。高铁时代后，特别是高铁"公交化"的发展，区域间的"同城效应"和"近城效应"凸显，长途旅游和短途旅游概念发生了改变，传统的中远距离旅游市场也开始变为近距离旅游市场，甚至成为城市周边游，原来的长线旅游归为周边短线旅游，原来的 3~4 天游变为 1~2 天游，增加了"一日游"和"周末游"的旅游需求，城市之间、区域之间的周边旅游市场持续扩大。比如成都至西安的最短旅行时间压缩至 3 小时 27 分钟，两地之间正式步入了周末旅游时代。因此，短途旅游产品、本地周边旅游产品、周末旅游产品日渐成为旅行社的主打旅游产品类型。

第二，重新调整旅游产品模式。高铁为旅行社安排行程提供了充足的时间，方便相应增加景点、购物、娱乐等旅游项目的时间安排。而且，旅行社也开始加强旅游产品的组合开发，推出了"轮游+高铁""高铁+飞机"等旅游产品新方式。

第三，开发设计"高铁旅游"新产品。高铁开通后，为旅行社提供了新的旅游交通组织方式，而乘坐高铁旅游成为一个新的旅游方式和体验方式。为了适应旅游市场的需求，旅行社相继加大了"高铁旅游"线路和产品的开发，围绕高铁旅游线路来进行产品的组合和线路的重新开发和布局，特别是注重旅游线路的休闲、度假、美食等活动需求的组合配备。例如：武广高铁、贵广高铁开通后，广东的旅行社——广东铁青、广之旅、南湖国旅相继开发出了"高铁昆明游""高铁北海游""高铁桂林游"等旅游线路；河南中青旅开发出了"完美西安高铁自由行"；广东中旅开发出了"武汉高铁体验游"；昆山旅行社开发出了"高铁精华游"；等等。

二、优化业务结构

高铁的开通压缩了传统旅游过程中的时间，使"快旅慢游"成为可能。由此，对于游客来说，如何能够更好地在旅游目的地完成相应的旅游活动是其核心需求。而且，从目的地角度来看，高铁带来了大量的客源，使很多的目的地的客源市场向另一个旅游目的地转变，或者是另一个目的地和客源地转变，目的地的旅游接待成为重要内容。相应地，对于旅行社来说，旅游目的地的地接业务则成为很多旅行社的重要业务。

这一现象也得到了其他学者的研究证实，比如王玉洁（2010）以武广高铁为研究发现，发现高铁开通后武汉旅行社的主要业务日渐从组团向地接业务转变。在实践中，黄山中海国际旅行社还为此专门增设了一个新部门——高铁中心，主要业务是做高铁散客的地接服务，其中主打产品之一，就是针对短时间在黄山停留的高铁旅客，推出"黄山半日游"产品，如齐云山半日游、呈坎半日游、牌坊群半日游等。

三、扩大客源市场

高铁的开通与普及，将明显影响国民旅游的传统流向与分布。以往呈现的点状辐射、近程为主、季节反差、畸冷畸热的客源流向，随着高铁开行将逐步发生改变，陆续出现以高铁线路为主干、以停靠站点为集散地、以沿途周边为辐射的客源流向新格局。随着高铁主干和网络布局的铺开，旅游客源将顺势而动，并明显地流向中小城镇和中西部地区，这有利于全国客源流向的均衡与疏散。这种现象的实质，就是高铁开行所带来的影响，大大超越了客源流向的自然蔓延与缓慢调节，加速了全国客源流向与布局调整，由此快速影响到旅游市场开发与目的地建设，对旅游业转型升级具有重要的现实意义。随着省会城市及大中城市间快速客运通道的建成，全国将形成"四纵四横"铁路快速客运通道以及三个城际快速客运系统。全国旅游客源走向将更趋广泛和均衡，局部地区旅游过热或过冷的状况得以缓解，东部地区和大城市旅游压力逐步舒缓，中西部旅游开发将大大加快。[①]

高铁的开通增加了客源市场半径，带来了旅游客流量的增加，为旅行社的发展提供了更大的市场空间。例如，对于洛阳市来说，郑西高铁改变了原有的交通运输格局，旅游时间比大大降低，以往的跨省游转变为感知上的短线游。高铁连接地区的旅游散客化、同城化、区域化趋势更加突出，扩展了旅游市场半径，从客观上也扩展了洛阳旅游业客源市场范围，为洛阳带来了大批旅游者。

---

① 中国旅游研究院昆明分院暨云南省旅游规划研究院，云南高铁旅游发展规划研究［M］．北京：中国旅游出版社，2018.

四、推进协同发展

高铁带来了更加个性化的旅游客源，改变了旅游客源状况、市场划分，小型旅行社通过市场细分，发现并定位于某些尚未被满足的需求，为转向专业市场提供了条件。高铁带来的信息流、资金流、人才流，方便旅行社管理品牌的转移，这可能为当地旅行社市场引入大品牌、强实力的旅行社，外资旅行社也可能逐步进入，现有的旅行社可能会面临重组、整合、兼并等经营变革，促使旅行社行业实力增强。

第三节　带动沿线酒店业发展

高铁的开通，既带来了客流量增加，也极大地促进了高铁沿线酒店产业发展。针对"快旅多游"的高铁旅游者，要在打造高端产品上下功夫，如构建他们的主题酒店、特色度假村等主体需求，带动酒店业健康发展。

一、提高入住率

第一，有助于提高酒店入住率。一方面，高铁带来的游客量不断增加，可提高酒店入住率。另一方面，高铁能够缩短旅途时间，"快旅慢游"的模式成为可能，进而能够延长游客的停留时间，增加酒店住宿需求。由此，能够扩大酒店住宿需求，提高酒店入住率。

例如，对于洛阳来说，高铁方便旅游者来往于郑州、西安之间，甚至未来将通过高铁网络引来环渤海、长三角、珠三角等发达地区的客源，可扩大洛阳酒店业的市场范围，增加游客量。2017年7月，宝兰高铁开通后促进了兰州酒店业的发展，宝兰高铁开通一周后，兰州酒店的住宿率环比增长超过了50%，达到了80%以上。

国内外的相关研究也证实了这一点。Haynes（1997）认为，高铁的开通有助于促进高铁站点和沿线区域人口密度的增加，进而拉动区域酒店住宿业的增长。Sophie Masson（2009）也指出，高铁等交通方式的完善，有助于延长旅游者的停留时间。

二、优化客源结构

高铁游客中，商务游客和中高端游客比例增加，而且休闲度假游客增多，对于休闲度假的需求显著增加，对于中高端酒店的需求也不断增加，由此，促进了高铁沿线城市中高端酒店的快速发展。洛阳市的问卷调查显示，79%的高铁游客偏好于入住市区的酒店，看重饭店是否交通便捷，游客对于酒店价格的敏感度低，对于饭店的品牌档次和服务质量要求较高，尤其是对客房舒适度和个性化服务的要求，通常还会有接站、送站、代购车票或机票的服务要求。

三、变革酒店选址布局

高铁的开通会带动客流量的增加和聚焦，有助于提升沿线城市的酒店入住率，相应地也促进了酒店沿着高铁沿线的布局发展。越来越多的酒店加快了高铁沿线的空间布局，以适应和满足游客的住宿需求。如京沪高铁开通后，许多酒店将酒店布局的中心放在了京沪高铁的沿线城市。以汉庭酒店为例，自京沪高铁开通以来，沿线城市的酒店预订提升明显，因此相应扩大了沿线城市的酒店布局。2009年，武广高铁的开通也相应带来了武广高铁沿线酒店的发展和布局。霸王岭景区的雅加山庄，西环高铁开通后，到霸王岭游玩的客人比以前多了许多，酒店入住率也比平时高了不少。2017年元旦期间，昌江县接待旅游过夜人数9100多人，同比增长了10.1%，实现旅游收入746.2万元，同比增长了8.7%，入住率达74%[①]。

挖掘特色旅游资源，打造高品质旅游目的地。"快旅慢游"的高铁旅游时代，游客追求的是品质、特色，而不是传统的走马观花式的旅游，这对目的地旅游产品提出了更高的要求。高铁游客需要的是特色旅游产品，传统的观光游产品随着高铁距离的拉近，将面临越来越多同质化旅游产品的竞争，竞争压力越来越大。同时，因为游览时间的增加，游客也需要更多的体验式、休闲式的旅游产品，如主题酒店或度假酒店等。因此，现有的旅游产品必须向休闲度假方向转变，要提升文化内涵、丰富游览内容、增添休闲度假设施，以满足高铁旅游的需求。

---

① 赵永秀. 南车+北车=中国中车：无国界的中国高铁模式［M］. 广州：广东经济出版社，2017.

四、增大市场竞争压力

高铁的开通在带来大量客源的同时，也使高铁沿线城市面临更广阔的市场竞争压力。对于酒店来说，如何更好地优化酒店服务、促进旅游产业竞争力提升是需要面临的重要问题。

一方面，高铁"廊道效应"的存在、"千里高铁半日还"现象的存在，使高铁沿线城市面临的区域竞争压力更大，游客在住宿选择方面会面临周边更多的区域选择，由此，对于沿线城市来说，酒店住宿的竞争面更大。例如，对于洛阳来说，西安和郑州在高星级酒店和快捷酒店的数量和服务上均有一定优势。在高铁提供的便捷的交通条件下，"路路通，店不兴"。调查显示，洛阳旅游酒店行业在尝到高铁带来客源增加甜头的同时，也感受到了如何把游客留在洛阳过夜、如何应对来自郑州和西安酒店业的竞争的挑战。

另一方面，高铁在带来"时空压缩"的同时，也使游客停留时间相应缩短，因此，也潜在地可能导致酒店业入住率有所下降。对此，Sophie Masson、Remain Petiot（2009）① 研究发现，法国高铁南线开通后游客平均停留时间下降导致了当地酒店入住率的下降。

第四节　对国内民航运输的替代

交通是经济增长的基础，是影响区域发展的重要因素。交通运输方式的每一次变革，都意味着社会经济的全面革新。旅游是基于空间移动的活动，交通发展是旅游业发展的基础支撑和先决条件。

从历史上看，交通方式的每一次革新都会产生新的旅游方式，带来旅游体验的改进，影响到旅游业的演进和效率提升，促进旅游格局的变革。1825 年现代铁路的发明推动了大众旅游时代的到来，1886 年现代汽车的诞生则更为旅游活动普及提供了便利，1950 年航空运输的进步则进一步拓宽了旅游者的活动范围，带来了现代旅游发展的新格局。作为铁路交通发展的重大变革，高速、大容量、互联互通的高铁，改变了旅游交通的格局，带来了更加便捷、舒适、安全和高效

① Sophie Masson, Remain Petiot. Can the High Speed Rail Reinforce Tourism Attractiveness? The Case of the High Speed Rail Between Perpignan（France）and Barcelona（Spain）[J]. Technovation, 2009, 29: 611-617.

的旅游交通方式，压缩了区域之间的时空距离，极大地改善了旅游目的地的通达性和便捷性，使高铁旅游成为大多数人出游的首选，成为大众旅游的新模式。

自 2008 年京津城际列车开通以来，中国高速铁路网络规模迅速增长，并逐步由东部沿海地区向中西部欠发达地区扩张。同时，其与民航网络在空间腹地范围上的重叠程度也不断提高。由于高速铁路在时效性、准点率、频率等运输属性特征方面具有较突出的优势，受到了越来越多城际出行旅客的青睐，对既有航空客运系统造成了一定的影响。尽管高铁对民航运输系统的影响在欧洲、日本已得到广泛的研究，但由于我国高铁网络的快速拓展及同期国内民航运输正处于高速发展阶段，因此探究高铁对民航客运的影响仍具有重要的意义。

研究证实，高铁对重叠网络的民航旅客运输产生了较强的替代效应，且高铁列车速度越快、城市间距离越短，替代效应越明显。由于航班网络联系的多元化、旅客出行偏好选择以及对时间敏感性不同，枢纽机场航线较非枢纽机场航线受高铁建设的影响相对较小。由于中国高铁网络的快速拓展，其对国内民航客运的影响更加广泛与深远。一方面，高铁的建设与开通对国内民航客运的替代效应强度与高铁时速、城市对间距离、两端城市社会经济属性特征等级密切相关。另一方面，高铁对支线机场的替代效应也高于枢纽机场。由于连接航线的多元化以及旅客客源出行的偏好，北京、上海机场受高铁开通的影响相对较小[1]。

随着未来一段时间内中国高铁网络的进一步完善以及居民对高铁出行的习惯性依赖，高铁对民航运输的影响也将进一步增强。正如英国旅行作家马克·史密斯所说的那样："一趟优质的火车之旅来自四个方面——车外美景、车内体验、所遇之人和所逢之事。"而且，与其他交通工具相比，高铁具有较明显的优势。第一，高铁出游受天气等自然因素的影响较小，可以全天候运行，准点率较高。第二，高铁出游价格相对较低，是更加经济的出游方式。第三，高铁网络化后，站点覆盖率较高，高铁频次更多，客流大，也更为便利。第四，相比于飞机来说，高铁无须到距离城市较远的机场，因此更能节省时间。

特别是对于 300~1000 千米的旅游范围来说，相对于其他交通工具，高铁显示出极强的竞争优势。如 2019 年 12 月 30 日京张高铁、崇礼铁路开通半月后，京张高铁已运送旅客近 80 万人次。京张高铁带动了北京市民体验冰雪运动的热情，崇礼交通部门调配了公交、出租，来接驳太子城站的旅客。因此，便捷、密集的高铁网络，特别是高频次的公交化运营、购票的信息化和便捷化为游客提供了安全、快速、舒适、便捷的出行方式，日渐成为旅游的主要交通方式。

---

① 王姣娥，景悦，杨浩然. 高速铁路对国内民航旅客运输的替代效应测度［J］. 自然资源学报，2019，34（9）：1933-1944.

第九章　高铁旅游网络经济

　　高铁作为连接国民经济大动脉、关键基础设施和重大民生工程，在我国社会经济中发挥了重要作用。党的十八大以来，我国社会经济快速增长，产业格局日趋完善，市场规模品质同步提升，扶贫富民成效显著，高铁已成为国民经济发展的战略性支柱，建设成效与人民群众的幸福生活息息相关。① 随着"四纵四横"高铁网络建设收官，中国迈入了"高铁网络时代"，开始向"八纵八横"目标前进。高铁网络作为基于现代综合科学技术的新型客运铁路系统，在缩短旅客和目的地时空距离的同时，降低了旅客的出行时间成本，强化了区域综合发展能力②。与此同时，依托高铁网络的综合优势，使资本、技术、人力和物力资源等生产要素，与消费群体、消费资料等消费要素，在高铁网络与城市群间实现优化配置和利用，从而形成了一种新型的产业经济形式，即高铁网络经济。高铁网络经济在国民经济发展中具有重要的战略意义，有"同城共振"效应③，通常能够带动周边区域和整个城市群的经济发展。

---

① 刘勇政，李岩．中国的高速铁路建设与城市经济增长［J］．金融研究，2017（11）：18-33.

② 刘志红，王利辉．交通基础设施的区域经济效应与影响机制研究——来自郑西高铁沿线的证据［J］．经济科学，2017（2）：32-46.

③ 王雨飞，倪鹏飞．高速铁路影响下的经济增长溢出与区域空间优化［J］．中国工业经济，2016（2）：21-36.

第一节 高铁网络经济的基本概念

一、高铁网络

（一）基本概念

网络是由节点和线路按照一定的原则和需要构成的网状结构系统，现代快速交通系统具有明显的网络特征。交通成网后拥有更高的可达性，进而发挥网络效应。近两年，学者从不同学科出发，对高铁网络的概念进行了阐释，目前尚无统一界定。在本书中，作为应用经济学的概念，将"高铁网络"定义为：以高速铁路网为物化技术载体所连接起来的高铁客运服务网络系统，通过将关键区位相联结，以实现人才及知识快速交流的服务站、经济圈与活动网。

（二）建设现状

国家统计局 2021 年的统计数据显示，我国铁路营业里程达到了 14.63 万千米，复线率为 59.2%，电化率为 72.7%。其中，高铁营业里程 3.8 万千米，占比 26%；高铁客运量比重达到 70.7%，客运周转量比重达到 58.6%。占世界高铁营业里程的 66% 以上，位居世界第一，排名第二、第三的西班牙、日本高铁营业里程仅为 3000 多千米。2020 年新建高铁投产里程 2521 千米，一年时间建成新线 16 条。全面搭建完成"四纵四横"高铁骨干网，同时城市群模式的建设带动城际铁路迅速发展，以城际线路衔接高铁的模式越来越普遍。此外，以西成客运专线为主导的高铁重要支线区域网持续建设。由"四纵四横"的骨干网、大城市之间的城际铁路、重要的区域网络三种类型共同构成的中国高铁网络，为我国铁路运输提供了坚实的基础建设保障，形成了以北京、上海、天津等大城市为中心，以西安、郑州等城市为支点的大型区域覆盖的高铁客运网络。

二、高铁网络经济

（一）基本概念

高铁网络经济的概念目前尚没有统一的定义，本书根据国内外的相关研究成果，将其界定为：高铁网络经济是以高铁网络为核心，以其紧密吸引的区域内大中城市或城镇为依托，建立在沿线经济部门技术联系和生产协作基础上，由产业、人口、资源、信息、城镇和客运流量等集聚而成的带状空间地域综合体。同时，本书认为，高铁网络经济以第二、三产业为主体，涵盖高速铁路网、大中城市和城镇群三个基本要素。其中，高速铁路网是高铁网络经济形成、发育的前提条件；大中城市及城镇群是高铁网络经济发展的依托和增长极。产业集聚、扩散及其结构演进、升级是高铁网络经济得以发展的重要动力（见图 9-1）。

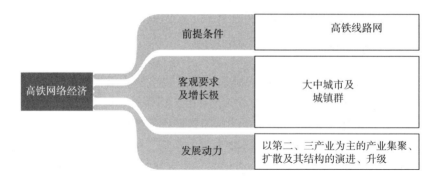

图 9-1 高铁网络经济要素

在对经济生产率的影响方面，在短期内高铁网络对交通可达性的改善，可通过对商业交付、商务旅行、居民通勤等因素的影响，直接影响工业生产率；从长远来看，高铁网络对交通可达性的提升将扩大区域市场范围、提高潜在竞争力、改变土地利用模式和劳动力市场等[①]。本书认为，高铁网络经济建立在高速铁路路网之上，是以现代交通综合网络为核心的新型经济形态。从内容来看，它不仅涵盖以高铁网络为核心的高铁制造产业的兴起和快速增长，也包括以高铁网络为

---

① 林晓言. 高铁经济研究成果述评及基础理论走向［J］. 北京交通大学学报（社会科学版），2018，17（4）：20-37.

基础的周边区域社会经济的崛起和发展，更包括由于高铁网络运营所引起的传统产业、传统经济部门的融合和变革。从本质来看，高铁网络经济是依托高铁线路网综合优势，使资本、技术、人力、资源等生产要素与消费群体、消费资料等消费要素，在高铁网络与节点城市间实现社会经济资源优化配置和利用，进而发展起来的一种新型经济形式。

（二）高铁经济发展的生命周期理论

高铁网络经济本身所具有的空间地域综合体和社会经济有机体的基本性质，决定了它不仅仅是区域经济系统发展过程中的一个特定阶段。高铁网络经济随着工业化和运输化的逐步发展而相应演化，其发展最终伴随着人口、产业、城镇、信息等要素在空间上沿交通线的大规模集聚与扩散。

在网络建设初期，高铁网络建设打破了区域经济系统原始的平衡状态及均质发展结构。高铁网络空间可达性的提高，使生产要素集聚与扩散行为变得通达而迅捷，并导致区域人口、产业、城镇、信息的轴向汇集，高铁网络经济随之起步。极化作用使区位条件优越的中心地依托交通，通过后向联系效应不断吸纳邻近地区的人、财、物并迅速成长为交通沿线的经济中心，随着中心城市经济实力的不断增强，与之存在经济联系的地域迅速扩展，高铁网络经济的非平衡化特征日益明显，整个产业带进入膨胀增长阶段。

当集聚达到一定程度时，扩散效应逐渐发挥主导作用，经济中心以梯度扩散、等级扩散、位移扩散等方式不断向邻近地区传递产业及技术要素，综合交通通道的功能完善促使经济带均衡发展过程得以相对便捷地实现。

当城市间隙经济水平相对滞后的区域接受产业、技术、资金等生产要素而迅速发展到一定程度后，整个高铁网络经济进入成熟期并逐渐完成由原始均衡向高级均衡的演替轮回。超越成熟扩展期的高铁网络经济有两种发展趋势：一是通过与新兴的交通经济带联络与交织，融合于整体水平普遍提高的区域经济系统中；二是由于运输技术或产业结构的相对明显落后，导致生产要素向其他区域聚集而造成逐渐衰落或消亡。伴随交通经济带成长的是其边界、腹地范围、经济实力、产业结构层次、城镇人口数量、中心城市影响力等一系列事项的动态变化，以及货物流向、主中心城市空间转换和位移等表象特征。依据上述演化机理，本书认为高铁网络经济的生命周期大致划分为起步雏形、膨胀增长、成熟扩展、融合衰退四个阶段。从时间、空间两维来看，高铁网络经济生命周期的不同阶段具有图9-2所示的演化轨迹。

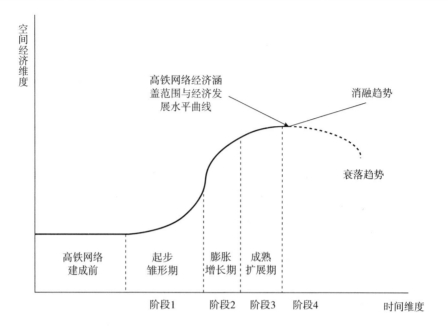

图 9-2　高铁网络经济生命周期曲线

（三）性质特征

基于上述分析，本书认为高铁网络经济具有以下特征：

第一，高铁网络经济是由产业、人口、城镇、信息、交通基础设施等要素构成的非平衡态、非线性相互作用的开放系统。它通过内部要素的相互亲和以及与外部系统物质、能量、信息的频繁交换维系着自身的存在。耗散结构是指远离平衡的开放系统，通过与外界不断地交换物质与能量，可能在一定条件下产生自组织现象，形成新的、稳定的有序结构，并逐步实现从无序向有序、从较低水平有序向较高层次有序的转化①。高铁网络经济在纵向和横向的联系中，不断体现出对区域经济系统的影响和作用，即不断体现内部各要素的整合功能，并实现自身结构的自组织及有序化发展。

第二，高铁网络经济具有明显的生命周期过程与特征。高铁网络经济的形成是运输通道与经济活动在空间上长期相互作用的结果，在发展的过程中，城镇、

---

① 何必胜，朱永俊，陈路锋，闻克宇．基于时空图神经网络的高速铁路车站短期客流预测方法[J]．铁道学报，2021（12）：1-10.

产业、社会和文化等活动借助交通体系的技术创新，表现出明显的集聚和扩散趋向，从而导致经济带的内部结构、总体功能、经济实力、腹地边界等要素呈明显的阶段性变化特征；高铁网络经济通过与外部系统的质、能交换了实现类似有机体的新陈代谢过程①，并在内部组织结构上表现出相应的雏形、膨胀、成熟、消融等生命周期过程与特征。

第三，高铁网络经济固有的时空演化模式使其形成和发展具有明显的规律性。高铁网络经济是大地域范围的空间巨系统，其形成和发展对区域或国家经济建设的意义极大，可通过制定总体发展战略和规划，以基础设施建设、产业结构调整、科技的传播及转化②、城镇发展规划为契机，宏观上把握交通经济带的总体发展水平，综合运用经济、法律和行政等宏观调控手段对其进行重新设计和调整，并恰如其分地干预其发展、演变的方向。

第二节　高铁网络分布特征

一、高铁网络发展历程：基于时间分析

1. 高铁网络发展历程：基于时间分析视角

本书参考钟业喜和郭卫东（2020）、王姣娥和焦敬娟（2020）关于中国高铁网络发展阶段的划分方法，提出了针对高铁网络建设的五阶段分类。在研究中以重要事件的时间节点为参考，根据高铁线路通车时间，结合相关高铁网络规划，基于时空分析，从时间上对我国高铁网络的发展阶段进行以下划分。

（1）萌芽阶段（1978~2002年）。中国高铁萌芽于对国外高铁技术的跟踪，1978年邓小平访问日本乘坐新干线的画面传回国内后引起了高铁概念的大普及。1990年，铁道部完成的《京沪高速铁路线路方案构想报告》成为中国高铁建设的最初构想，随后兴起了关于中国高铁建设标准方案和建造时间的讨论，1998年广深铁路实现了电气化改造，率先提速成为准高铁。但该时期中国仍未出现真正意义上的高铁，高铁建造技术依然存在诸多不足。

---

① 陆瑶. 高速铁路站城距离评价研究 [J]. 铁道运输与经济，2021，43（11）：27-33.

② 何琳. 高铁开通与城市发展代际公平研究 [J]. 北京交通大学学报（社会科学版），2021（12）：1-14.

（2）起步阶段（2003~2008 年）。2003 年，秦沈客运专线全线双线电气化实现了时速 250 千米的突破，标志中国进入高铁时代。国内高铁城市开始出现并依托高铁线路逐步向网络化拓展。2004 年经国务院批准实施的《中长期铁路网规划》提出了修建"四纵四横"高铁网络，实现客运专线 1.2 万千米的目标。2008 年，国务院修编并调整了规划，提出了扩大高铁网络建设规模、扩建客运专线的目标；同年京津城际全线通车，作为中国自主研发具有完全知识技术产权的高铁，标志着中国真正掌握了高铁建造的核心技术。中国高铁实现了"引进—消化吸收—自主创新"的巨大飞跃，为高铁网络全面铺开打下了坚实的基础。

（3）快速发展阶段（2009~2015 年）。这一时期高铁建设总体处于快速发展阶段。随着高铁和新技术的掌握，中国进入史无前例的高铁建设热潮。2009 年，铁路基本建设投资达 6000 亿元。2011 年，已经开通具有一定规模的线路 16 条，高铁城市发展至 85 个。2015 年，我国铁路里程已达 12.1 万千米，其中，高速铁路 1.9 万千米，"四纵四横"高铁网络初步形成。我国铁路"瓶颈"制约已有初步缓解，"一票难求、一车难求"的现象得到较大改观，基本实现邻近省会城市将形成 1~2 小时交通圈、省会与周边城市形成 0.5~1 小时交通圈。

（4）初步成网阶段（2016~2020 年）。这一时期高铁建设重心逐渐由中部向西部地区转移，中国高铁由区域性网络向全国性网络转变，高铁进入全面繁荣阶段。2016 年，沪昆、京沪、京广和哈大等重要高铁运输通道均全线通车，"四纵四横"高铁网络基本形成，通车地级市达 184 个，基本覆盖了中国大部分地区的主要地级城市。2020 年，全国铁路营业里程达到 14.63 万千米，其中高速铁路达到 3.8 万千米（见图 9-3），位居世界第一，占世界高铁总里程的 2/3 以上，其中时速 250 千米以上的线路占 78%，基本实现了连接所有省会城市和 50 万人口以上城市，覆盖全国 90% 以上人口，实现了大中城市 1~4 小时交通圈、城市群 0.5~2 小时交通圈的目标。祖国广袤大地上铁路密布、高铁飞驰，一张世界上现代化的铁路网和发达的高铁网正在快速延展，为流动的中国注入澎湃动力。

（5）网络加密阶段（2021 年至今）。"四纵四横"高铁网全面建成，"八纵八横"高铁网正在加密形成，预计到"十四五"末，"八纵八横"高铁主通道基本贯通，高铁路线将达到 5 万千米，覆盖 98% 城区人口 50 万以上城市。区域性高铁建设稳步推进，不断拓展高铁覆盖面，"十四五"期间，重点在需求有支撑、经济有实力、资金有保障的区域，有序建设区域性高铁，扩大完善铁路网络。城际铁路建设积极推进，加快打造轨道上的城市群，"十四五"期间，重点推进京津冀、长三角、粤港澳大湾区、成渝地区双城经济圈及其他具备条件的城市群、地市圈城际铁路建设，基本建成京津冀、长三角、粤港澳大湾区轨道交通网。

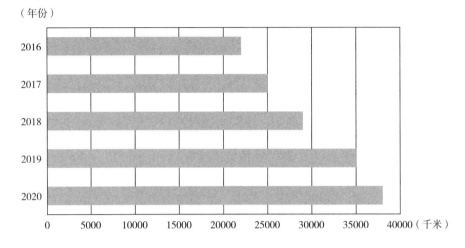

图9-3 高铁线路运营里程

2. 高铁网络空间分布特征

（1）扩张初期以骨架构建为主体，连接省会城市或双中心城市。高铁客运服务适用于人口基数大且出行需求量高的相对较为发展的地区。因此，高铁建设的优先级受城市发展水平和等级的影响较大。通过对上述高铁网络建设历程的梳理不难发现，最先连接邻近的省会城市或省域内的双中心城市，连接的终点往往是经济发达、人口稠密的地区。如在高铁网络扩展的早期，以区域性双中心城市为端点的客运专线主要有京津城际（北京—天津）、胶济客运专线（青岛—济南）、长吉客运专线（长春—吉林）、昌九客运专线（南昌—九江）、杭甬客运专线（杭州—宁波）、合蚌客运专线（合肥—蚌埠）等；以邻近省会城市为端点的客运专线有石太客运专线（石家庄—太原）、合武客运专线（合肥—武汉）、郑西客运专线（郑州—西安）等。

（2）由"核心—核心"向"核心—网络"模式扩张。高铁由于服务于客运，适合于交通出行需求大、居民消费水平较高的地区。随着规模和密度的不断扩大，高铁逐渐成网，基本实现了地区之间多路畅通、省会之间互联互通和地市之间快速通达的空间格局。这种空间扩张模式可以概括为由"核心—核心"模式向"核心—网络"模式扩张。由于高速公路投资体制导致了以省为主导的建设模式，航空网络为非平面网络且适合长距离运输，高速公路（以省会城市为核心向外扩张）和航空（跨区域扩张）的扩张方式与高铁网络不同，如表9-1所示。

表 9-1   不同交通设施空间扩张模式对比

交通设施	高速公路	航空	高铁网络
空间扩张模式	以省会城市 为核心向外扩张	跨区域扩张	空间离散网络逐渐向外扩展、相互连接并形成一个整体网络的由"核心—核心"模式向"核心—网络"模式扩张

（3）中东部稠密与西部稀疏的空间分异特征逐步缩小。从高铁建设时序的研究结果来看，已建高铁主要集中在中东部经济发展水平较高、城市较密集的地区，西部地区发展不足。目前，"八纵八横"高铁主通道中，已建成贯通京沪、京哈—京港澳、青银、陆桥、沿江、沪昆、广昆等通道，其余通道已开通运营部分区段也主要位于经济较发达的中东部地区。规划中的高铁网络建设，中东部地区的路网得到了进一步优化提升，其中东部较发达区域路网已趋于饱和，提升空间有限，西部地区高铁加快建设，区域之间的差异逐步缩小。

二、高铁网络建设规模：基于时空分析

根据我国高铁网络现状（2020 年）和 2030 年规划的空间数据，叠加城市群面积、经济和人口数据，采用营业里程、路网密度、单位人口里程和单位 GDP 里程等指标，分别从两个时间节点（2020 年和 2030 年）对 337 个城市的高铁网络规模进行计算和分析，得出全国高铁网络规模及其变化情况。

结果显示，2020 年，全国路网平均密度 32.8 千米/万平方千米，2030 年预计达到 57.0 千米/万平方千米。全国平均单位人口和单位 GDP 营业里程分别为 2020 年的 2475.4 千米/亿人、468.3 千米/万亿元和 2030 年的 4302.2 千米/亿人、813.9 千米/万亿元。

1. 华东营业里程和路网密度优势显著，华北和西南增幅较大

现阶段，华东地区（7275 千米）和华中地区（5962 千米）营业里程优势明显，东北地区（2800 千米）相对处于劣势。预计到 2030 年，增幅较大的区域将集中在西南地区（181.9%）和华北地区（161.1%），华东地区营业里程（16367 千米）始终处于领先地位，其余地区营业里程则趋于均衡。整体上，华东地区营业里程绝对增幅较大（10355 千米），而华北地区和西南地区的相对增幅较大，分别为 291.1% 和 369.4%。

在路网密度方面，由于各区域地理面积的差异，导致区域间的路网密度差异较大。2020~2030 年华东地区营业里程的绝对增幅将较大（9092 千米）。2030 年，华东地区的路网密度将领先全国平均水平，达到 202.2 千米/万平方千米。

东北地区、西北地区、西南地区和华北地区由于地理面积较大，其路网密度则相对较低。整体上，华东地区的路网密度绝对增幅较大（127.9 千米/万平方千米），而华北地区和西南地区的相对增幅较大。

2. 西北路网远高于其人口规模和经济水平

由于西北地区人口总数和 GDP 基数较低，在高铁营业里程和路网密度上不占优势，但在单位人口里程和单位 GDP 里程方面，由于其人口总数和 GDP 基数较低，导致单位人口里程和单位 GDP 里程的数值较高。到 2030 年，除西北地区绝对增幅预计较大（5191.3 千米/亿人）外，华北地区和西南地区的绝对增幅也相对较大，分别为 3453.4 千米/亿人和 3113.1 千米/亿人。单位 GDP 里程和单位人口里程的情况较为类似，西南地区绝对增幅较大，从当前的 711.5 千米/万亿元增加到 2030 年的 1999.4 千米/万亿元。其次是西南地区，从当前的 252.2 千米/万亿元增加到 2030 年的 1183.6 千米/万亿元。结果表明，西北地区每单位人口和 GDP 拥有的高铁网络营业里程较大，该地区高铁建设远高于其人口规模和经济发展水平。而其他区域的单位人口里程和单位 GDP 里程数据相对均衡。以上研究结果说明，除西北地区外，其余地区的高铁网络建设和地区的人口及 GDP 数据具有相对较好的一致性。

3. 长江三角洲和长江中游城市群营业里程优势显著

长江三角洲城市群和长江中游城市群营业里程优势显著。2020 年，高铁网络覆盖我国所有城市群，全国城市群连接为一个整体。相较于 2015 年成渝城市群和长江中游城市群营业里程增长显著，分别增长了 1556 千米（172.0%）和 1280 千米（44.2%），山西中部城市群营业里程增加达到了 202.6%（482 千米），而哈长城市群、长江三角洲城市和天山北坡城市群营业里程没有得到增长。预计到 2030 年，长江三角洲城市群（5896 千米）和长江中游城市群（5597 千米）营业里程将超过 5000 千米，仍处于第一梯队。中原城市群（4389 千米）、成渝城市群（3977 千米）和京津冀城市群（3652 千米）处于第二梯队。近期规划中的高铁网络主要集中在长江三角洲城市群（3426 千米）、成渝城市群（3073 千米）、中原城市群（2955 千米）、长江中游城市群（2702 千米）和京津冀城市群（2573 千米），其中成渝城市群的增幅最显著（339.7%）。

4. 长江三角洲城市群和珠江三角洲城市群路网密度较高

由于高铁网络在城市群中相对聚集，大部分城市群的路网密度高于全国平均水平。其中，长江三角洲城市群和珠江三角洲城市群由于高铁网络营业里程较长，而行政区划面积相对较小，因此在路网密度方面具有显著优势；而天山北坡城市群正相反，路网密度处于较低的水平。现阶段，所有城市群均有高铁连接。2030 年，长江三角洲城市群（307.1 千米/万平方千米）和珠江三角洲城市群

（240.1 千米/万平方千米）路网密度仍将优势显著，而天山北坡城市群、滇中城市群、哈长城市群和呼包鄂榆城市群的路网密度较低，其余城市群的路网密度较为均衡。

5. 关中平原等城市群的路网规模和人口经济较为协调

在城市群单位人口里程方面，宁夏沿黄城市群和呼包鄂榆城市群虽然在营业里程和路网密度方面不占优势，但其人口数量相对较少，这些城市群单位人口里程处于较高水平。兰西、哈长和辽中南城市群的单位人口里程处于第二梯队。而天山北坡、滇中城市群由于营业里程和路网密度较小，中原城市群人口基数较大，导致其单位人口里程数值均处于较低水平。在单位 GDP 里程方面，宁夏沿黄城市群、兰西城市群和黔中城市群的经济发展水平相对较低，导致这些城市群的单位 GDP 里程较高。而珠江三角洲城市群和长江三角洲城市群由于经济发达，天山北坡城市群由于营业里程较少，导致三个城市群的单位 GDP 里程也处于较低水平。由此可见，关中平原等城市群的单位人口里程和单位 GDP 里程处于中游水平，说明其高铁规模和人口经济发展水平相对协调。如表 9-2 所示。

表 9-2　高铁网络下城市群单位人口里程和单位 GDP 里程分析

城市群	单位人口里程（千米/亿人）		单位 GDP 里程（千米/万亿元）	
	2020 年	2030 年	2020 年	2030 年
长江中游城市群	3227.0	4325.4	692.3	928.0
哈长城市群	2332.3	5644.8	441.4	1068.3
成渝城市群	2232.6	3609.4	604.9	977.9
长江三角洲城市群	1919.3	4582.5	194.7	465.0
中原城市群	1211.7	2369.3	424.1	829.3
北部湾城市群	1840.6	3233.7	569.4	1000.3
珠江三角洲城市群	2130.4	3663.5	118.0	202.9
京津冀城市群	2188.5	4485.6	288.1	590.5
山西中部城市群	5130.7	5827.8	1344.8	1527.6
宁夏沿黄城市群	8615.6	11854.1	1827.8	2514.9
辽中南城市群	3759.9	5606.7	463.9	691.7
天山北坡城市群	1249.6	1249.6	194.4	194.4
关中平原城市群	3037.2	4087.4	657.0	884.2
呼包鄂榆城市群	6578.6	10600.7	482.9	778.1
山东半岛城市群	2169.8	3460.9	274.1	437.2

城市群	单位人口里程（千米/亿人）		单位 GDP 里程（千米/万亿元）	
	2020 年	2030 年	2020 年	2030 年
海峡西岸城市群	2194.8	3876.9	434.1	766.8
黔中城市群	2094.0	4465.1	909.4	1939.2
滇中城市群	2951.1	2951.1	764.7	764.7
兰西城市群	3031.2	6522.1	1020.1	2195.0

6. 空间尺度上单位人口和 GDP 里程优势集中于西北、东部沿海和东北地区等网络边缘

单位人口和 GDP 里程的空间分布较为类似，现阶段主要集中在西北地区高铁网络沿线的哈密、酒泉、吐鲁番、张掖等城市。随着规划中高铁网络的实施，中部和东部城市的单位人口和 GDP 里程逐步提升。2030 年，单位人口和 GDP 里程数值较高的地区将为西北地区。

三、高铁网络发育程度和结构特征

（一）高铁网络发育程度

在道路网络发育程度的评价中，网络节点的选择标准将对网络发育程度的评价结果起关键作用。本书将我国城市为研究单元并抽象为空间节点，高铁网络扩展的目的是连通这些城市节点，因此将任意两城市节点之间若无须通过其他的城市节点进行连接，那么就认定这两个节点为相邻节点。在此基础上，采用经典图论中的相关统计指标，对高铁网络结构和拓扑特征进行详细分析，阐述当前我国高铁网络的发育程度及未来的发展潜力。

表 9-3 中各指标描述了高铁网络的发育水平和演化规律：

（1）连通城市的节点数量不断增加，网络的服务能力不断提高。连通城市的节点将由 2020 年的 213 个增加到 2030 年的 271 个，占比由 63.2% 提升至 80.4%。

（2）连通性持续提高，网络结构日趋复杂。相邻城市间的线路数由 2020 年的 244 对增加到 2030 年的 394 对，连接率由 1.15 提升至 1.45，高铁网络结构日趋复杂。

（3）网络回路水平不断增强，实际成环率增幅较大。虽然目前高铁网络结构尚未完善，部分通道还没有形成系统能力，但 2020 年 32 个，预计到 2030 年

则有 124 个，实际成环率由 0.04 上升至 0.08 和提升至 0.23。

（4）网络节点相互作用程度提升速度略有滞后。2020 年的实际结合度经研究计算是 0.39，预计 2030 年将达到 0.49，相比于网络规模（节点数、线路数）的大幅提升，相互作用程度的提升有所滞后。

表 9-3　高铁网络结构的发育水平

指标	2020 年	2030 年
节点数（v）	213	271
节点占比（%）	63.2	80.4
线路数（e）	244	394
连接率	1.15	1.45
环路指数	32	124
实际成环率	0.08	0.23
实际结合度	0.39	0.49

（二）高铁网络结构特征分析

1. 高铁网络缩短了城际拓扑距离

将我国已建成的和规划中的高铁网络抽象为由站点所在城市和高铁线路构成的复杂网络，把高铁站点所在城市抽象为网络的节点，连接两个城市之间的高铁线路抽象为网络的边，并将三个中的网络节点和节点之间连接关系导入软件 Gephi 中进行计算和分析，生成基于复杂网络的高铁网络和各指标的计算结果，2030 年，高铁网络的平均路径长度分布减少至 10.2，表明规划中的高铁网络缩短了城市之间的拓扑距离。

2. 高铁网络内部城市的节点连通性优势显现

随着高铁网络规模不断扩大，各城市节点的连通性获得持续加强，网络连接形态不断升级。高铁网络中节点度最高值分别有 2020 年的 7 和 2030 年的 8，中心度均值为 2020 年的 2.3 和 2030 年的 2.9。度值为 3 及以上的高铁城市节点数量逐步上升，度值为 1 的高铁城市节点数量逐步下降，而度值为 2 的高铁城市节点数量先升后降。网络内部城市比网络边缘城市在节点的连通性上优势逐步显现，度值为 1 和 2 的高铁城市节点基本处于网络边缘地带，而度值为 6 及以上的高铁网络城市节点基本都处于网络内部。

第三节 高铁网络智慧旅游系统建设展望

高铁网络智慧旅游系统应从现在单一的商业模式逐渐打造成"平台+渠道""高铁+旅游+生活"综合型的"高铁旅居生活圈"商业模式。"高铁旅居生活圈"商业模式的客户价值，在12306平台的高铁票源优势集成上，结合已有的旅游资源，包括旅游景区、酒店、博物馆、特色小镇等，逐渐形成了高铁旅游优质资源，满足游客和旅客的日益多元化、个性化的需求，同时满足企业客户的旅游需求。"高铁旅居生活圈"商业模式业务发展路径，以高铁票销售作为入口，逐步打造"高铁+景区""高铁+住宿""高铁+旅游线路""高铁+餐饮""高铁+租车"等组合产品和服务，吸引游客和旅客，逐渐形成综合型的"高铁旅居生活圈"，如图9-4所示。

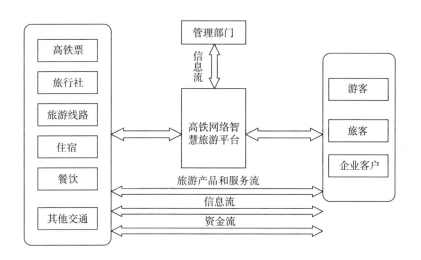

图9-4 高铁网络智慧旅游系统"高铁旅居生活圈"商业模式

一、游客体验与服务需求分析

1. 游客特征

智能时代的"新旅游者"。智能时代的旅游者将以"新旅游者"为核心。新旅游者更富有旅游经验，受过更多的教育，更能为旅游目的地着想，更独立、更灵活、更环保；把目的地的环境和文化视为旅游体验的一个重要组成部分；他们寻求高质量的、与众不同的旅游经历。新旅游者在旅游目的地所寻求的不仅是旅游活动本身，还包括 REAL 体验，即 Rewarding（有益的）、Enriching（丰富的）、Adventuresome（冒险性的）、Learning（学习性的）。按照普恩的预言，大众旅游者会逐渐向新旅游者转变。新旅游者最终会成为旅游市场的核心，取代传统的大众旅游者成为旅游市场的主体。

（1）高铁出游以家庭亲子出游为首选。就目前旅游市场的现状而言，已婚人群出游多以家庭为单位，一家三口、一家四口或老中幼三代同游的现象比较普遍。家庭出游，父母带孩子的群体比较关注亲子互动性和对孩子成长、学习的助力，此外还关注舒适性和安全性，也需要尽量短的交通时间。

（2）社会经济特征维度。北京联合大学项目组 2019 年问卷调查数据显示，高铁旅游消费者中拥车比例超过 20%，平均拥房率为 3.9%，且部分高铁旅游消费者有较高的消费能力。调查显示，成都、北京、上海、广州等城市高铁游客到访高端购物场所的比例较高，且有 4% 的人群有出境旅游经历，综合判断高铁旅客的主要人群为中产阶级。

（3）客源市场特征维度。高铁游客的客源省市是确定未来高铁旅游营销区域和推广城市的重要依据，也是分析旅游目的地客源配比健康程度的重要指标。通常情况下，外来游客占比越高，其客源配比的健康程度越高，说明其旅游引力越强；客源城市中经济发达城市越多，证明该目的地的旅游影响力越强。

（4）京沪以及京广等重要的高铁沿线开展高铁旅游的重点线路。大数据的数据采集及进一步分析表明，高铁游客主要来自 7 个样本城市的高铁沿线省份及城市，其中以京沪高铁、京广高铁、京哈高铁、西成高铁和武广高铁等为主。这些高铁途经经济发达的珠三角、长三角等地区，以及人口稠密的中原地区、华北地区和东北地区等，以及正在快速发展的西部地区，如贵州和四川。这些省份和城市可以作为未来高铁旅游发展的先行地区。

2. 游客体验与服务需求分析

一定时间段内具有旅游意愿的游客数量即是旅游需求，旅游需求形成于旅游动机，动机则决定了游客的出行方式、旅游时间等。高速铁路的开通在降低经济和时间成本的同时，必定引起旅游消费需求的转变。根据消费者行为产生原因，可以追溯旅游者的需求、动机、影响旅游者行为的文化、社会、个人、心理等，都会影响旅游者的购买决策。

（1）游客对选择高铁网络出行的态度。消费者的需求偏好及决策由一系列复杂的因素影响，根据行为心理学理论，科特勒提出的"刺激—反应"模型中认为行为受到环境、心理和营销等刺激。基于这一模型，本书认为高铁游客的需求偏好由游客个人特征（即人口统计学特征）、资产情况（社会经济特征）和心理因素（态度、认知及动机）等共同影响和作用。

（2）乘坐高铁出行动机。消费者行为分析中非常关注购买决策的影响因素，购买动机是重要的影响因素之一，包括生理因素、心理因素、经济因素等。调查结果显示，乘坐高铁旅客中旅游比例超过了40%，可见，高铁旅游具有一定的响应程度，相关旅游产品开发潜力巨大，如表9-4所示。

表9-4 高铁出行的动机统计

乘坐过高铁的受访者（N=1923）			未乘坐过高铁的受访者（N=284）		
排序	出行动机	百分比（%）	排序	出行动机	百分比（%）
1	探亲访友或回乡	34.01	1	探亲访友或回乡	34.86
2	观光游览	23.19	2	休闲度假	27.11
3	休闲度假	21.11	3	观光游览	21.83
4	参加会议会展	10.24	4	参加会议会展	8.80
5	商务或科研考察	8.48	5	商务或科研考察	3.87
6	其他	2.96	6	其他	3.52

（3）高铁旅游游客偏好分析。消费者偏好是反映消费者对不同产品和服务的喜好程度，是影响市场需求的一个重要因素。受访者感兴趣的高铁旅游产品如图9-5所示。

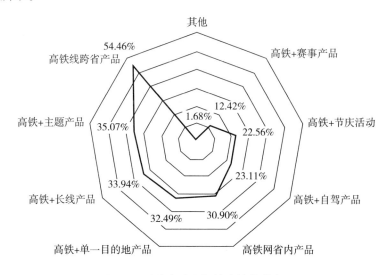

图9-5 受访者感兴趣的高铁旅游产品

（4）高铁旅游者对高铁站、服务和 App 的需求分析。从已有的高铁站站点、高铁列车、高铁官方 App 以及专业性的旅游网站或企业的调研结果来看，受访者表现出了不同需求，为进一步提高旅游服务质量提供了改革思路，如表 9-5、表 9-6 所示。

表 9-5　受访者对高铁站点的服务需求

排序	服务内容	百分比（%）
1	增加同城高铁站之间的无缝接驳，减少换乘时间	72.59
2	开通高铁站与市内交通的直通通道，换乘地铁免安检	62.44
3	增加或开通重点景区直通车，凭门票、预订信息等免费换乘	51.52
4	增加行李托送服务（由列车送至换乘点）	39.01
5	增加休闲场所，如钟点房、小型影院、小型儿童乐园、图书馆等	28.86
6	设置旅游咨询中心和旅游集散中心	28.00
7	开通一等座、商务座、VIP 客户的直通通道	12.69
8	其他	1.22

表 9-6　受访者对高铁列车的服务需求

排序	服务内容	百分比（%）
1	加强高铁与目的地的联动，如凭近日的高铁票可享受当地景区门票优惠	59.22
2	开通行李随车托运服务，大件行李由专人保管	45.49
3	增加"夕发朝至"的高铁卧铺	42.27
4	开行高铁旅游专列	32.31
5	增加娱乐车厢，如图书馆、网咖、KTV、游戏室、音乐厅等	31.85
6	其他	2.22

受访者最希望高铁官方 App 能够记录自己的高铁"足迹"，提供个人景点高铁行程的展示地图（62.48%），第二个需求则是增加目的地文化旅游介绍（53.01%），第三个需求是优化行程搜索功能，搜索周边可去的景点（48.71%），如表 9-7 所示。

表 9-7　受访者对高铁官方 App 的服务需求

排序	服务内容	百分比（%）
1	增加高铁行程展示地图，可以看到自己所有的高铁行程	62.48

续表

排序	服务内容	百分比（%）
2	增加目的地的文化旅游介绍，如食、住、游、购、娱等方面的内容	53.01
3	优化行程搜索功能，用户可以在确定出发地后，通过设定票价区间、距离范围、行程时长等因素，搜索周边可去的景点	48.71
4	增加会员注册，并可累积高铁/动车里程，升级贵宾可享受相应服务	48.16
5	增加订房、订门票、订旅游线路产品、租车、约车等入口	38.92
6	在现有订餐服务中扩大范围，增加餐饮品种，也可以订购途经站点的特色商品	20.39
7	提供展示有资质或被认证的旅行社名单	13.55
8	其他	0.63

3. 高铁网络时代的游客用例分析

本书从旅游出游前、旅游中及旅游后三个层面进行旅游者功能需求分析。

（1）出游前游客用例分析。基于大数据的高铁网络智慧旅游系统的游客用例图（出游前）如图 9-6 所示。

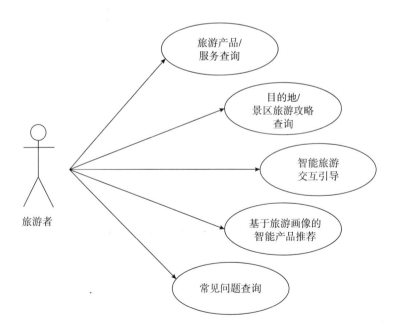

图 9-6 旅游者用例图（出游前）

基于大数据的高铁网络智慧旅游系统的旅游者（出游前）功能需求主要包括：①旅游产品/服务查询。②目的地/景区旅游攻略查询。③智能旅游交互引导。④基于游客画像的智能产品推荐。⑤常见问题查询。

（2）旅游中游客用例分析。基于大数据的高铁网络智慧旅游系统的旅游者用例图（旅游中）如图9-7所示。

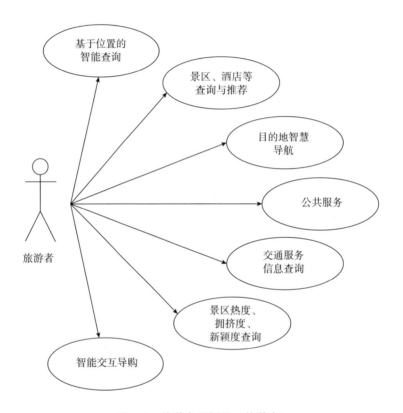

图9-7　旅游者用例图（旅游中）

基于大数据的高铁网络智慧旅游系统的旅游者（旅游中）功能需求主要包括：①基于位置的智能查询。②景区、酒店等查询与推荐。③目的地智慧导航。④公共服务。⑤交通服务信息查询。⑥景区热度、拥挤度、新颖度查询。⑦智能交互导购（基于游客画像的导购）

（3）旅游后游客用例分析。基于大数据的高铁网络智慧旅游系统的游客用例图（旅游后）如图9-8所示。

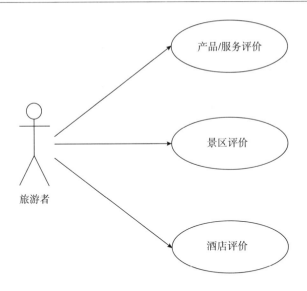

图 9-8 旅游者用例图（旅游后）

二、全媒体营销需求分析

1. 在线旅行社（OTA）中大数据应用总结

本书按照用户访问 OTA 网页或 App 的流程来分析 OTA 运营和大数据应用的现状，并对大数据应用现状总结如下。

（1）大数据在 OTA 内部充分应用。大数据可以通过不同的方式在组织内部使用，包括：

- 识别用户模式、习惯、期望和愿望。
- 定义更有效的定价政策，开发收入或收益管理策略。
- 创建一些有用的指标。一些在线旅行社，如途牛、同程或猫途鹰，已经开发了自己的评级系统。它们不仅在组织内部非常有用，而且对用户和学术研究也非常有参考价值。
- 使用不同的标准，如消费者使用的电子设备类型，创建客户旅程地图（CJM）。

（2）大数据与个性化服务结合使用。大数据可以与个性化服务、定制服务相结合，可以最大限度地利用电子设备为在线旅行社扩大业务基础、增加销售和盈利能力创造了另一个巨大的机会。

首先，OTA 的应用要更适用于不同移动终端。其次，OTA 可以使用全球定位系统和高度精确的跟踪技术来获取效性更强的大数据。

（3）大数据与供应链（利益相关者）合作使用。OTA 大数据可以与供应链中的相关企业合作，下面是一些例子。

● 在线旅行社可以将数据转售给其他企业。数据收集、处理和管理不仅可以应用于自己的企业，也可以应用于其他企业。

● 在线旅行社可以开发商业工具来帮助他们的供应商，如 Expedia 创建了"Expedia 媒体解决方案"和最后一分钟的"旅行人"。这些工具提供关于用户的信息、消费习惯、需求模式、价格比较等信息，其目的是为供应商提供支持，可以利用这些信息来改进他们的产品和营销策略。

● 一些 OTA 开设了与旅行活动相关的新业务或合作伙伴关系，如提供行李寄送、餐饮预定、短途旅行产品等服务。

● OTA 可以与目的地或供应商（如酒店）发展伙伴关系，以建立有利于服务提供商和客户的新战略（如 Expedia 与连锁酒店建立战略联盟）。事实上，OTA 技术比那些雇用者有更大的潜力和影响力。因此，酒店应该利用他们在市场上的先发优势，避免与他们已经确立主导地位的所有地区进行直接竞争。在这一点上，他们的关系以相互依赖为特征。在线旅行社更快地发现新的趋势和需求；利用这些信息，酒店可以更快地预测和满足客户需求。

● OTA 可以与其他类型的公司合作。例如，与气象服务企业或组织合作，预测天气对预订的影响。

大数据非常有助于提升营销效率和个性化营销策略。大数据为如何提供信息以改善客户体验、增加用户的旅游消费提供了新思路和重要参考。

2. 基于大数据的全媒体营销需求分析

高铁网络智慧旅游系统将基于铁路旅游系统运营的工作现状，基于互联网开放的生态特性，将在信息资讯、宣传推广、实时全媒体营销和大数据集成等方面需要实现基于大数据的功能拓展和完善。

（1）信息资讯需求。通过逐步建立高铁（铁路）旅游信息标准体系，搜集、整理、维护高铁（铁路）旅游公共信息资源。

（2）系统大数据集成需求。整合智慧旅游系统平台数据、铁路交通数据、运营商大数据，以及气象、酒店、餐饮、旅行社、景区活动等数据，形成大数据集成平台。实现对高铁（铁路）游客流量、消费能力、游客偏好等数据的分析报告，定期集成汇总，向管理层、相关政府部门、相关旅游企业及时共享统计分析结果。

第一，客流监测。运营商根据实时的信令数据测算人流数量，对景区和重点旅游区域进行实时客流监控和分析，实现景区动态监测。

第二，客源分析。通过对游客的年龄结构、性别比例、逗留时长、旅行线路、消费能力、App 使用状况、交通工具等数据进行分析，为旅游管理部门、景区、涉旅企业定制准确的旅游大数据报告、为旅游发展战略提供数据支持。

第三，旅行轨迹分析。根据不同来源游客的旅行轨迹进行分析，为旅游企业的旅游线路规划和旅游目的地营销提供数据参考依据。

第四，用户画像分析。用户画像可以用来挖掘用户的兴趣、爱好等特征。其主要目的是提高营销准确度和推荐匹配度，最终提高产品服务质量和为企业营造更多的利润。用户画像可以应用于产品的每个阶段：新用户的引流、潜在用户的挖掘、老用户的培养以及流失用户的回归等。

（3）实时（Real-time）全媒体营销。智能时代的游客越来越需要实时的旅游信息、实时旅游服务，这就需要智慧旅游系统未来能实现实时（Real-time）的全媒体营销和服务。

第一，精准营销。根据对游客的全方位画像，通过模型训练，得到营销活动的准确、实时的受众群体，对接运营商自有渠道、合作媒体、OTA，可实现对旅游资源、产品的精准投放。在节省营销成本、提升客户感知的同时形成最大化的营销效果。

第二，基于定位的营销。基于大数据分析的游客游中需求规律，根据游客的游中定位信息，即时提供各类旅游产品推荐，增加游客的消费支出。

第三，游客交流互动。支持游客实时动态地与品牌互动，允许他们进行双向互动，贡献信息或接收反馈，以及分享偏好。当铁路旅游服务的某些功能不符合消费者的期望，游客可以利用社交媒体或系统平台提供建议或通知品牌。游客分享的体验或感受的实时数据，无论是积极的还是消极的，都可能是被忽视的问题，这些都是开发更好的旅游产品的宝贵建议。

（4）宣传推广需求。目前，我国高铁旅游产品的销售情况有待提高，宣传营销不够是其中的一个因素。下一步，可通过与国内 OTA 业务对接，再逐渐拓展到与国际 OTA、GDS 建立业务对接，组织开展一系列线上线下营销推广活动，实现国内市场的快速拓展，国外市场的初步成长。

（5）运营人员用例分析。基于大数据的高铁网络智慧旅游系统运营人员用例图如图 9-9 所示。

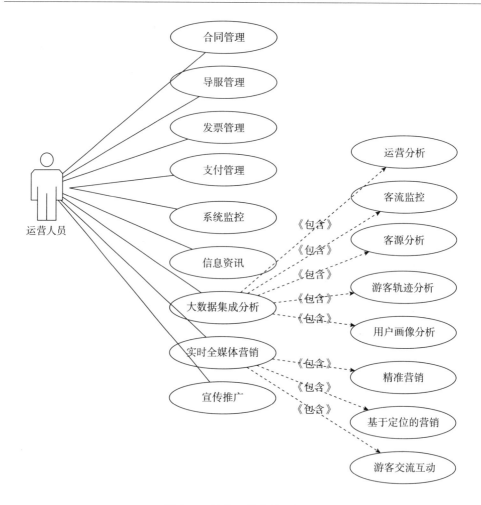

图 9-9 平台运营人员用例图

三、产业运行监测需求分析

1. 旅游监管工作特征

高铁网络智慧旅游系统的监管部门，一般包括高铁旅游管理部门和旅游目的地管理部门（文化旅游局）等，需要运用大数据、云计算等技术管理高铁网络智慧旅游系统的全部信息，更好地为旅游者服务。

创新规划、创新管理和创新营销是管理可持续增长的必要工具。智能时代下的旅游管理，都需要对业务流程进行再造，其核心在于利用好信息技术、大数据技术以及智能化技术，通过对旅游全产业链精准监测，获取一手数据，优化业务流程，变革组织结构，实现组织精简和效率提升。

2. 旅游监管需求分析

基于大数据的高铁网络智慧旅游系统的高铁旅游管理部门功能需求主要包括：

（1）全国、区域旅游客流监测、预测与管理。

（2）全国、区域高铁旅游产品销售情况监测与管理。

（3）高铁旅游舆情监测与分析。

3. 旅游管理者用例分析

基于大数据的高铁网络智慧旅游系统的高铁旅游管理部门用例图如图9-10所示。

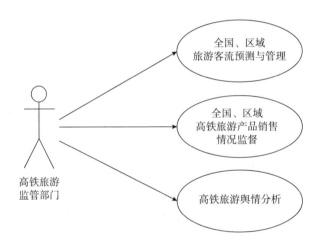

图9-10 高铁旅游监管部门用例图

第四节 高铁网络智慧旅游系统的应用研究

一、高铁网络旅游大数据结构特征

在旅游大数据分析的基础上，从铁路系统的视角，高铁网络旅游大数据分为路内系统大数据和路外系统大数据，如图 9-11 所示。

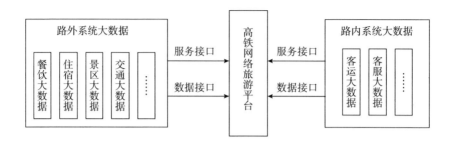

图 9-11　高铁网络旅游大数据的数据来源

（1）路内系统大数据指来自铁路行业的数据，包括客票、客服、客运营销等数据。

（2）路外系统大数据指与旅游相关的餐饮、住宿、景区、交通、通信数据等、互联网数据（海量社交网络信息、铁路热点话题、搜索平台相关信息等）、物联网数据（传感器、射频识别等设备采集的数据）、其他数据（能够参与数据关联分析、参与深度挖掘等大数据分析、计算过程的数据。数据类型既包括结构化的数据库表、数据文件，也包括非结构化的视频、图像、文本等）。

二、高铁网络旅游大数据应用分析

本书基于铁路客票系统数据、文化和旅游部以及国家统计局数据，针对 2019 年的铁路旅游客流情况和 2021 年小长假铁路旅游的旅游客流分析进行了描述性统计分析。

本书主要进行了铁路旅游客流概况分析、基于小长假的铁路客流分析、基于景区的铁路客流分析、游客偏好分析和游客画像分析。由于篇幅限制，本书只呈现铁路旅游目的地客流分析结果。

（1）铁路旅游目的地客流。2019 年，铁路旅游目的地客流数量排序前三位的是北京市、上海市与广州市，年累计铁路旅游到达量分别达到了 2799.9 万人次、2332.6 万人次与 2042.0 万人次。

（2）铁路旅游出发地客流。2019 年，铁路旅游出发地客流数量排序前三位的同样是为北京市、上海市与广州市，年累计铁路旅游发送量分别达到 3033.7 万人次、2461.4 万人次与 2275.7 万人次。

（3）铁路旅游到发车站客流。铁路旅游客流到发量前五的车站分别为上海虹桥、广州南、杭州东、北京南站与北京西站，2019 年到发客流量分别达到 1000 人次以上。铁路旅游客流比例较高的上车站分别是厦门北、上海虹桥与北京南站；比例较高的下车站分别是厦门北、重庆西与昆明站。

三、高铁网络旅游大数据应用场景研究

本书提出了面向游客、面向旅游企业和营销、面向旅游监管部门和面向旅游景区的四类应用场景。由于篇幅限制，本书只列出主要应用场景标题。

（1）面向全程的智慧旅游体验。①出游前、中、后全程智能服务。②基于位置的智能营销和服务推送。③基于游客偏好的智能推送。④基于 5G+AI 的文化旅游智慧体验。

（2）基于大数据的夏季避暑游客画像分析。①男女比例与年龄结构。②旅游景区偏好——年轻人喜欢游湿地，36 岁以上人群爱逛小镇。③旅游决策和行为特征——关键要风景好气温低，不怕花时间和花钱。④购买渠道——避暑游人群更倾向在线上预订旅游产品。

（3）智慧景区系统。①智能视频监控。②游客统计分析。③客源地分析。④智能疏导体系。⑤票务统计管理系统。

（4）旅游目的地景区客流监测。①目的地景区客流监测。②景区客流监控由客流热点分析。③实时客流指标预警。④实时客流监控客流预测。⑤驻留时长。

（5）用户个体洞察与行为轨迹分析。①用户特征与行为分析。②用户行为跟踪。③用户使用热图分析。④潜在旅游产品设计。⑤转化路径分析。

第五节　高铁旅游经济学研究展望

高铁已成为影响各个区域旅游经济发展及全国旅游经济发展格局的活跃因素。本书对高铁旅游经济研究的已有文献进行梳理，明晰研究进展。总的来看，已有研究在上述方面取得了众多有价值的结论，但尚未完全形成共识，研究的系统性不强，特别是在科学测度高铁影响旅游经济发展的理论及方法创新上亟待加强。

一、研究结论

从目前国内外的研究进展及国内外高铁对旅游影响研究进展来看，高铁作为影响国民经济发展的重要因素，对旅游业的各方面都产生了广泛的影响。国外学者的相关研究展开较早，但涉及面没有国内广，在定量和实证研究上有丰硕的成果，现已进入成熟阶段，关注焦点是旅游发展成熟阶段的热点问题，如交通对旅游环境影响的研究，是从不同的交通工具、不同的区域范围、不同的旅行距离对环境影响的差异角度进行分析。而国内还没有开展这方面的研究，仍处于针对旅游发展阶段的相关研究，主要关注高铁对旅游地发展的瓶颈是否解除、与旅游业关联性是否强、对旅游资源开发的作用等领域。从研究方法来看，国外学者较多运用构造模型和数理统计，国内学者除在交通网络空间和可达性方面运用定量研究外，基本上运用定性研究方法。由此可见，国外的研究成果具有很大的参考价值，我国对高铁对旅游影响的研究有待进一步深入和拓展。

二、研究启示

回顾国内外二十余年来关于高铁旅游的研究成果，尽管对部分研究问题仍存在较大争议，但高铁旅游研究所取得的众多成果值得被肯定，未来中国高铁旅游研究应从加强高铁旅游的系统性研究、关注高铁旅游研究的新兴命题、丰富高铁旅游的研究方法等方面继续拓展。

（一）加强高铁旅游的系统性研究

目前，国内外高铁旅游研究呈现明显的零散化、碎片化特征，不同研究问题之间相互割裂，联系程度较低，既缺乏系统开展高铁旅游研究的学术团队，又鲜有高铁旅游研究的系统性成果，直接导致了高铁旅游研究的学术影响力不强、学术话语权较弱。地理学作为一门综合性学科，具有开展高铁旅游系统性研究的天然优势，地理学者应尝试以人地关系论、旅游系统论为理论基础，集成多方研究力量，以高铁带来旅游地可达性变迁为切口，系统开展高铁对区域旅游业、旅游地空间结构、旅游需求与客源结构、旅游者空间行为与旅游流、旅游者感知与评价等方面的研究。

（二）综合考量多种因素对区域旅游发展的影响

区域旅游发展受多重因素的共同影响，高铁在其中扮演了重要的角色，但若将旅游发展取得的成果完全归功于高铁显然是不科学的，然而由于数据统计的局限性，高铁旅游研究中数据的剥离问题已经受到了很多学者的质疑和诟病。未来的研究应从完善数据收集方法、更新数据挖掘技术、合理采用旅游大数据等途径，将调查数据与多元面板数据相结合，考量政策、资本、关键人物、高铁等多重因素在区域旅游发展中的影响，科学评价高铁对区域旅游发展的影响。

（三）建立高铁旅游研究的动态评估机制

高铁旅游研究具有较强的时效性，由于高铁开通在短期内造成的轰动效应，往往会对区域旅游发展造成较大的波动，但高铁旅游的长期效应研究仍有待开展。伴随中国高铁网络的进一步发展，高铁必将在更大时空范围内对旅游发展带来影响，未来应加强与国外研究成果的对比，通过建立高铁旅游研究动态监测数据库，定期更新相关研究成果，加强对高铁旅游的动态考量，科学评估高铁对区域旅游发展的影响机理与效应。

（四）进行旅游目的地空间关系变化研究

高铁促进区域旅游空间结构的调整，打破了旅游目的地之间原有的空间格局，进一步导致旅游目的地空间关系发生变化，尽管国内学者已经对高铁引起的目的地空间结构、空间格局变化进行了大量研究，但鲜有学者对由此引发的目的地空间关系变迁进行研究。未来的研究应将高铁作为核心影响因素之一，考量高铁对于旅游目的地空间关系的影响作用，研究不同区域在高铁影响下的旅游发展策略，探索旅游目的地之间建立合作关系、共同发展的实施路径。

（五）强化跨学科研究

从学科来看，现有关于高铁与区域经济发展的研究呈现出以经济学为主，地理学、社会学、城市规划学等相关学科共同参与的特点。这有助于对有关问题展开多学科的探讨。但是，由于学科特点、范式、分析工具等方面的差异，在同一个问题上开展跨学科研究似有难度。因此，如何借鉴相关学科的理论与方法，更好地研究高铁对区域经济发展的影响，仍然是值得探索的方向。

综上所述，高铁研究在中国还是个新生事物，关于高铁建设对地区旅游经济的影响分析的研究还不是很多，并且对旅游业的影响研究在研究方法与研究思路上有很大的相似性，均主要在宏观层面上对旅游目的地发展影响、区域空间结构变化以及应对策略等方面进行定性分析，而关于高铁对某一类城市（如旅游业不发达地区、交通不便利的地区等）旅游经济的影响探索也较少，此为本书研究的展开留下了空间。

参考文献

［1］ Albalate D, Bel G. High-speed Rail: Lessons for Policy Makers from Experiences Abroad ［J］. Public Administration Review, 2012, 72 (3): 336-349.

［2］ Banister D, Berechman Y. Transport Investment and the Promotion of Economic Growth ［J］. Journal of Transport Geography, 2001, 9 (3): 209-218.

［3］ Bazin S, Beckerich C, Delaplace M. TGV Services and Small and Medium Sized Cities: An Illustration by the Case of Tourism in Arras, Auray, Charleville-Mézières and Saverne ［R］. HAL, 2013.

［4］ Bonnafous A. The Regional Impact of the TGV ［J］. Transportation, 1987, 14 (2): 127-137.

［5］ Bowen J. Airline Hubs in Southeast Asia: National Economic Development and Nodal Accessibility ［J］. Journal of Transport Geography, 2000, 8 (1): 25-41.

［6］ Brotchie J. Fast Rail Networks and Socio-Economic Impacts ［M］// Brotchie J et al. Cities of the 21st Century: New Technologies and Spatial Systems. New York: Longman Cheshire, 1991.

［7］ Butler R W. The Concept of a Tourist Area Cycle of Evolution, Implications for Management of Resources ［J］. Canadian Geographer, 1980, 24 (1): 5-12.

［8］ Cartenì A, Pariota L, Henke I. Hedonic Value of High-Speed Rail Services: Quantitative Analysis of the Students' Domestic Tourist Attractiveness of the Main Italian Cities ［J］. Transportation Research Part A: Policy and Practice, 2017, 100 (6): 348-365.

［9］ Cheng Y H. High-Speed Rail in Taiwan: New Experience and Issues for Future Development ［J］. Transport Policy, 2010, 17 (2): 51-63.

［10］ Chen Z, Haynes K E. Tourism Industry and High Speed Rail-Is There a Linkage: Evidence from China's High Speed Rail Development ［J］. GMU School of Public Policy Research Paper, 2012 (2012-14).

［11］ Chew E. Y, Jahari S. A. Destination Image As a Mediator between Per-ceived Risks and Revisit Intention: A Case of Post-disaster Japan ［J］. Tourism Man-agement, 2014 （40）: 382-393.

［12］ Chew J. Transport and Tourism in the Year 2000 ［J］. Tourism Manage-ment, 1987, 8 （2）: 83-85.

［13］ Dalvi M Q, Martin K M. The Measurement of Accessibility: Some Prelimi-nary Results ［J］. Transportation, 1976, 5 （1）: 17-42.

［14］ Douglas G Pearce. Tourism in Paris Studies at the Microscale ［J］. Annals of Tourism Research, 1999, 26 （1）: 79.

［15］ Dupuy G, Stransky V. Cities and Highway Networks in Europe ［J］. Jour-nal of Transport Geography, 1996, 4 （2）: 107-121.

［16］ Fröidh O. Market Effects of Regional High-speed Trains on the Svealand line ［J］. Journal of Transport Geography, 2005, 13 （4）: 352-361.

［17］ Geertman S C M, Ritsema Van Eck J R. GIS and Models of Accessibility Potential: An Application in Planning ［J］. International Journal of Geographical In-formation Systems, 1995, 9 （1）: 67-80.

［18］ Gilbert E W. The Growth of Inland and Seaside Health Resorts in England ［J］. Scottish Geographical Magazine, 1939, 55 （1）: 16-35.

［19］ Givoni M. Development and Impact of the Modern High-speed Train: A Review ［J］. Transport Reviews, 2006, 26 （5）: 593-611.

［20］ Gutiérrez J, Gomez G. The Impact of Orbital Motorways on Intra-metropoli-tan Accessibility: The Case of Madrid's M-40 ［J］. Journal of Transport Geography, 1999, 7 （1）: 1-15.

［21］ Gutiérrez J, González R, Gomez G. The European High-speed Train Net-work: Predicted Effects on Accessibility Patterns ［J］. Journal of Transport Geogra-phy, 1996, 4 （4）: 227-238.

［22］ Gutiérrez J. Location, Economic Potential and Daily Accessibility: An Anal-ysis of the Accessibility Impact of the High-speed Line Madrid-Barcelona-French Bor-der ［J］. Journal of Transport Geography, 2001, 9 （4）: 229-242.

［23］ Hansen W G. How Accessibility Shapes Land Use ［J］. Journal of the American Institute of Planners, 1959, 25 （2）: 73-76.

［24］ Harman R. High Speed Trains and the Development and Regeneration of Cities ［J］. London Greengauge, 2006 （6）: 5-126.

［25］ Harvey J, Thorpe N, Caygill M, et al. Public Attitudes to and Perceptions of High Speed Rail in the UK [J]. Transport Policy, 2014, 36 (6): 70-78.

[26] Hompson K, Schofield P. An Investigation of the Relationship between Public Transport Performance and Destination Satisfaction [J]. Journal of Transport Geography, 2007, 15 (2): 136-144.

[27] Javier Gutikrez, Rafael Gonziilez, Gabriel Gdmez. The European High-speed Train Network, Predicted Effects on Accessibility Patterns [J]. Journal of Transport Geography, 1996, (4): 227-238.

[28] Khadaroo J, Seetanah B. The Role of Transport Infrastructure in International Tourism Development: A Gravity Model Approach [J]. Tourism Management, 2008, 29 (5): 831-840.

[29] Kim K S. High-speed Rail Developments and Spatial Restructuring: A Case Study of the Capital Region in South Korea [J]. Cities, 2000, 17 (4): 251.

[30] Krugman P. Increasing Returns and Economic Geography [J]. Journal of Political Economy, 1991 (9): 483-499.

[31] Kwan M P. Space-time and Integral Measures of Individual Accessibility: a Comparative Analysis Using a Point-based Framework [J]. Geographical Analysis, 1998, 30 (3): 191-216.

[32] Linneker B, Spence N. Road Transport Infrastructure and Regional Economic Development: The Regional Development Effects of the M25 London Orbital Motorway [J]. Journal of Transport Geography, 1996, 4 (2): 77-92.

[33] Li S, Shum Y. Impacts of the National Trunk Highway System on Accessibility in China [J]. Journal of Transport Geography, 2001, 9 (1): 39-48.

[34] Masson S., Petiot R. Can the High Speed Rail Reinforce Tourism Attractiveness? The Case of the High Speed Rail between Perpignan (France) and Barcelona (Spain) [J]. Technovation, 2009, 29 (9): 611-617.

[35] Matsuda M. Shinkansen: The Japanese Dream [J]. High Speed Trains: Fast Tracks to the Future, 1993 (6): 111-120.

[36] Mayo E J. The Psychology of Leisure Travel: Effective Marketing and Selling of Travel Services [M]. Boston: CBI, Boston, 1981, 5 (1): 161-167.

[37] Murayama Y. The Impact of Railways on Accessibility in the Japanese Urban System [J]. Journal of Transport Geography, 1994, 2 (2): 87-100.

[38] Oskar Froidh. Perspectives for a Future High-speed Train in the Swedish Domestic Travel Market [J]. Journal of Transport Geography, 2008, 16 (4): 268-277.

［39］Oskar Froidh. Perspectives for a Future High-speed Train in the Swedish Domestic Travel Market ［J］.Journal of Transport Geography, 2008, 16（4）: 268-277.

［40］Pagliara F, La Pietra A, Gomez J, et al. High Speed Rail and the Tourism Market: Evidence from the Madrid Case Study ［J］. Transport Policy, 2015（37）: 187-194.

［41］Park Y, Ha H K. Analysis of the Impact of High-speed Railroad Service on Air Transport Demand ［J］. Transportation Research, 2006, 42（2）: 96-140.

［42］Peter M J Pol. The Economic Impact of the High-speed Train on Urban Regions ［J］ Journal of Transport Geography, 2003（Issue）.

［43］Prideaux B. The Role of the Transport System in Destination Development ［J］.Tourism Management, 2000, 21（1）: 53-63.

［44］Ryus P, Ausman J, Teaf D, et al. Development of Florida's Transit Level-of-service Indicator ［J］. Transportation Research Record, 2000, 1731（1）: 123-129.

［45］Sean Randolph. California High-speed Rail Economic Benefits and Impacts in the San Francisco Bay Area ［J］. San Francisco: Bay Area Council Economic Institute, 2008（10）: 1-44.

［46］Sophie Masson, Remain Petiot. Can the High Speed Rail Reinforce Tourism Attractiveness? The Case of the High Speed Rail Between Perpignan（France） and Barcelona（Spain）［J］.Technovation, 2009（29）: 611-617.

［47］Todorovich P, Schned D, Lane R. High-speed Rail ［M］.Cambridge, Lincoln Institute of Land Policy, 2011.

［48］Ureña J M, Menerault P, Garmendia M. The High-speed Rail Challenge for Big Intermediate Cities: A National, Regional and Local Perspective ［J］. Cities, 2009, 26（5）: 266-279.

［49］Vickerman R W. Accessibility, Attraction, and Potential: A Review of Some Concepts and Their Use in Determining Mobility ［J］. Environment and Planning A, 1974, 6（6）: 675-691.

［50］Vickerman R. High-speed Rail in Europe: Experience and Issues for Future Development ［J］. Annals of Regional Science, 1997（31）: 21-38.

［51］Wang X, Huang S, Zou T, et al. Effects of the High Speed Rail Network on China's Regional Tourism Development ［J］. Tourism Management Perspectives, 2012（1）: 34-38.

[52] Zhu X, Liu S. Analysis of the Impact of the MRT System on Accessibility in Singapore Using an Integrated GIS Tool [J]. Journal of Transport Geography, 2004, 12（2）：89-101.

[53] 保继刚，楚义芳. 旅游地理学（修订版）[M]. 北京：高等教育出版社，2003.

[54] 卞显红. 城市旅游核心——边缘空间结构协同发展形成机制研究：基于上海城市轨道交通建设视角 [J]. 商业经济与管理，2012，37（10）：67-74.

[55] 卞显红. 城市旅游空间结构研究明. 地理与地理信息科学，2003，19（1）：105-108.

[56] 卞显红，王苏洁. 交通系统在旅游目的地发展中的作用探析 [J]. 安徽大学学报，2003（6）：132-138.

[57] 柴海燕，任秋颖，王璐. 高铁速度下中小城市旅游发展的困境与策略选择 [J]. 湖北农业科学，2019，58（18）：158-163.

[58] 柴彦威，林涛，刘志林，等. 旅游中心地研究及其规划利用 [J]. 地理科学，2003，23（5）：547-553.

[59] 车裕斌，黄晚意. 区域旅游系统吸引力预测研究——以鄂东南地区旅游系统为例 [J]. 世界地理研究，2003，12（4）：58-64.

[60] 陈才. 新干线对日本旅游业的影响 [N]. 中国旅游报，2011-03-04.

[61] 陈晓，李悦铮. 城市交通与旅游协调发展定量评价——以大连市为例 [J]. 旅游学刊，2008（2）：60-64.

[62] 陈新哲，熊黑钢. 新疆交通与旅游协调发展的定量评价及时序分析 [J]. 地域研究与开发，2009，28（6）：118-121.

[63] 陈志军. 区域旅游空间结构演化模式分析——以江西省为例 [J]. 旅游学刊，2008，23（11）：35-41.

[64] 程瑞芳. 旅游经济学 [M]. 重庆：重庆大学出版社，2018.

[65] 崔峰. 中国高铁产业国际竞争力评价研究 [D]. 东南大学，2016.

[66] 代娟. 湖北"交通+旅游"产业融合发展的趋势研究 [J]. 当代经济，2019（5）：22-24.

[67] 邓涛涛，王丹丹，程少勇. 高速铁路对城市服务业集聚的影响 [J]. 财经研究，2017，43（7）：119-132.

[68] 董艳梅，朱英明. 高铁建设的就业效应研究——基于中国285个城市倾向匹配倍差法的证据 [J]. 经济管理，2016，38（11）：26-44.

[69] 董艳梅，朱英明. 高铁建设能否重塑中国的经济空间布局——基于就业、工资和经济增长的区域异质性视角 [J]. 中国工业经济，2016（10）：

92-108.

［70］窦璐．高铁的发展对我国三大旅游企业的影响［J］．全国商情（理论研究），2010（19）：70-71.

［71］杜兴强，彭妙薇．高铁开通会促进企业高级人才的流动吗？［J］．经济管理，2017，39（12）：89-107.

［72］方轮．区域交通运输一体化构建及珠三角案例分析［J］．中国流通经济，2012（8）：41-46.

［73］冯雪．旅游交通碳足迹与旅游经济增长关系研究［J］．中国环境管理干部学院学报，2019，29（4）：66-70.

［74］高嘉蔚，刘杰，吴睿，孙家振，艾犇．我国交通与旅游融合发展政策研究与机制建议［J］．公路交通科技（应用技术版），2019，15（5）：313-316.

［75］高铁开启［EB/OL］腾讯网．http：//henan.qq.com/a/20120911/000609.htm.

［76］关宏志，任军，刘兰辉．旅游交通规划的基础框架［J］．北京规划建设，2001（6）：32-35.

［77］贵州景区直达高铁环线旅游专列首发［J］．铁道运输与经济，2019，41（6）：47.

［78］郭建科，王绍博，王辉，刘天宝．哈大高铁对东北城市旅游供需市场的空间效应研究——基于景点可达性的分析［J］．地理科学进展，2016，35（4）：505-514.

［79］郭伟，张鑫，曾祥静．高铁联网时代下河北省乡村旅游创新发展研究［J］．农业经济，2019（6）：47-48.

［80］郭向阳，穆学青，明庆忠，丁正山，胡美娟．旅游地快速交通优势度与旅游流强度的空间耦合分析［J］．地理研究，2019，38（5）：1119-1135.

［81］何必胜，朱永俊，陈路锋，闻克宇．基于时空图神经网络的高速铁路车站短期客流预测方法［J］．铁道学报，2021（12）：54-63.

［82］何琳．高铁开通与城市发展代际公平研究［J］．北京交通大学学报（社会科学版），2021（4）：64-77.

［83］何赢．高铁影响下京津冀区域旅游空间结构演变研究［D］．北京交通大学，2016.

［84］侯志强．推动高铁旅游经济带发展［N］．中国社会科学报，2017-10-08.

［85］胡芬，张进．"高铁时代"湖北旅游发展战略的思考［J］．当代经

济，2010（19）：82-84.

　　［86］黄金火，吴必虎．区域旅游系统空间结构的模式与优化——以西安地区为例［J］．地理科学进展，2005，24（1）：116-126.

　　［87］黄柯，祝建军，蒲素．我国旅游交通发展现状及研究述评［J］．人文地理，2007（1）：23-27.

　　［88］黄泰，席建超，葛全胜．高铁影响下城市群旅游空间的竞争格局分异［J］．经济地理，2017，37（8）：182-191.

　　［89］黄张凯，刘津宇，马光荣．地理位置、高铁与信息：来自中国 IPO 市场的证据［J］．世界经济，2016，39（10）：127-149.

　　［90］蒋海兵，刘建国，蒋金亮．高速铁路影响下的全国旅游景点可达性研究［J］．旅游学刊，2014，29（7）：58-67.

　　［91］蒋茂荣，范英，夏炎，陈全润，姚晔．中国高铁建设投资对国民经济和环境的短期效应综合评估［J］．中国人口·资源与环境，2017，27（2）：75-83.

　　［92］金慧，刘洪利．高速铁路与节点城市旅游业的相关性研究——以北京市为例［J］．重庆理工大学学报（自然科学），2018（2）：149-157.

　　［93］金一，王绍博．高速铁路的空间效应及其热点问题［J］．国际城市规划，2020（3）：27-33.

　　［94］赖水平．西南贫困地区"交通+旅游+扶贫"探究［J］．广西民族大学学报（哲学社会科学版），2019，41（3）：73-78.

　　［95］黎绍凯，朱卫平，刘东．高铁能否促进产业结构升级：基于资源再配置的视角［J］．南方经济，2020（2）：56-72.

　　［96］李小建．经济地理学（第2版）［M］．北京：高等教育出版社，2011.

　　［97］李保超，王朝辉，李龙，刘琪，王美．高速铁路对区域内部旅游可达性影响——以皖南国际文化旅游示范区为例［J］．经济地理，2016，36（9）：182-191.

　　［98］李浩丹．大西高铁对沿线区域交通可达性及旅游经济的影响［D］．山西师范大学，2018.

　　［99］李红昌，Linda Tjia，胡顺香．中国高速铁路对沿线城市经济集聚与均等化的影响［J］．数量经济技术经济研究，2016，33（11）：127-143.

　　［100］李金早．2018年旅游工作会上的报告，2018.

　　［101］李金早．当代旅游学［M］．北京：中国旅游出版社，2018.

　　［102］李磊，陆林．合福高铁沿线旅游地合作网络与模式［J］．自然资源学报，2019，34（9）：1917-1932.

［103］李磊，陆林，穆成林，孙小龙．高铁网络化时代典型旅游城市旅游流空间结构演化——以黄山市为例［J］．经济地理，2019，39（5）：207-216+225．

［104］李凌雁，翁钢民．中国旅游与交通发展耦合性分析及时空格局演变研究［J］．统计与决策，2020（2）：62-66．

［105］李全生．布迪厄场域理论简析［J］．烟台大学学报（哲学社会科学版），2002，15（2）：146-150．

［106］李世宁．经济新常态下高铁经济对区域经济发展的影响［J］．智库时代，2018（32）：59，61．

［107］李新光，黄安民，张永起．高铁对区域经济发展的影响评估——基于DID模型对福建省的实证分析［J］．现代城市研究，2017（4）：125-132．

［108］李学伟，杨鹏，王丽，孙琼，廖斌．高铁对旅游经济的影响［N］．中国旅游报，2018-08-28．

［109］李娅南，胡北明．高铁时代黔桂云民族地区旅游发展研究［J］．贵州民族研究，2019，40（10）：143-150．

［110］李妍峰，高雍，徐国勋．考虑服务水平的旅游公共交通网络设计问题研究［J］．工业工程与管理，2020（5）：94-102．

［111］厉新建．旅游经济发展研究——转型中的新思考［M］．北京：旅游教育出版社，2012．

［112］梁雪松．基于双重区位空间的湖南旅游业发展机遇探讨——"武广高铁"开通视阈［J］．经济地理，2010，30（5）：859-864．

［113］梁雪松，王河江，邱虹．旅游空间区位优势转换发展机遇的再探讨——基于"武广高铁"与"郑西高铁"视阈［J］．西安财经学院学报，2010，23（3）：26-31．

［114］廖爱军．旅游吸引力及引力模型研究［D］．北京林业大学，2005．

［115］林晓言．高铁经济研究成果述评及基础理论走向［J］．北京交通大学学报（社会科学版），2018，17（4）：20-37．

［116］林晓言，等．京津城际高速铁路对区域经济影响的定量分析［J］．铁道经济研究，2010（5）：5-11．

［117］林晓言，李明真．高铁对沿线城市科技创新的影响——基于粤桂地区的实证研究［J］．华东经济管理，2020，34（3）：94-102．

［118］刘法建，张捷．中国入境旅游流网络省级旅游地角色研究［J］．地理研究，2010，29（6）：1141-1152．

［119］刘伏英．"快旅"时代旅游消费需求变化研究——以武广高铁鄂湘粤

地区为例 [J]．学术论坛，2010，33（2）：77-81.

[120] 刘书舟，韩增林，郭建科．高速铁路对东北城市网络结构的空间影响 [J]．地理科学，2020，40（2）：270-279.

[121] 刘卫东，龙花楼，张林秀，等．2013 中国区域发展报告——转型视角下的中国区域发展态势 [M]．北京：商务印书馆，2014.

[122] 刘欣．京沈高铁建设对承德旅游城市空间格局的影响研究 [J]．价值工程，2020，39（5）：63-64.

[123] 刘耀彬，郑维伟．不同等级高速铁路对区域经济差异的影响——基于 DID 模型对江西省的实证分析 [J]．南通大学学报（社会科学版），2019，35（6）：23-33.

[124] 刘勇政，李岩．中国的高速铁路建设与城市经济增长 [J]．金融研究，2017（11）：18-33.

[125] 刘志红，王利辉．交通基础设施的区域经济效应与影响机制研究——来自郑西高铁沿线的证据 [J]．经济科学，2017（2）：32-46.

[126] 龙玉，赵海龙，张新德，李曜．时空压缩下的风险投资——高铁通车与风险投资区域变化 [J]．经济研究，2017，52（4）：195-208.

[127] 卢松．旅游交通研究进展及启示 [J]．热带地理，2009，29（4）：394-399.

[128] 陆大道．论区域的最佳结构与最佳发展——提出"点—轴系统"和"T"型结构以来的回顾与再分析 [J]．地理学报，2001（3）：127-134.

[129] 陆瑶．高速铁路站城距离评价研究 [J]．铁道运输与经济，2021，43（11）：27-33.

[130] 罗彤，钟永德．基于交通改善的县域旅游空间结构研究——以炎陵县为例 [J]．中南林业科技大学学报（社会科学版），2011，5（1）：86-88.

[131] 马红梅，郝美竹．高铁建设、区域旅游与经济高质量发展研究——以粤桂黔高铁经济带为例 [J]．重庆社会科学，2020（2）：79-90.

[132] 孟庆伟，孟芳旭，宋河有．旅游中心城市相关概念辨析 [J]．地理与地理信息科学，2014，30（5）：117-120.

[133] 穆成林，陆林．京福高铁对旅游目的地区域空间结构的影响——以黄山市为例 [J]．自然资源学报，2016，31（12）：2122-2136.

[134] 倪维秋，廖茂林．高速铁路对中国省会城市旅游经济联系的空间影响 [J]．中国人口·资源与环境，2018，28（3）：160-168.

[135] 钱佳．基于高铁网络化的中国城市旅游空间格局演变及优化研究 [D]．苏州大学，2015.

［136］任晓红，王钰，但婷．高铁开通对中小城市经济增长的影响［J］．城市问题，2020（1）：91-97.

［137］石林，傅鹏，李柳勇．高铁促进区域经济一体化效应研究［J］．上海经济研究，2018（1）：53-62，83.

［138］宋文杰，史煜瑾，朱青，张文新，丁俊翔．基于节点—场所模型的高铁站点地区规划评价——以长三角地区为例［J］．经济地理，2016，36（10）：18-25，38.

［139］孙广召，黄凯南．高铁开通对全要素生产率增长率的异质性影响分析［J］．财经研究，2019，45（5）：84-98.

［140］孙浦阳，张甜甜，姚树洁．关税传导、国内运输成本与零售价格——基于高铁建设的理论与实证研究［J］．经济研究，2019，54（3）：135-149.

［141］孙学涛，李岩，王振华．高铁建设与城市经济发展：产业异质性与空间溢出效应［J］．社会科学文摘，2020（2）：55-57.

［142］孙阳，姚士谋，张落成．长三角城市群"空间流"层级功能结构——基于高铁客运数据的分析［J］．地理科学进展，2016，35（11）：1381-1387.

［143］孙有望，李云清．论旅游交通与交通旅游［J］．上海铁道大学学报（理工辑），1999（10）：65-69.

［144］唐小涛，熊益沙，何洁玉．高速铁路对长沙旅游业影响的初步研究［J］．衡阳师范学院学报，2011，32（3）：99-102.

［145］田野，罗静，崔家兴，蒋亮，吴益坤．长江经济带旅游资源空间结构及其交通可进入性评价［J］．经济地理，2019，39（11）：203-213.

［146］汪德根．城市旅游空间结构演变与优化研究［J］．城市发展研究，2007，14（1）：21-26.

［147］汪德根．高铁条件下区域旅游空间格局变化特征及影响机理研究［D］．中国科学院地理科学与资源研究所，2012.

［148］汪德根．武广高速铁路对湖北省区域旅游空间格局的影响［J］．地理研究，2013，32（8）：1555-1564.

［149］汪德根．阅文生思：文献是学术思想的源泉——基于高铁旅游研究视角［J］．旅游导刊，2019，3（5）：15-26.

［150］汪德根，陈田，李立，等．国外高速铁路对旅游影响研究及启示［J］．地理科学，2012（3）：323-328.

［151］汪德根，陈田，陆林，王莉，ALAN August Lew．区域旅游流空间结构的高铁效应及机理——以中国京沪高铁为例［J］．地理学报，2015，70（2）：

214-233.

[152] 汪德根，陆林，陈田，等.基于点—轴理论的旅游地系统空间结构演变研究——以呼伦贝尔阿尔山旅游区为例 [J].经济地理，2005，25（6）：904-909.

[153] 汪德根，钱佳，牛玉.高铁网络化下中国城市旅游场强空间格局及演化 [J].地理学报，2016，71（10）：1784-1800.

[154] 汪建丰，翟帅.高铁经济效应对区域发展机制转型的影响研究 [J].华东经济管理，2015，29（11）：76-80.

[155] 汪其昌.高铁经济价值论 [J].金融管理与研究，2010（10）：26-29.

[156] 王爱忠，王东强，王东."西三角"区域旅游联动及一体化开发模式研究 [J].重庆文理学院学报（社会科学版），2019，38（6）：57-63.

[157] 王二冬.河北省坝上区域旅游交通发展探讨 [J].交通企业管理，2019，34（3）：24-26.

[158] 王方方，李香桃.粤港澳大湾区城市群空间结构演化机制及协同发展——基于高铁网络数据 [J].城市问题，2020（1）：43-52.

[159] 王凤学.中国高速铁路对区域经济发展影响研究 [D].吉林大学，2012.

[160] 王昊，龙慧.试论高速铁路网建设对城镇群空间结构的影响 [J].城市规划，2009，33（4）：41-44.

[161] 王华星，石大千，余红伟.高铁开通能够促进区域经济协调发展吗？[J].上海经济研究，2019（11）：59-69.

[162] 王缉宪，林辰辉.高速铁路对城市空间演变的影响：基于中国特征的分析思路 [J].国际城市规划，2011（26）：16-23.

[163] 王姣娥，焦敬娟.中国高速铁路网络的发展过程、格局及空间效应评价 [J].热带地理，2014，34（3）：275 -282.

[164] 王姣娥，景悦，杨浩然.高速铁路对国内民航旅客运输的替代效应测度 [J].自然资源学报，2019，34（9）：1933-1944.

[165] 王磊，翟博文.长江经济带交通基础设施对经济增长的影响 [J].长江流域资源与环境，2018（1）：6-12.

[166] 王丽，曹有挥，仇方道.高铁开通前后站区产业空间格局变动及驱动机制——以沪宁城际南京站为例 [J].地理科学，2017，37（1）：19-27.

[167] 王帅.城际高速铁路对胶东半岛地区的影响 [J].企业导报，2012，23（1）：127.

［168］王欣，邹统钎．高速铁路网对我国区域旅游产业发展与布局的影响［J］．经济地理，2010，30（7）：1189-1194.

［169］王新越，赵文丽．我国高铁通达性与区域旅游经济耦合关系及空间特征分析［J］．中国海洋大学学报（社会科学版），2017（1）：77-83.

［170］王秀丽．高铁开通对淮安市经济效应的影响与对策［J］．中国管理信息化，2020，23（3）：141-142.

［171］王雪．哈大高铁对东三省旅游经济的影响探究［J］．中国外贸，2014（1）：177.

［172］王雨飞，倪鹏飞．高速铁路影响下的经济增长溢出与区域空间优化［J］．中国工业经济，2016（2）：21-36.

［173］王兆峰，孙姚．环长株潭城市群陆路交通可达性与旅游流集散耦合协调发展分析［J］．湖南财政经济学院学报，2019，35（4）：47-55.

［174］魏宇，邢剑华．自然语言处理视角下分散化政策情报信息量化研究——以1986—2018年旅游交通政策演进为例［J］．情报杂志，2020（8）：16-23.

［175］文嫣，韩旭．高铁对中国城市可达性和区域经济空间格局的影响［J］．人文地理，2017，32（1）：99-108.

［176］邬雪，张红．高铁对旅游产业集聚和扩散的影响——以京津冀为例［J］．资源开发与市场，2019，35（7）：986-992.

［177］吴必虎．大城市环城游憩带（ReBAM）研究［J］．地理科学，2001，21（4）：354-359.

［178］吴必虎，俞曦．旅游规划原理［M］．北京：中国旅游出版社，2014.

［179］吴刚，陈兰芳，许岩石．旅游交通发展的目标研究［J］．综合运输，2003（4）：36-37.

［180］吴贵华，李勇泉，林雪玲，孙希瑞．高铁网络对海西城市群交通格局与旅游经济的影响［J］．福建农林大学学报（哲学社会科学版），2019，22（4）：78-87.

［181］吴国清．都市旅游圈空间结构的生成与网络化发展［J］．中国软科学，2009（3）：100-108.

［182］吴锦顺．高铁建设对区域经济发展影响研究［J］．价格理论与实践，2018（5）：135-138.

［183］吴康，方创琳，赵渺希，陈晨．京津城际高速铁路影响下的跨城流动空间特征［J］．地理学报，2013，68（2）：159-174.

［184］吴磊，焦华富，叶雷．皖南国际文化旅游示范区旅游经济与交通耦合协调发展的时空特征［J］．地理科学，2019，39（11）：1822-1829.

［185］夏杰长，徐金海．中国旅游业改革开放40年：回顾与展望［J］．经济与管理研究，2018，39（6）：3-14.

［186］夏正浩，盖轶婷．陕西省旅游轨道模式的交通需求预测研究［J］．经营与管理，2020（3）：114-117.

［187］向清华，赵建吉．基于区域经济联系的中原城市群整合发展研究［J］．经济论坛，2010（1）：70-72.

［188］肖光明．珠江三角洲地区旅游空间结构分析与优化［J］．经济地理，2009，29（6）：1036-1041.

［189］肖雁飞，张琼，曹休宁，廖双红．武广高铁对湖南生产性服务业发展的影响［J］．经济地理，2013，33（10）：103-107.

［190］熊元斌，黄颖斌．新干线　新速度　新旅游——武广高铁对湖北旅游业发展的影响与对策［J］．学习月刊，2010（7）：35-36.

［191］徐寿波．用技术经济理论和方法指导高铁研究——评《高速铁路与经济社会发展新格局》［J］．技术经济，2017，36（4）：125-127.

［192］徐雪君．张吉怀高铁对沿线地区可达性影响研究［J］．怀化学院学报，2018，37（2）：28-32.

［193］鄢慧丽，王强，熊浩，余瑞林．中国"四纵四横"高铁对沿线站点城市可达性及其经济联系的影响［J］．经济地理，2020，40（1）：57-67.

［194］杨蕊萌．高铁对冰雪旅游可达性及空间组织演变的影响［D］．辽宁师范大学，2018.

［195］杨梓琪．高铁对区域旅游发展的影响与对策研究［J］．全国流通经济，2019（31）：129-131.

［196］叶德珠，潘爽，武文杰，周浩．距离、可达性与创新——高铁开通影响城市创新的最优作用半径研究［J］．财贸经济，2020，41（2）：146-160.

［197］于秋阳，杨思涵．高铁枢纽城市旅游产业供给水平评价研究——以西安市为例［J］．人文地理，2017（1）：145-151.

［198］余泳泽，潘妍．高铁开通缩小了城乡收入差距吗？——基于异质性劳动力转移视角的解释［J］．中国农村经济，2019（1）：79-95.

［199］张爱平，刘艳华，钟林生，徐勇，周凤杰．基于场理论的沪苏浙皖地区旅游空间差异研究［J］．长江流域资源与环境，2015，24（3）：364-372.

［200］张春民，王玮强，李文添，向万里．基于面板数据的兰新高铁区域经济特性分析［J］．铁道科学与工程学报，2017，14（1）：12-18.

［201］张红贤．旅游交通对区域旅游发展的影响及其对策研究——以杭州湾跨海大桥和宁波旅游业为例［J］．商场现代化，2006（1）：273-274.

［202］张辉，等．我国高速铁路对旅游业发展的影响分析［J］．中国铁路，2010（10）：8-11.

［203］张辉，赵广朝，宋文芸．我国高速铁路对旅游业发展的影响分析［J］．中国铁路，2010（10）：8-11.

［204］张建春，陆林．芜湖长江大桥与安徽旅游交通条件的改善［J］．人文地理，2002（4）：75-79.

［205］张金霞．论"高铁时代"对武汉旅游业的影响［J］．企业导报，2010（6）：150-151.

［206］张俊．高铁建设与县域经济发展——基于卫星灯光数据的研究［J］．经济学（季刊），2017，16（4）：1533-1562.

［207］张莉，陆玉麒．基于陆路交通网的区域可达性评价——以长江三角洲为例［J］．地理学报，2006（12）：1235-1246.

［208］张梦婷，俞峰，钟昌标，林发勤．高铁网络、市场准入与企业生产率［J］．中国工业经济，2018（5）：137-156.

［209］张斯嘉，刘澜，刘转红，符佳芯，周天星，宋元胜．云南出省高铁沿线旅游流时空分布格局特性研究［J］．交通运输工程与信息学报，2019，17（3）：109-117.

［210］张兴平，杨建军，毛必林．杭州市区旅游交通网络空间分析及其对策［J］．浙江大学学报（理学版），2000（4）：438-443.

［211］张雪，张梅青．空间视角下京沪高铁对旅游业的影响研究［J］．中国商论，2017（2）：55-56.

［212］张莹，薛东前．郑西高铁开通后旅游整合联动发展的 SWOT 分析［J］．经济师，2010（4）：210，212.

［213］张咏梅．高铁建设对旅游城镇空间格局的影响及对策研究——以浙江省安吉县为例［J］．中国名城，2012（2）：14-19.

［214］张勇．旅游交通发展对大武汉旅游圈的影响分析［D］．华中师范大学，2007.

［215］张宇，朱成李，李春美．高铁对旅游消费行为的影响——基于四川市场的分析［J］．商业经济研究，2019（13）：152-155.

［216］赵明龙．浅论广西旅游交通对旅游业的制约及其对策［J］．桂林旅游高等专科学校学报，2000，11（2）：30-33.

［217］赵太萍．浅析成贵高铁四川段通车对沿线城市旅游经济的影响

［J］．山西农经，2019（15）：52-53.

［218］赵文更，曹先革．基于 ArcGIS 的高铁网络对沿线城市旅游格局影响研究［J］．测绘与空间地理信息，2019，42（8）：161-165.

［219］赵永秀．南车+北车＝中国中车：无国界的中国高铁模式［M］．广州：广东经济出版社，2017.

［220］郑海燕．国内外高铁旅游研究综述［J］．社会科学动态，2019（7）：70-75.

［221］中国旅游研究院昆明分院暨云南省旅游规划研究院．云南高铁旅游发展规划研究［M］．北京：中国旅游出版社，2018.

［222］中国铁路总公司．高速铁路客流组织［M］．北京：中国铁道出版社，2014.

［223］中国铁路总公司．中国高速铁路工务技术（上）［M］．北京：中国铁道出版社，2014.

［224］钟洋，胡碧松，谭波，张涵玥．基于交通可达性的新兴高铁枢纽城市旅游发展响应研究——以江西省上饶市为例［J］．资源开发与市场，2017，33（2）：238-243.

［225］钟业喜，郭卫东．中国高铁网络结构特征及其组织模式［J］．地理科学，2020，40（1）：79-88.

［226］钟业喜，黄洁，文玉钊．高铁对中国城市可达性格局的影响分析［J］．地理科学，2015（4）：387-385.

［227］朱山我．高铁网络化时代旅游经济研究［J］．广西质量监督导报，2020（1）：212.

［228］朱桃杏，葛勇，王慧．京沪高铁与沿线区域旅游经济协调发展研究［J］．铁道工程学报，2019，36（11）：99-102，107.

［229］朱移山，张慧．安徽舆情与社会发展年度报告2015［M］．安徽：合肥工业大学出版社，2016.

［230］朱运海．高铁对襄阳旅游发展的影响与对策研究［J］．湖北文理学院学报，2019，40（8）：19-26.